DIE FORMEL 1
VON OBEN

© der englischen Originalausgabe 2014
Carlton Books
Carlton Publishing Group
20 Mortimer Street
London W1T 3JW

© der deutschsprachigen Ausgabe 2015 Fackelträger Verlag GmbH, Köln
Emil-Hoffmann-Straße 1
D-50996 Köln

Alle Rechte der Verbreitung, auch durch Film, Funk, Fernsehen, fotomechanische Wiedergabe, Tonträger aller Art, auszugsweisen Nachdruck oder Einspeicherung und Rückgewinnung in Datenverarbeitungsanlagen aller Art, sind vorbehalten.
Die Inhalte dieses Buches sind von Autor und Verlag sorgfältig erwogen und geprüft, dennoch kann eine Garantie nicht übernommen werden. Eine Haftung von Autor und Verlag für Personen-, Sach- und Vermögensschäden ist ausgeschlossen.

Text und Design © Carlton Books Limited 2014
Autor: Bruce Jones
Übersetzung aus dem Englischen: Regina Schneider, Karlsruhe
Satz: Achim Münster, Overath
Gesamtherstellung: Fackelträger Verlag GmbH, Köln

ISBN 978-3-7716-4600-4
Printed and bound in China

www.fackeltraeger-verlag.de

DIE FORMEL 1
VON OBEN

DIE SPEKTAKULÄRSTEN RENNSTRECKEN DER WELT

BRUCE JONES

AUS DEM ENGLISCHEN
VON REGINA SCHNEIDER

Inhalt

Einführung 8

Kapitel 1 – Europa **10**
- 🇧🇪 Spa-Francorchamps 12
- 🇫🇷 Magny-Cours 20
- 🇩🇪 Hockenheim 26
- 🇩🇪 Nürburgring 34
- 🇩🇪 Die „Grüne Hölle" 42
- 🇬🇧 Brands Hatch 48
- 🇬🇧 Silverstone 56
- 🇭🇺 Hungaroring 64
- 🇮🇹 Imola 72
- 🇮🇹 Monza 80
- 🇲🇨 Monaco 88
- 🇳🇱 Zandvoort 96
- 🇵🇹 Estoril 104
- 🇪🇸 Barcelona 110

Kapitel 2 – Asien und Naher Osten **118**
- 🇦🇪 Yas Marina 120
- 🇧🇭 Sakhir 126
- 🇨🇳 Shanghai 132
- 🇯🇵 Suzuka 140
- 🇲🇾 Sepang 148
- 🇸🇬 Marina Bay 156

Kapitel 3 – Amerika **162**
- 🇦🇷 Buenos Aires 164
- 🇧🇷 Interlagos 172
- 🇨🇦 Montreal 180
- 🇺🇸 Circuit of the Americas 188
- 🇺🇸 Indianapolis 194
- 🇺🇸 Watkins Glen 200

Kapitel 4 – Australien **206**
- 🇦🇺 Adelaide 208
- 🇦🇺 Melbourne 214

Register 222
Danksagung/Bibliografie 224

Linke Seite: 15 spektakuläre Kurven sowie eine 5,5 Kilometer lange Strecke garantieren Fahrern wie Zuschauern Spannung pur!

McLaren-Pilot Jenson Button in Kurve 3 auf dem Marina Bay Circuit beim Großen Preis von Singapur (2013).

Einführung

Eine Lieblingsrennstrecke hat wohl jeder Motorsport-Fan. Sei es Monza, Monaco oder Spa-Francorchamps. Sei es wegen einer bestimmten Kurvenabfolge, eines besonderen Ambientes, eines Lieblingsfahrers oder -teams, das dort siegte. Oder auch einfach nur deshalb, weil er dort zum allerersten Mal das ohrenbetäubende Crescendo der hochdrehenden Formel-1-Motoren erlebt hat. Die in diesem Buch vorgestellten Rennstrecken sind alle von bezaubernder Schönheit, gehören zu den größten, auf denen die Formel-1-Weltmeisterschaften seit ihrem Beginn im Jahr 1950 stattfinden, sind vollkommen unterschiedlich und haben jeweils ihren ganz eigenen Charakter.

In den nunmehr über sechs Jahrzehnten seiner Geschichte wurde der Grand Prix auf insgesamt 71 Rundkursen in 30 Ländern ausgetragen, und die für dieses Buch ausgewählten 28 Strecken stehen für die faszinierendsten der Welt. Silverstone, Monaco, Spa-Francorchamps und Monza haben sich seit der ersten Weltmeisterschaft als Austragungsorte behauptet und stehen bis heute in einer Reihe mit den jüngsten Rennstrecken in Bahrain, Singapur, Abu Dhabi und den USA. Ihre Geschichte könnte dabei unterschiedlicher kaum sein, sind die traditionellen Kurse doch allesamt verbunden mit den ganz großen Namen des Motorsports, von Juan Manuel Fangio über Jim Clark und Ayrton Senna bis hin zu Michael Schumacher, die hier alle ihre eigene Geschichte schrieben, während die neueren Kurse bisher die Domäne eines Sebastian Vettel, Fernando Alonso oder Lewis Hamilton sind.

In Zusammenarbeit mit Google Earth zeigt dieses Buch Bilder dieser Rennkurse, wie es sie nie zuvor gegeben hat. Gestochen scharfe Satellitenaufnahmen heben Details hervor, die auf den Fernsehschirmen kaum je zu sehen sind, zeigen mit Blick von oben nicht nur deutlich jede Biegung, Kehre und Kurve, sondern auch, wie die Strecken in der Landschaft liegen oder sich durch die Stadt winden, so wie in Adelaide, Monaco und Singapur. Sie sehen Boxengassen, Fahrerlager, Kontrolltürme oder Tribünen, und wenn Sie sich dann noch Kurvennamen, Getriebestufen oder Drehzahlen merken, werden Sie mit diesem Atlas für das nächste Grand-Prix-Ereignis bestens ausgestattet sein. Um Ihnen den möglichst besten Eindruck aus Fahrersicht zu vermitteln, habe ich die acht wichtigsten Kurven einer jeden Strecke herausgestellt und erklärt, worin ihre jeweils besondere Herausforderung besteht.

Für einige Kurse werfe ich zudem ein Schlaglicht auf jeweils vier große Rennen und stelle die vier Piloten heraus, die dort die höchsten Siege eingefahren haben. Mit 91 Grand-Prix-Siegen hat sich, jawohl, Sie wissen es, Rekordweltmeister Michael Schumacher auf vielen dieser Kurse verewigt.

Im Verlauf der Jahrzehnte und insbesondere mit fortschreitender Entwicklung, die die Boliden immer schneller machten, wurden auch die Strecken modifiziert, um die Sicherheit sowohl der Zuschauer als auch der Fahrer zu gewährleisten. Wo früher Strohballen die Streckenführung markierten, gibt es heute Leitschienen, Schutt-Barrikaden, Schikanen, Kiesfänge oder moderne Asphalt-Auslaufzonen. Auch Kurven wurden verändert, Streckenverläufe verkürzt oder umgestaltet, wie es beispielsweise umfassend in Hockenheim geschehen ist. Besonders deutlich wird dies am Beispiel der Nordschleife auf dem Nürburgring, auf dem der Grand Prix Deutschland bis 1976 gefahren wurde. Er zeigt, welch gefährliche Herausforderungen die Stars von damals zu meistern hatten, bis der beinahe tödliche Unfall von Niki Lauda auf der 23 Kilometer langen Nordschleife mit ihren 176 Kurven die Organisatoren endlich zum Umdenken in Sachen Fahrersicherheit brachte und der Deutschland-GP nach Hockenheim verlegt wurde.

Dieses Buch beleuchtet, wie der Grand Prix seinen einst ausgeprägt europäischen Charakter, der bis in die 1980er-Jahre bestand, langsam verlor und auch in Ländern wie Malaysia, China, Südkorea, Bahrain, Singapur und Abu Dhabi Einzug hielt. Es zeichnet zudem die lange Odyssee nach, bis der GP USA mit dem 2012 eröffneten Circuit of the Americas, einem großartigen, perfekt angelegten Kurs, endlich eine dauerhaft neue Heimat gefunden hatte.

Bruce Jones, Februar 2014

Unten: Der spektakuläre Circuit of the Americas ist die neue Heimat des US-Grand-Prix.

Zuschauer auf Luxusyachten und Balkonen säumen den Abschnitt an der Tabac-Kurve beim Großen Preis von Monaco 2013.

Kapitel 1
Europa

🇧🇪 Spa-Francorchamps

Dieser fantastische Straßenkurs zählt von Anfang an, seit 1950, zu den Austragungsorten der Formel-1-Weltmeisterschaft und gilt nach wie vor als eine der härtesten Herausforderungen im alljährlichen Rennkalender der Fahrer.

> „In Spa hatte ich viele großartige Zeiten. Es ist der Ort, an dem praktisch alle Höhepunkte meiner Karriere stattfanden: mein erstes Rennen, mein erster Sieg und mein siebter Weltmeistertitel."
>
> *Michael Schumacher*

Spa-Francorchamps ist eine Rennstrecke im ureigenen Sinne, die letzte Naturrennstrecke der Formel 1, eine, die nicht von Designern, sondern von der Landschaft geformt wurde. Wie von der Natur gemalt durchschneidet der riesige schwarze Asphaltring Hügel und Wälder der Ardennen und bietet der Weltmeisterschaft eine einmalige Kulisse.

Der zweifache britische Formel-1-Weltmeister Jim Clark, der seine Fahrkünste auf jedem Kurs, den er befuhr, angemessen einzusetzen wusste, hat diesen Ort bekanntermaßen gefürchtet und gehasst, dies umso mehr, seit sein Landsmann Archie Scott-Brown 1958 beim ersten großen Sportwagenrennen auf dieser Strecke tödlich verunglückte.

Der Kurs wurde 1921 aus der Taufe gehoben und war zunächst südlich der Ortschaft Francorchamps als dreiecksförmiger Kurs für Motorradrennen angelegt worden. Um die 15 Kilometer lange Strecke vollständig zu umrunden, ging es für die Fahrer zunächst über einen Hügel in das dahinterliegende Tal von Malmedy, danach durch die Talsenke hindurch, dann kurz vor Stavelot direkt hinein in eine enge Rechtskurve und schließlich wieder zurück bergauf durch die heute berühmte Spitzkehre „La Source". Ein Jahr später fand das erste Autorennen auf diesem Kurs statt, der mit seinen langen Geraden und den vielen Waldpassagen von vornherein nichts für Feiglinge war, denn es gab keinerlei Schutzzäune, die die Autos hätten auffangen können. Überdies macht häufiger Regen die Strecke umso gefährlicher, zumal dieser oft nur Teilabschnitte des weitläufigen Kurses trifft. Gut möglich also, dass es an den Boxen staubtrocken ist, weiter hinten aber pitschnass. Über die Jahre hat sich kaum etwas verändert. Lediglich ein paar Kurven wurden umgebaut, um sie weniger gefährlich zu machen. Auch die extrem hohen Geschwindigkeiten, mit denen der Kurs über weite Strecken durchfahren wird, sorgen immer wieder für spannende Rennen – so wie 1970 beim Großen Preis von Belgien, als sich BRM-Pilot Pedro Rodríguez mit einer rasanten Durchschnittsgeschwindigkeit von knapp 240 km/h den Sieg holte. Doch der Hochgeschwindigkeitskurs bereitete den Veranstaltern zunehmend Sorge, sodass sie den GP zunächst nach Nivelles und später nach Zolder verlegten. Die Strecken dort waren zwar sehr viel langweiliger, dafür aber ungleich sicherer.

Um Spa-Francorchamps wieder in den Rennkalender aufnehmen zu können, mussten der komplette Rundkurs sowie der gesamte Abschnitt durch die Talsenke gekürzt und die äußere Fahrbahn mit der inneren über ein neues Teilstück verbunden werden, das bei Les Combes in eine Rechtskurve geht, dann weiter steil bergab führt und vor der Blanchimont wieder auf den ursprünglichen Kurs mündet.

Damit war der Kurs bis 1979 auf 6,9 Kilometer verkürzt, und der GP kehrte 1983 nach Spa-Francorchamps zurück. Der kürzere Kurs verringerte die Geschwindigkeit, und Sieger-Pilot Alain Prost kam lediglich auf eine durchschnittliche Rundengeschwindigkeit von 191 km/h. Seither wurde die Strecke immer wieder leicht verändert, vor allem an der Bus-Stop-Schikane am Streckenende, doch im Großen und Ganzen bewahrte sie ihren ursprünglichen Charakter. Heute werden wieder höhere Geschwindigkeiten gefahren, wie Sebastian Vettel zeigt, der 2013 mit einer Durchschnittsgeschwindigkeit von 220 km/h im Red Bull zum Sieg fuhr. Zu den berühmten Stellen gehören die steil ansteigende und gewundene Kurve von Eau Rouge, auf die eine lange Gerade bergauf bis Les Combes folgt, die sich für Windschattenfahrten eignet, die steil abschüssige Doppellinkskurve Pouhon sowie die Bergauf-Linkskurve Blanchimont. Der Kurs bietet den Fahrern einen rasanten Flow und durch den breiten Asphalt ausreichend Platz für Überholmanöver.

Als einer von nur vier Rennkursen, die seit der ersten Weltmeisterschaft im Jahr 1950 befahren werden, nimmt Spa-Francorchamps einen wichtigen Platz in der langen und wechselvollen Geschichte der Formel 1 ein und hat neben Silverstone, Monaco und Monza bis heute einen festen Platz im Rennkalender. ■

Rechts: Spa-Francorchamps. Das majestätische Gefälle von La Source an den alten Boxen vorbei auf die Engstelle an der Eau Rouge zu.

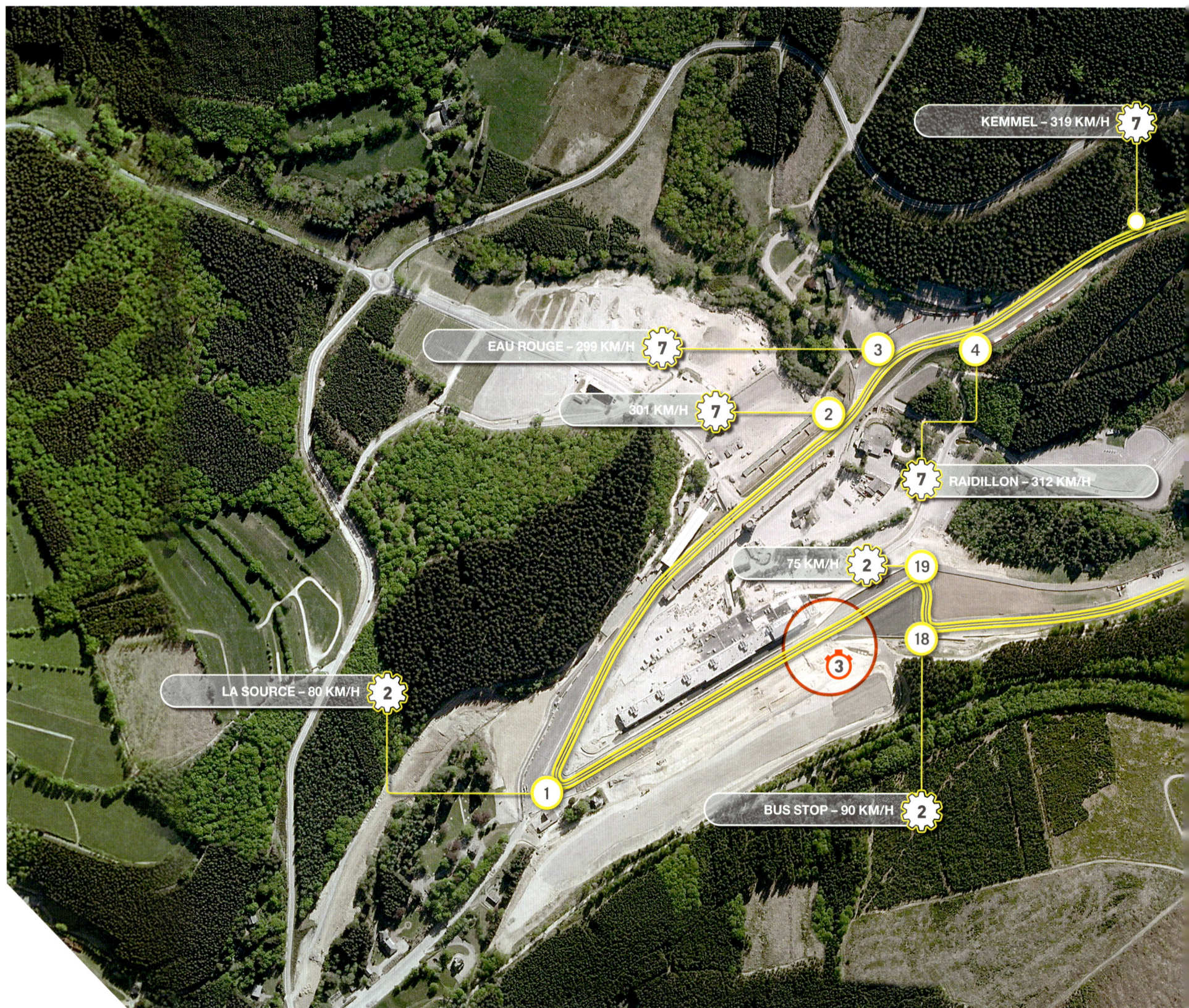

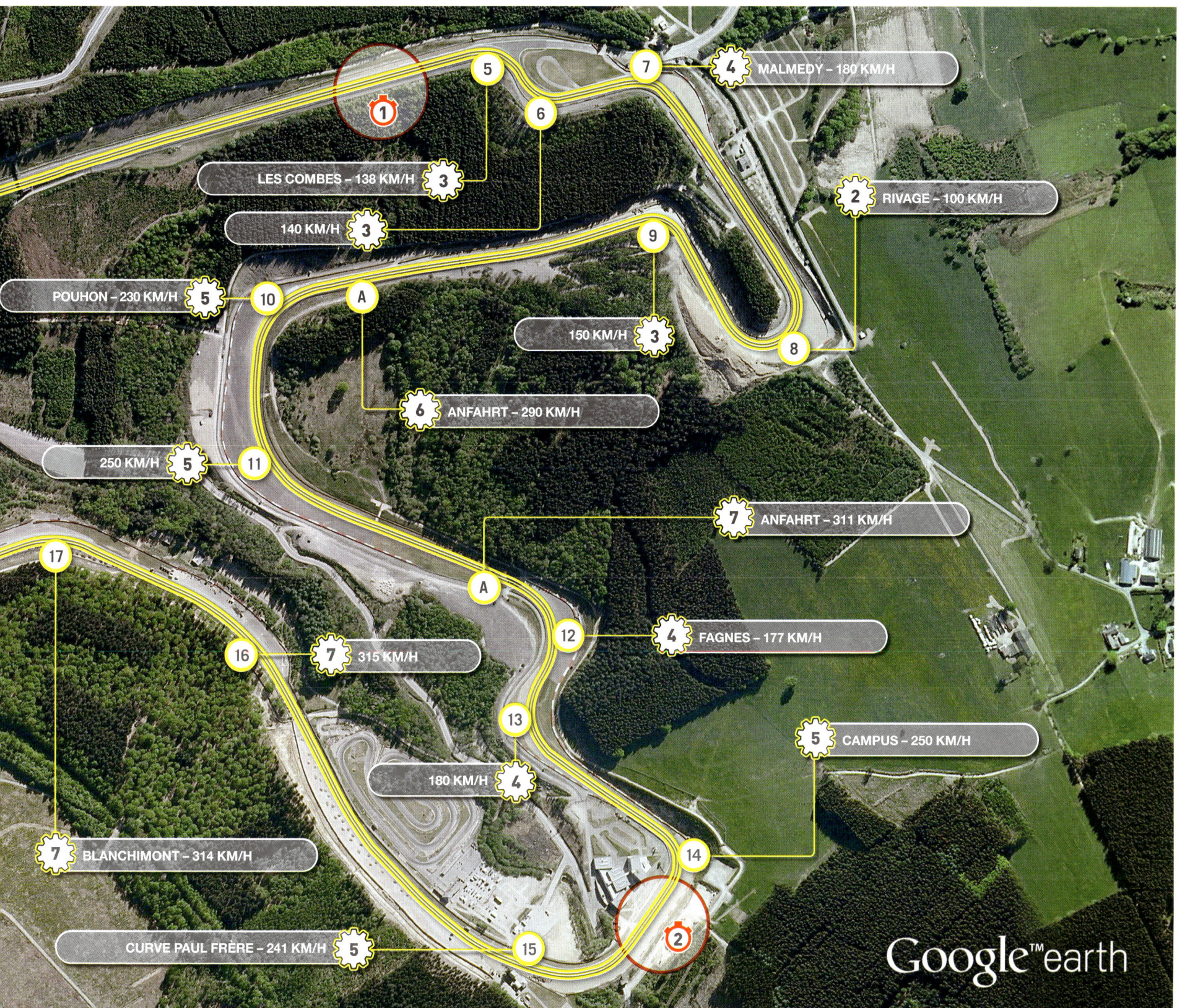

Strecken-Porträt

Der Circuit de Spa-Francorchamps in Belgien ist eine wunderbare Naturrennstrecke mit allem, was eine Rennstrecke braucht. Sie bietet jede Menge Kurven – schnelle, mittelschnelle und enge. Sie bietet fantastische Steigungen und Gefälle, Hügelpassagen und lange Geraden, die zu Überholmanövern herausfordern.

Kurve 1 • La Source
Gang: **2**
Speed: **80 km/h**

Die enge Haarnadelkurve La Source, die sich früher auf der Bergab-Passage hinunter nach Eau Rouge befand, wurde 1984 verlegt und befindet sich gleich hinter der Startlinie. Hier kam es über die Jahre hinweg immer wieder zu aufsehenerregenden Zwischenfällen. Gleich nach dem Start rasen die Fahrer auf diese spitze Kehre zu und müssen entscheiden, ob sie auf der Innenlinie Gas geben oder nach außen ziehen, um dann hinunter nach Eau Rouge zu jagen.

Kurve 2/3 • Eau Rouge
Gang: **7**
Speed: **299 km/h**

Dieser als Mutprobe bekannte Links-Rechts-Knick ist im Formel-1-Sport weltberühmt. Die Fahrer können die Kurvenkombination mit Vollgas durchfahren. Die abschüssige Einfahrt, auf die die steilste Bergab-Passage folgt, setzt die Autos enormen vertikalen Kompressionskräften aus und verlangt von den Fahrern vollste Konzentration. Eine heiße Kurve bleibt sie allemal, denn sie wird im siebten Gang durchfahren, was das Tempo beim Herausbeschleunigen auf die lange Bergauf-Gerade noch erhöht.

Kurve 5 • Les Combes
Gang: **3**
Speed: **138 km/h**

An diesem Punkt macht die Kurve seit dem Umbau 1979 einen scharfen Rechtsknick. Er markiert das Ende der langen Bergauf-Geraden von Raidillon, auf der die Fahrer durchaus ein Überholmanöver aus dem Windschatten heraus riskieren können und eine Geschwindigkeit von bis zu 320 km/h erreichen. Kurz vor der Kurve müssen sie hart herunterbremsen, um in den Rechtsknick einzulenken und für die scharfe Linkskurve unmittelbar danach auf der Kuppe eine perfekte Linie herauszufahren.

Kurve 8 • Rivage
Gang: **2**
Speed: **100 km/h**

Von Les Combes führt der Kurs leicht abschüssig in den Rechtsknick namens Malmedy, um dann deutlich anzusteigen, ehe es wieder steil bergab in Richtung Rivage geht. Die Rivage ist eine Doppelrechtskurve, die im zweiten Gang befahren wird. Beim Einfahren in die Kurve gilt es, die Linie zu halten, damit der Wagen nicht ausbricht, um dann schnellstmöglich wieder zu beschleunigen und die Fahrt hangabwärts durch den schnelleren Linksknick dahinter fortzusetzen.

Spa-Francorchamps – Belgien

Linke Seite oben: Juan Pablo Montoya setzt sich an der Innenlinie der Bus-Stop-Schikane mit der Nase seines Williams dicht neben Michael Schumachers Ferraris (2004). *Oben links:* Schumacher fährt an der Spitze vor Jarno Trulli im Renault und Felipe Massa im Sauber aus der La Source (2004). *Oben rechts:* Blick durch die Bäume hinunter auf die Boxengasse mit der Spitzkehre La Source im Hintergrund.

Kurve 10 • **Pouhon**
Gang: **6**
Speed: **230 km/h**

Hinter der Rivage wird die Strecke breit, und die Fahrer gewinnen ein Gefühl von Raum. Hinter ihnen, nach Norden hin, liegt der Kontrollturm oberhalb der Boxen, vor ihnen der erste Teil einer Doppellinks-Kombination – die Pouhon. Sie ist eine der vielen spektakulären Mutkurven von Spa und der ideale Zuschauerplatz, denn die Formel-1-Piloten fahren hier hart am Limit, um möglichst viel Tempo durch diese lang gezogene Doppellinkskurve mitzunehmen.

Kurve 15 • **Curve Paul Frère**
Gang: **5**
Speed: **241 km/h**

Sie markiert den tiefsten Punkt der Strecke, wo die 1979 eingefügte Innenschleife nach einer kurzen Geraden den Weg freigibt auf die lang gezogene Kurve, die früher als die Stavelot-Kurve bekannt war. Sie wird im fünften Gang genommen, und die Fahrer sollten sie möglichst mit Vollgas durchfahren, um das Tempo den Hang hinauf mitzunehmen. Die Kurve wurde 2008 zu Ehren des in den 1950er-Jahren aktiven belgischen Formel-1-Rennfahrers und Journalisten Paul Frère umbenannt.

Kurve 17 • **Blanchimont**
Gang: **7**
Speed: **314 km/h**

Die meisten der langen Geraden ziehen sich offen durch die Natur. Nicht so dieser Bergauf-Abschnitt. Links der Fahrer, gleich hinter den Absperrungen, säumen dichte Baumreihen den Fuß des hoch aufragenden Felshangs, während unmittelbar rechts hinter den Absperrungen der Abgrund über dem Flusstal klafft. Das Gaspedal auf 314 km/h durchgedrückt, rasen die Fahrer durch diese scharfe Linkskurve, die nach einer sauberen Linie verlangt, damit der Wagen nicht außer Kontrolle gerät.

Kurve 18/19 • **Bus Stop**
Gang: **2**
Speed: **90 km/h**

Die Kurve wurde 1980 eingeführt, um die Boliden herunterzubremsen, bevor sie mit dem letzten geraden Bergauf-Stück zurück zur La Source den Rundkurs vollendeten. Sie bestand zunächst aus einer mehrteiligen Links-Rechts-Kurvenkombination, bevor sie in eine Einfach-Schikane umgewandelt wurde. Heute besteht die Bus Stop aus nur einer engen Rechts-Links-Schikane, während sie jahrelang eine Links-Rechts-Kombination gefolgt von einer kurzen Geraden und einer Rechts-Links-Kombination war.

Große Fahrer & große Momente

Spa-Francorchamps stellt seit jeher eine beträchtliche Herausforderung an Mensch und Maschine dar. Und unberechenbare Wetterverhältnisse sorgen obendrein für Spannung und Nervenkitzel pur! Es ist ein Ort, an dem nur die Besten bestehen.

Rechte Seite oben: Eddie Irvine zieht an der Innenseite der La Source vorbei, während Mika Häkkinen im McLaren Michael Schumacher im Ferrari abdrängelt (1998).

Rechte Seite unten links: Jim Clark hasste Spa, aber genau hier beginnt 1962 seine vierjährige Siegesserie für Lotus.

Rechte Seite unten rechts: Regen ist in Spa ein Dauergast, und Red-Bull-Pilot Sebastian Vettel zeigt sich im Qualifying vorsichtig und besonnen (2013).

Große Fahrer

 Michael **Schumacher**
6 Siege

 Ayrton **Senna**
5 Siege

 Jim **Clark**
4 Siege

 Kimi **Räikkönen**
4 Siege

Schumachers Rekordsiegesserie in Spa-Francorchamps begann mit seinem ersten Grand-Prix-Sieg 1992 für Benetton, gerade einmal ein Jahr nach seinem F1-Debüt. Ab 1995 fuhr er in Spa drei Siege in Folge ein, den ersten für Benetton, die nächsten zwei für Ferrari, bevor er nach überlegener Führung im strömenden Regen auf extrem nasser Fahrbahn in das Heck von David Coulthards McLaren krachte. Zwei weitere Siege für Ferrari, 2001 und 2002, machten seine Erfolge in Spa komplett.

Da der Asphalt auf der Strecke mehrfach aufgebrochen war, startete der Große Preis von Belgien 1985 erst später im Jahr. Auf abtrocknender Fahrbahn fuhr Ayrton Senna für Lotus zum Sieg, und Spa wurde fortan zu einem Ort des Triumphes für ihn: Von 1988 an siegte er im McLaren viermal in Folge. Er hätte diese Serie sogar ausbauen können, wäre er 1987 nach einem harten Duell mit Nigel Mansell nicht ausgeschieden oder 1992 trotz heftiger Regenfälle auf Slicks weitergefahren.

Der Schotte hasste diesen Ort, hielt ihn für unzumutbar gefährlich. Zu Recht, wie sich beim GP von Belgien 1960 zeigte, als zwei Fahrer bei Testfahrten verletzt und zwei beim Rennen getötet wurden. Clark gelang es jedoch, alle Bedenken beiseitezuschieben und viermal in Folge zwischen 1962 und 1965 für Lotus zu siegen. Auch 1967 hatte er gute Chancen, fuhr aber erst zum zweiten Mal im neuen Ford DFV und musste einen unvorhersehbaren Boxenstopp einlegen.

Das erste Mal gewann der Finne 2004 für McLaren nach einem chaotischen Rennverlauf mit sechs Führungswechseln und drei Safety-Car-Phasen. Ein Jahr später ging er mit knapp 30 Sekunden Vorsprung ebenfalls als Erster über die Ziellinie. Danach wechselte er zu Ferrari und siegte 2007 erneut. Seinen letzten Sieg, ebenfalls für Ferrari, hatte er 2009, bei dem er sich mit nicht einmal einer Sekunde Vorsprung vor Giancarlo Fisichellas Force India nur knapp ins Ziel rettete.

Große Momente

1952 Ascari beginnt neunfache Siegesserie

1968 McLaren, überraschter Sieger

1998 Coulthard, Massenunfall in der Startrunde

2008 Massa siegt nach **Hamiltons** Disqualifikation

Alberto Ascari verpasste die Auftaktrunde zur Weltmeisterschaft 1952, weil er sich auf die 500 Meilen von Indianapolis vorbereitete. Dennoch gewann er zum ersten Mal die Fahrer-Weltmeisterschaft im neuen Ferrari-Formel-2-Rennwagen und führte, nachdem er an Jean Behra vorbeigezogen war, uneinholbar und bei heftigem Regen bis zum Schluss. Er gewann danach acht weitere GP-Rennen in Folge, darunter alle fünf in der Formel-1-Saison 1952 sowie die ersten drei der folgenden Saison.

Jack Brabham schrieb 1966 Geschichte, da er der erste Formel-1-Fahrer war, der im eigenen Auto zum Sieg fuhr. Zwei Jahre später tat es ihm sein früherer Teamkollege bei Cooper, Bruce McLaren, gleich. Doch als McLaren die Zielflagge passierte, dachte er, er sei nur Zweiter. Der Neuseeländer war von Platz 6 gestartet, holte dann aber auf und fuhr als Zweiter hinter Jackie Stewarts Matra, ohne zu bemerken, dass dem in der letzten Runde der Treibstoff ausging, was McLaren am Ende den Sieg brachte.

Jeder Pilot, der in Spa fährt, weiß, dass es in der ersten Kurve La Source, brandgefährlich werden kann. Nach einer reibungslosen Einfahrt in die Haarnadel auf regennasser Fahrbahn verlor Coulthard im McLaren auf der breiten Ausfahrt die Bodenhaftung, schleuderte quer über die ganze Strecke, schlug in die Boxenmauer ein und löste in einer Kettenreaktion eine Massenkarambolage aus, in die 13 Autos verwickelt waren, sodass das Rennen neu gestartet werden musste.

Lewis Hamilton lag mit sechs Punkten Vorsprung vor Ferrari-Pilot Felipe Massa, lieferte sich dann aber mit Kimi Räikkönen ein dramatisches Duell, nahm eine Abkürzung durch die Schikane, setzte sich vor den Finnen und hängte ihn ab. Die Rennleitung belegte den McLaren-Piloten mit 25 Strafsekunden wegen unerlaubten Abkürzens. Zwar ließ er Räikkönen danach wieder passieren, bremste ihn aber auf dem Weg in die nächste Kurve erneut aus, was ihm die Strafe und Massa den Sieg eintrug.

Spa-Francorchamps – Belgien

🇫🇷 Magny-Cours

Die Strecke hat einen besseren Ruf verdient, als sie genießt. Dass der Kurs und damit der GP von Frankreich aus dem WM-Kalender gestrichen wurden, ist vor allem auf seine wenig attraktive Lage inmitten ländlich geprägtem Niemandsland zurückzuführen.

> „ Die Strecke in Magny-Cours kann ziemlich anspruchsvoll sein, da die Bedingungen dort sehr wechselhaft sind, wahrscheinlich noch wechselhafter als auf den meisten anderen Strecken. "
>
> *Kimi Räikkönen*

Als Magny-Cours 1961 offiziell eröffnet wurde, hätte wohl niemand gedacht, dass sie die Heimat des Grand Prix von Frankreich werden würde. Die Piste wurde rund 240 Kilometer südlich von Paris außerhalb der Stadt Nevers gebaut. Auf dem Kurs sollten zunächst lediglich Clubrennen, bestenfalls nationale Rennmeisterschaften stattfinden. Zudem war eine Niederlassung der Winfield Racing School geplant, aus der fast alle späteren Formel-1-Stars hervorgehen sollten. Die einzige Verbindung zur Weltmeisterschaft bestand damals darin, dass die neue Strecke den Namen Circuit Jean Behra erhielt, benannt nach dem in Frankreich legendären und tödlich verunglückten Rennfahrer-Star der 1950er-Jahre.

1968 errichtete der Rennstall Martini Racing Cars eine Basis in Magny-Cours und nutzte die Strecke für Testfahrten seiner neuesten Rennwagen, die in der Formel-Junior-Meisterschaft sehr populär waren. Und so waren die Anfänge der Rennstrecke wenig spektakulär, auch noch nach 1971, als sie auf Betreiben des örtlichen Bürgermeisters hin um etwa die doppelte Streckenlänge erweitert wurde. Zu diesem Zweck fügte man eine lange, enge Schleife hinzu, was den Streckenverlauf nach links zwang und die alte Spitzkehre aufhob, schloss eine sehr lang gezogene Rechtskurve an und führte die Rennwagen dann über eine weite Gerade und eine leichte Anhöhe bis hinauf zur Adelaide-Haarnadelkurve. Nicht, dass diese Kurve damals schon so hieß, denn die Kurven – die Estoril, die Nürburgring und die Imola – erhielten erst in den späten 1980er-Jahren ihre Namen, als der Kurs internationale Aufmerksamkeit erlangte. Eine Gegengerade führt die Autos zurück zur neu angelegten Schleife und wieder auf den ursprünglichen Kurs am Ausgang der Haarnadel, wo die Umbaumaßnahmen begonnen hatten.

Es folgten politische Anstrengungen. Präsident Mitterand setzte im Vorfeld der Nationalwahlen alles daran, die Entwicklung der extrem ländlich geprägten Region um Nevers zu fördern. Im Zuge dessen stellte er auch beträchtliche Mittel für Magny-Cours bereit, die den Umbau der Strecke ermöglichten: Die alten Boxenstraßen und -anlagen am Infield der Strecke, am Gefälle von Château d'Eau, wurden abgerissen und außerhalb der Streckenanlage gleich nach der Lycée-Kurve neu errichtet. Um den örtlichen Arbeitsmarkt anzukurbeln, wurde ein Industriepark außerhalb des Streckengeländes angelegt, der als Drehscheibe für die französische Motorsport-Industrie samt den angeschlossenen Zulieferern fungieren sollte. Leider waren all diese Um- und Ausbauten anfangs nicht von Erfolg gekrönt, denn zunächst zog als Einziger nur der französische Formel-1-Rennstall Ligier auf das Gelände.

Der Erfolg stellte sich erst 1991 ein, als man den französischen Grand Prix vom Circuit Paul Ricard im Süden des Landes nach Magny-Cours holte und das erste Formel-1-Rennen zum Großen Preis von Frankreich auf der neu gestalteten Strecke gefahren wurde. Teams und Fahrer waren beeindruckt von der superglatten Oberfläche und der Mischung der Kurventypen, obgleich einige befanden, es gäbe zu wenig schnelle Kurven. Dafür gab es eine besonders gute Stelle für ein risikoarmes Überholmanöver, wo der Fahrer kurz vor der Einfahrt in die Adelaide-Haarnadelkurve aus dem Windschatten heraus und neben seinen Rivalen ziehen konnte, um ihn abzuhängen. Zumindest an dieser Stelle wurde das Rennen unausweichlich spannend.

Magny-Cours war bis 2008 Austragungsort des französischen Grand Prix, als Felipe Massa den vorerst letzten Grand Prix von Frankreich gewann.

Mittlerweile gibt es Überlegungen, den Frankreich-GP wieder aufleben zu lassen und ihn eventuell auf den modernisierten Circuit Paul Ricard zurückzuholen, was den Circuit de Nevers Magny-Cours wieder zurückwerfen würde auf das, was er ursprünglich einmal war – ein Kurs für Clubrennen und nationale Rennmeisterschaften. ∎

Linke Seite: Kimi Räikkönen reckt triumphierend die Faust in die Luft, als er aus der letzten Kurve herausschießt und den Sieg für Ferrari holt (2007).

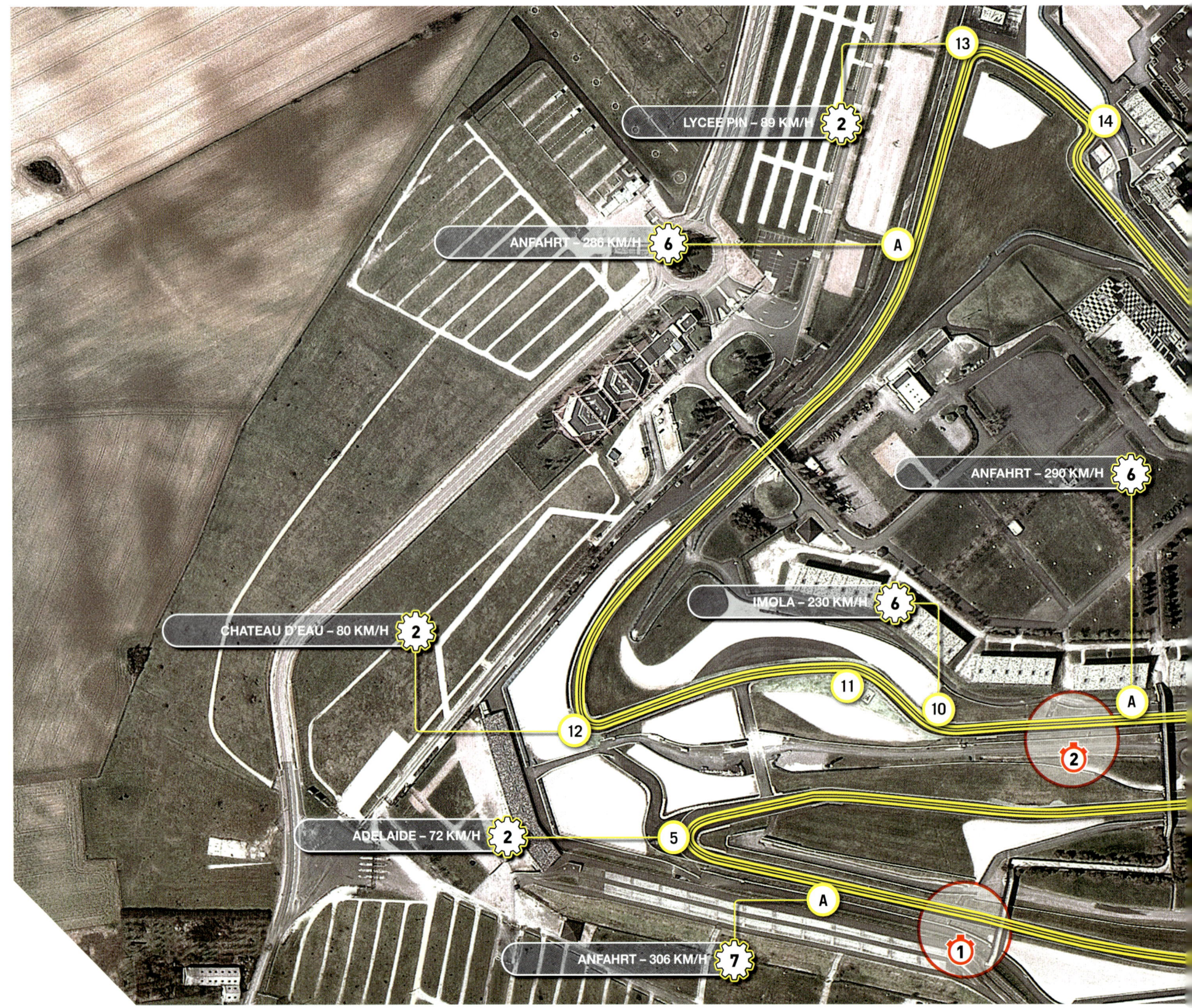

Magny-Cours – Frankreich

Strecken-Porträt

Eines der wesentlichen Merkmale dieser weit geschwungenen Anlage ist ihre glatte Oberfläche. Die glatte Piste ermöglichte eine gute Traktion, was den Fahrern half, das Auto perfekt auf der Linie zu halten und es durch imposante Kurvenkombinationen zu manövrieren. Nur die letzte Kurve des Rundkurses war etwas schwieriger zu nehmen, weil der Kurveneingang nicht einzusehen war.

Kurve 1 • **Grande Courbe**
Gang: **7**
Speed: **285 km/h**

Gleich die erste Kurve ist besonders schwierig, da sie erst kurz nachdem die Fahrer die Boxenmauer passiert haben, einzusehen ist. Sie wird im siebten Gang genommen, fällt leicht nach außen ab, während sich die Fahrer bereits auf die Kurve konzentrieren müssen, die fast unmittelbar dahinter folgt, die Estoril. Wer beim Start zu langsam wegkommt, kann hier leicht ins Hintertreffen geraten, denn die Kurve ist breit genug, um über die Außenseite anzugreifen.

Kurve 2/3 • **Estoril**
Gang: **5**
Speed: **209 km/h**

Eine kurze Gerade nach der Grande Courbe führt zur Estoril. In der Mitte dieser gleichmäßig gezogenen Kurve liegt der tiefste Punkt des Rundkurses, und die Fahrer müssen ihren Wagen hier gut ausbalancieren, während sie aus der Kurve heraus auf die einzige lange Gerade der ganzen Strecke so kraftvoll wie möglich beschleunigen. Wichtig ist dabei, viel Schwung mitzunehmen, um dicht an den Vordermann heranzukommen und den Windschatten bis zur Adelaide-Haarnadel auszunutzen.

Kurve 5 • **Adelaide**
Gang: **2**
Speed: **72 km/h**

Nachdem die leicht gekrümmte Vollgas-Passage namens Golf-Kurve durchfahren ist, gilt es, so spät wie möglich herunterzubremsen, um in die Haarnadel oben auf dem Hügel einzulenken, seine Position gegen Angriffe zu verteidigen oder ein Überholmanöver aus dem Windschatten heraus noch vor der Kurveneinfahrt abzuschließen. Dabei müssen die Fahrer entscheiden, ob sie den Überholvorgang in die Haarnadel außen herum starten, um innen durch die Kurve zu kommen, oder umgekehrt.

Kurve 6/7 • **Nürburgring**
Gang: **6**
Speed: **240 km/h**

Die Bergab-Passage nach der Adelaide-Haarnadel bis zu einer engen Kehre, die einfach nur „180" heißt, wird unterbrochen durch die Nürburgring-Schikane. Im sechsten Gang geht es sanft hinunter in den ersten Teil dieser Kurvenkombination, in eine enge Rechtskurve, die eine exakte Linie verlangt, da unmittelbar dahinter ein Linksknick folgt, der nach hinten weiter aufmacht. Die schnelle Passage der Schikane macht Spaß, weil sie wenig Raum für Überholmanöver lässt.

Magny-Cours – Frankreich

Linke Seite oben: Zwei Williams in der Startrunde an der Spitze mit Ricardo Patrese vor Nigel Mansell (1992). **Oben links:** Felipe Massa im Ferrari bemerkt den Fahnenschwenker, als er sich den zweiten Platz sichert (2007).
Oben rechts: Gerhard Berger kam in Magny-Cours nie zum Sieg. Hier umrundet er in seinem Benetton die Lycée auf der noch nicht umgebauten Strecke und wird Vierter (1996).

Kurve 8 • **180**
Gang: **3**
Speed: **105 km/h**

Am Infield der Estoril-Kurve gelegen, dreht diese Haarnadel die Autos zurück in die Richtung, aus der sie kamen. Die Bergab-Gerade am Ausgang der Nürburg-Schikane ist eigentlich zu kurz, um Überholvorgänge zu starten, dennoch hat es manch einer erfolgreich versucht. Nach dem Kurvenscheitelpunkt macht die Strecke erneut einen leichten Linksknick, bevor es dann durch ein paar weit geschwungene Kurven bergauf zurück zum höchsten Punkt der Strecke geht, zur Château d'Eau.

Kurve 10/11 • **Imola**
Gang: **6**
Speed: **230 km/h**

Diese Schikane ist ebenso wie die Nürburg-Schikane eine Rechts-Links-Kombination mit dem einzigen Unterschied, dass sie bergauf gefahren wird. Nach den Kerbs, den Randsteinen im ersten Teil der Schikane, müssen die Fahrer blind einlenken, da die Strecke nach außen hin abfällt. Doch wenn sie mit ihrem Wagen zu hart über die Randsteine brettern, besteht die Gefahr, dass sie abheben und ins Schleudern geraten – ein aufregendes Spektakel für Fans und Fernsehkameras.

Kurve 12 • **Château d'Eau**
Gang: **2**
Speed: **80 km/h**

Die Château d'Eau markiert den höchsten Punkt der Strecke. Sie liegt gleich hinter dem Ausgang der Imola-Schikane, was für die Fahrer bedeutet, dass sie prompt auf die linke Fahrbahnseite ziehen müssen, um für die Einfahrt in diese lang gezogene Rechtskurve an der Spitze der Steigung möglichst weit auszuholen. Für die Zuschauer lohnt ein Platz auf den Tribünen gleich neben dem Motorsport-Museum, um hautnah mitzuerleben, wie die Fahrer scharf in die Kurve hineinbremsen.

Kurve 13 • **Lycée Pin**
Gang: **2**
Speed: **89 km/h**

2003 wurde der Abschnitt vor der Zielkurve geändert. Dafür wurde die Rechts-Links-Schikane unmittelbar davor entfernt sowie eine extrem enge und langsame Rechtskurve vor der Start-/Zielgerade geändert. Fortan ging es über einen sanft abfallenden Bogen direkt hinein in eine enge Rechts-Spitzkehre, die Lycée Pin, gefolgt von einer Rechts-Links-Schikane fast unmittelbar dahinter. Zumindest aber der sanft abfallende Bogen machte Aufholjagden und Überholvorgänge möglich.

🇩🇪 Hockenheim

Der Hockenheimring, die langjährige Heimat des deutschen Grand Prix, hat im Laufe der Jahrzehnte einen beträchtlichen Umbau erfahren. In der Erinnerung werden die Rennen daher entweder mit der Zeit vor oder nach dem Umbau verbunden.

> *Wieder im Stadion anzukommen und all die Menschen dort zu sehen, fühlt sich super an, denn auf der ganzen Strecke zur Ostkurve gibt es keine Zuschauer, und es fühlt sich sehr einsam an.*
> *Damon Hill*

Der Hockenheimring hat eine lange Geschichte. Er wurde nach wenigen Monaten Bauzeit 1932 eröffnet. Der ursprüngliche Hockenheimring war als einfacher Flachkurs angelegt. Er bestand im Grunde nur aus zwei leicht gebogenen Geraden, die sich in einer Spitzkehre trafen und durch eine Kurve am jeweils anderen Ende miteinander verbunden waren. Der Kurs diente zunächst vor allem als Teststrecke für Mercedes Benz.

Nach dem Zweiten Weltkrieg war es in Hockenheim eher ruhig. Es fanden lediglich nationale Rennveranstaltungen statt, der Große Preis von Deutschland sowie internationale Rennmeisterschaften wurden am Nürburgring ausgetragen. Die erste große Veränderung erfolgte 1966, als die Rennstrecke durch den Bau einer Autobahn zwischen der Strecke und der Ortschaft drastisch gekürzt und der Westteil dadurch abgeschnitten wurde. Als neuer Westteil wurden große Tribünenanlagen errichtet sowie eine kleine Schleife davor, am Ende des Rundkurses.

Einen tragischen Ruhm erlangte der Hockenheimring im Frühjahr 1968, als der damalige Formel-1-Held und zweifache Weltmeister Jim Clark zu einem Formel-2-Rennen für Lotus startete und tödlich verunglückte, als er von der Piste abkam und gegen einen Baum schleuderte.

Den Veranstaltern war damit klar, dass die Strecke auf den Geraden entschärft werden musste, woraufhin 1970 zwei Bremsschikanen durch den Wald verlegt wurden, die eine an der Außengeraden gleich hinter der Stelle, an der Clark tödlich verunglückt war, die andere an der Rückgeraden.

Der Große Preis von Deutschland wurde 1970 erstmals in Hockenheim ausgetragen, danach erst wieder 1977, nachdem Niki Lauda im Jahr zuvor der Welt vor Augen geführt hatte, dass der Nürburgring für Formel-1-Rennen nicht ausreichend sicher war (siehe Seite 43).

Doch auch Hockenheim hatte seine ganz eigenen Gefahrenpunkte, die dem französischen Formel-1-Piloten Patrick Depailler zum Verhängnis wurden, der 1980 bei Testfahrten in seinem Alfa Romeo in der Ostkurve tödlich verunglückte. Daraufhin wurde eine dritte Bremsschikane errichtet, um die Ostkurve, die einzige lang gezogene, schnelle Kurve, zu entschärfen und den Kurs sicherer zu machen. Die Angst bei den Fahrern aber blieb. Insbesondere die Angst, die Strecke bei Regen zu befahren, vor allem im rückseitigen Abschnitt, wo mehr als 320 km/h möglich sind und der Wind die Gischt durch die Bäume treibt, die den Streckenrand säumen, was die Sicht enorm behindert.

Die Rennen hier waren gekennzeichnet von rabiaten Kämpfen in der Startrunde um die besten Plätze vor der ersten Kurve, möglichst spätes Bremsen und geschickte Spurwechsel vor der ersten Schikane. Danach waren Überholvorgänge meist nur an den drei Schikanen möglich, obgleich die schnellen Windschattenfahrten durch die Waldpassagen ein ebenso spektakuläres Bild boten.

Um nicht zuletzt dem zunehmenden Druck von Umweltschützern nachzugeben, erfolgte 2002 ein weiterer radikaler Umbau der Strecke. Der Kurs wurde um gut die Hälfte drastisch verkürzt und die Waldpassage abgeholzt. Die Gestaltung der neuen Anlage übernahm der renommierte Streckenarchitekt Hermann Tilke. Anstatt direkt nach dem Start auf Höchstgeschwindigkeit zu beschleunigen und in diesem Höllentempo von der Nordkurve bis zur ersten Schikane mit Vollgas durchzufahren, müssen die Fahrer nun nach nicht einmal der Hälfte dieser schnellen Geraden hart herunterbremsen, um dann scharf rechts zu biegen. Danach folgt eine kilometerlange, leicht gebogene Gerade, die in eine Haarnadelkurve mündet, ehe es über ein paar leichte Kurvenfolgen, die harmlos und dafür umso sicherer sind, auf der Rückseite des Kurses wieder auf die Einfahrt ins Stadion (Motodrom) zugeht. Damit war der ursprüngliche Charakter der Anlage zwar stark verändert, dafür kamen die Autos nun öfter an den Tribünen vorbei, da es beim Grand Prix nun 67 Runden statt, wie bislang, 45 Runden gab. ■

Rechts: Michael Schumacher führt das Fahrerfeld auf der Jagd in die Nordkurve an, dicht gefolgt von Bruder Ralf und Rubens Barrichello (2002).

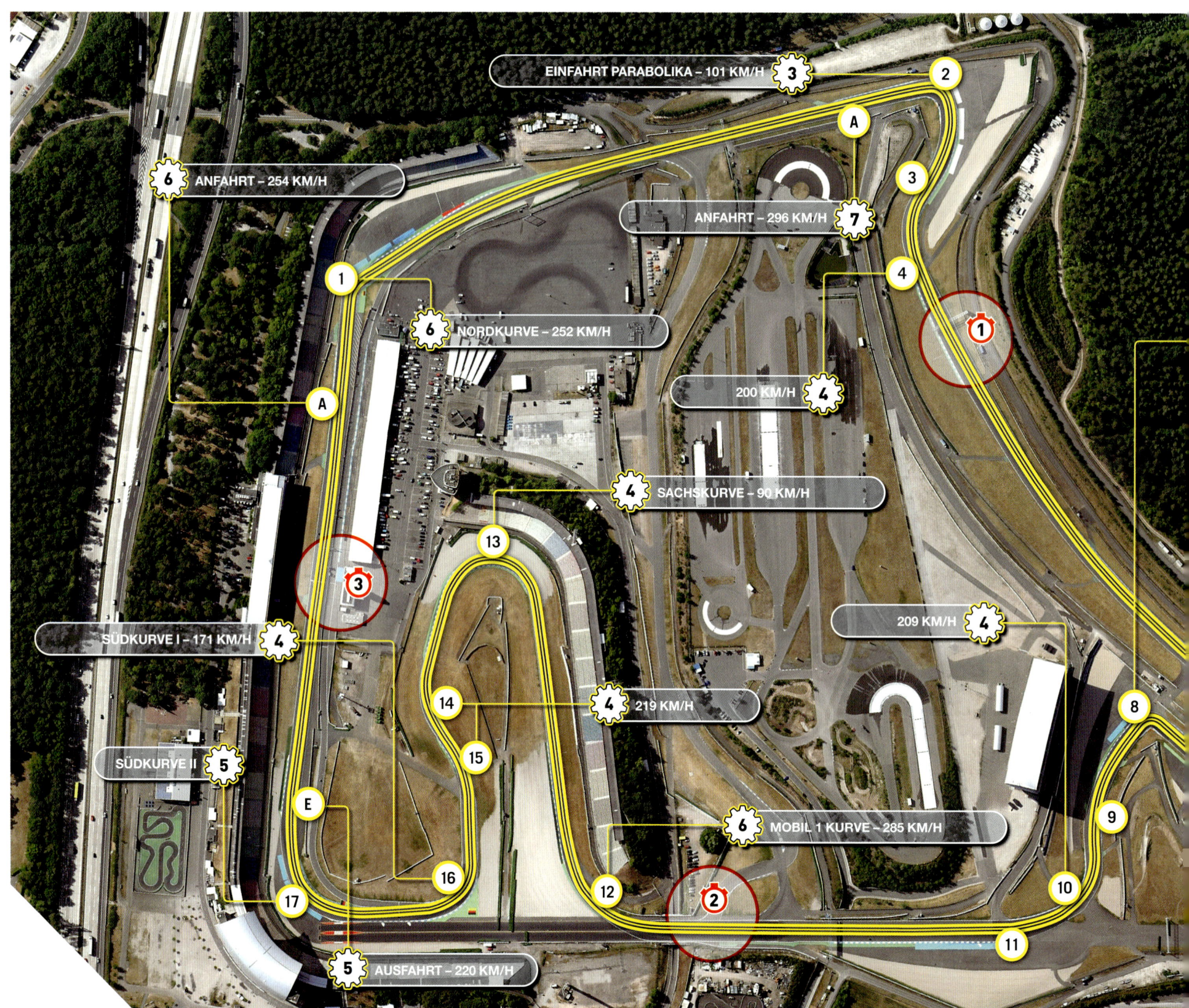

Hockenheim – Deutschland

Strecken-Porträt

Der Hockenheimring kann in zwei Teilstücke gegliedert werden. Den einen lassen die Autos hinter sich, sobald sie nach der ersten Kurve aus dem Stadionkomplex hinaus in das zweite, ruhigere Teilstück beschleunigen, um kurz darauf direkt vor der Haupttribüne und unter dem Jubel der Zuschauer zurück in das Motodrom einzufahren.

Kurve 1 • **Nordkurve**
Gang: **6**
Speed: **252 km/h**

Diese erste Kurve nach dem Start hat es in sich, da die Fahrer hier knallhart um die besten Plätze rangeln. Was bei dieser rabiaten Drängelei passieren kann, zeigte sich etwa 2001, als sich Luciano Burti in seinem Wagen mehrfach überschlug, durch die Luft flog und auf Michael Schumachers schlingernden Ferrari prallte. Normalerweise versuchen die Fahrer hier, einen möglichst weiten Linksbogen zu fahren, um das meiste Tempo durch die Kurve und auf die anschließende Gerade mitzunehmen.

Kurve 2/3/4 • **Einfahrt Parabolika**
Gang: **3**
Speed: **101 km/h**

Die erste Kurve in dem Streckenteil, den viele noch immer als den „neuen" Teil ansehen, hat mit dem Charakter der „alten" Strecke nicht mehr wirklich viel zu tun. Sie ist eng, ähnelt einer Haarnadel, weshalb die Fahrer auch hier einen weiten Bogen schlagen müssen, um mit möglichst viel Tempo nicht nur durch diese Kurve zu kommen, sondern auch durch die enge Kehre unmittelbar dahinter und den Linksknick, der auf die „Rückgerade" dahinter führt.

Kurve 5 • **Parabolika**
Gang: **6**
Speed: **280 km/h**

Der Hockenheimring gilt seit jeher als schnelle Strecke mit vielen lang gezogenen Geraden. In Wahrheit aber waren diese Geraden schon immer alles andere als gerade, sondern bogen sich leicht in die eine oder andere Richtung. Während sich die Geraden der alten Strecke nach rechts bogen, biegt sich die Parabolika nach links. An der linken Seite ist der Abschnitt von nach hinten versetzten Bäumen gesäumt, die weichen, sobald es geradewegs auf die Spitzkehre zugeht.

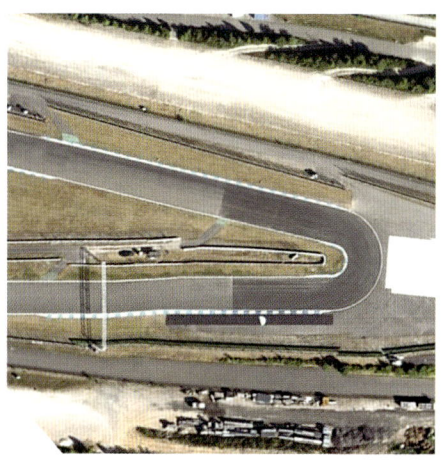

Kurve 6 • **Spitzkehre**
Gang: **2**
Speed: **64 km/h**

Die Fahrer müssen hier von 320 km/h bis auf 64 km/h hart herunterbremsen, um diesen scharfen Rechtsknick nehmen zu können. Allerdings ist die Parabolika am Kurveneingang derart eng, dass die Autos am Kurvenende meist in einer Linie wieder herausfahren, auf der langen Gerade dahinter aber keine Aufholjagd starten, sondern sich in den Windschatten des Vordermanns klemmen, um den optimalen Moment abzupassen und dann kurz vor der Spitzkehre ein Überholmanöver zu starten.

Hockenheim – Deutschland

Linke Seite oben: Emerson Fittipaldi im Lotus kommt ein wenig von der Fahrbahn ab, als er kurz vor der Sachskurve in den vierten Gang heruntergeschaltet (1970). *Oben links:* Alan Jones, hier in der dritten Schikane, erinnert sich gerne an den deutschen Grand Prix von 1979, als er zum ersten Mal für Williams siegte. *Oben rechts:* René Arnoux im Ferrari vor Andrea de Cesari im Alfa Romeo, Nelson Piquet im Brabham und den Renault-Piloten dahinter, in der Einfahrt zur Südkurve (1983).

Kurve 8 • **Mercedes Arena**
Gang: **3**
Speed: **106 km/h**

An der Spitzkehre stoßen die Fahrer wieder auf den alten Kurs und müssen hochkonzentriert sein, um die Traktion zu halten, bevor sie aus der Haarnadel heraus in den Sechste-Gang-Bogen dahinter auf Kurve 7 beschleunigen. Doch die Kurve bremst den Tempofluss jäh herunter, da sie die Fahrer zwingt, in den dritten Gang zu schalten und sich so lange wie möglich am äußersten rechten Fahrbahnrand zu halten, um den unmittelbar dahinter folgenden Linksknick optimal zu meistern.

Kurve 12 • **Mobil 1 Kurve**
Gang: **6**
Speed: **285 km/h**

Früher markierte diese schnelle Rechtskurve das Ende der ruhigen Waldpassage, die bei den Fahrern stets für Gänsehautmomente sorgte, wenn sie unter dem Jubel von Abertausenden Zuschauern auf den riesigen Tribünen in den stadionartigen Abschnitt einfuhren. Heute ist der Kontrast für die Fahrer nicht mehr ganz so gewaltig, wenn sie aus der leichten Rechtskurve kommend versuchen, am Ausgang nicht zu weit über die flachen Randsteine zu fahren, da sie sonst ins Schleudern geraten.

Kurve 13 • **Sachskurve**
Gang: **4**
Speed: **90 km/h**

Seit ihrem Einbau 1966 gilt die Sachskurve als besonders langsam und technisch anspruchsvoll. Sie liegt direkt unterhalb der Innentribünen, sieht harmlos aus, ist aber nicht ohne, denn diese Vierte-Gang-Linkskurve fällt am Scheitelpunkt ab und steigt bis zum Ende der Kurve entsprechend wieder an und ist auf der Kurveninnenseite leicht erhöht, um die Durchfahrt zu erleichtern. Überholmanöver sind hier schwierig, aber nicht unmöglich, wenn der Vordermann patzt.

Kurve 17 • **Südkurve**
Gang: **4**
Speed: **171 km/h**

Diese letzte Kurve verlangt von den Fahrern höchste Konzentration. Die Südkurve besteht genau genommen aus zwei Kurven. An eine erste Rechtskurve über eine leichte Kuppe schließt sich ein kurzes gerades Gefälle an, bevor es gleich wieder in eine scharfe, leicht abschüssige Rechtskurve geht, die im Kurvenbogen nur geringfügig überhöht ist, damit die Fahrer mehr Grip finden, um danach an den Boxen vorbei mit Vollgas auf die Zielgerade zu schießen.

Große Fahrer & große Momente

Die langen Geraden und Schikanen boten schon immer Dramatik pur. Dazu Faustkämpfe, Boxenfeuer, Fan-Invasionen und Teamorder-Vorschläge – kein Wunder, dass Hockenheim von jeher ein Garant für besonders heiße Rennen war.

Rechte Seite oben: Rubens Barrichello feiert seinen ersten Grand-Prix-Sieg, nachdem er sich in einem chaotischen Rennen mit seinem Ferrari an die Spitze gekämpft hatte (2000).

Rechte Seite unten links: Ayrton Senna hält sich Williams-Pilot Thierry Boutsen an der Ostkurve vom Leib (1990).

Rechte Seite unten rechts: Jochen Rindt im Lotus 72 vorn, gejagt von Jacky Ickx im Ferrari dahinter (Formel-1-Rennen 1970). Für den Österreicher wurde es der vierte Sieg in Folge.

Große Fahrer

 Michael **Schumacher**
4 Siege

 Nelson **Piquet**
3 Siege

 Ayrton **Senna**
3 Siege

 Nigel **Mansell**
2 Siege

Mit vier Siegen ist Michael Schumacher Rekordchampion beim deutschen Grand Prix am Hockenheimring. Der erste Heimsieg gelang ihm 1995 im Benetton, als er 30 Sekunden klar vor Damon Hill für Williams das Ziel erreichte, im Siegestaumel dann aber den Motor abwürgte, weil er den jubelnden Fans zuwinkte, und die Ehrenrunde am Abschlepphaken drehen musste. Dreimal konnte er diesen Erfolg für Ferrari wiederholen, 2002, 2004 und 2006.

Nelson Piquet siegte in Hockenheim ganze dreimal. Es hat jedoch eine gewisse Ironie, dass er vielen nicht deswegen in rühmlicher Erinnerung ist, sondern wegen seiner Prügelattacke gegen Eliseo Salazar, nachdem der versucht hatte, den in Führung liegenden ATS-Piloten zu überrunden, und einen Crash verursachte. Piquet siegte 1982, 1986 und 1987. Bei seinem letzten Sieg führte McLaren-Pilot Alain Prost bis fünf Runden vor Schluss und fiel dann wegen eines Reifenschadens aus.

Für Lotus wurde Ayrton Senna in Hockenheim immer nur Zweiter, für McLaren aber siegte er dreimal. Das erste Mal 1988, kurz nachdem er zu McLaren gewechselt war. Er startete damals von der Pole-Position und fuhr in jeder Runde vorn. Auch 1989 trug er den Sieg davon, obgleich Teamkollege Alain Prost in der Mitte des Rennens das Feld anführte. Das dritte Rennen in Folge gewann er 1990, als er erneut die Führung zurückerobern musste, diesmal gegen Alessandro Nannini im Benetton.

Hockenheim erwies sich für den britischen Piloten nicht gerade als Erfolgspflaster. Zehn Rennen lang ging er in Hockenheim leer aus, bis er 1991 die Zielflagge als Erster sah. Es war ein leichtes Rennen für den Williams-Piloten. Er startete von der Pole-Position, lag unangefochten in Führung und ging vor Teamkollege Riccardo Patrese ins Ziel. Den zweiten Sieg holte er 1992, als er in der Startrunde an Patrese vorbeizog, dem der schnellste Start gelungen war, und seinem zweiten WM-Titel entgegenfuhr.

Große Momente

 **1970 Rindts** knapper Sieg vor Jacky **Ickx**

 **1994 Verstappen** überlebt dramatisches Boxenfeuer

 **2000 Barrichello** durch Demo zum Sieg

 **2010 Alonso** siegt, da **Massa** Teamorder befolgt

1970 wurde der deutsche Grand Prix aufgrund von Sicherheitsmängeln von Nürburg nach Hockenheim verlegt. So gastierten die Fahrer 1970 erstmals auf dem Hockenheimring. Das Rennen war ein packendes Duell zwischen Jacky Ickx und Jochen Rindt, die beide aus der ersten Reihe gestartet waren, mit Jacky Ickx auf der Pole-Position. Ganze zwölfmal wechselten sie die Führung, bevor der Österreicher in seinem Lotus am Ende mit nur 0,7 Sekunden um eine knappe Nasenlänge vorne lag.

Die Saison 1994 hatte bereits ihre Opfer gefordert: Ayrton Senna und Roland Katzenberger verunglückten beide tödlich in Imola, und Karl Wendlinger lag mehrere Wochen im künstlichen Koma. Und es kam zu einem weiteren tragischen Unfall, als der Benetton von Formel-1-Pilot Jos Verstappen bei einem Boxenstopp aufgrund einer defekten Tankanlage in Brand geriet und er samt Boxencrew plötzlich in einem Feuerball verschwand. Zum Glück kamen alle mit relativ leichten Verbrennungen davon.

Der Formel-1-Zirkus wird hin und wieder von bizarren Ereignissen bestimmt, wie im Jahr 2000, als ein Ex-Mercedes-Mitarbeiter auf dem Streckengrünstreifen vor der ersten Schikane gegen seine Entlassung demonstrierte. Safety-Cars rückten aus, und plötzlich wendete sich das Blatt: McLaren verlor die Führung an Rubens Barrichello, da Mika Häkkinen wegen des einsetzenden Regens einen Boxenstopp einlegte, um auf Regenreifen zu wechseln, und so seinen Vorsprung von 30 Sekunden verlor.

Die übliche Teamorder-Masche bei Ferrari hat schon des Öfteren einen üblen Nachgeschmack hinterlassen. So etwa, als Rubens Barrichello angehalten wurde, seinen Teamkollegen Michael Schumacher passieren zu lassen, um ihm den österreichischen GP-Sieg zu überlassen. Weniger offensichtlich war das, was 2010 in Hockenheim geschah, als Felipe Massa den Funkspruch erhielt: „Fernando ist schneller als du". Massa drosselte sein Tempo und ließ den Spanier passieren – und siegen.

Hockenheim – Deutschland

🇩🇪 Nürburgring

Um den Nürburgring auf der internationalen Bühne zu halten, baute man in den 1980er-Jahren die neue Strecke, die aber sogleich in die Kritik geriet. Der neue Rennkurs, hieß es, sei viel zu technisiert, viel zu sicherheitsbetont ausgelegt – was er verglichen mit dem ältesten Teil des Nürburgrings ganz offensichtlich auch ist.

> „Der heutige Kurs mag zwar weniger lang sein als die alte Streckenführung mit 22,5 Kilometern, aber er kann immer noch ganz schön ätzend sein, und das Wetter kann sich von jetzt auf gleich ändern."
>
> *Lewis Hamilton*

Jahrelang gab es Unmut darüber, dass die Nürburgring-Nordschleife viel zu gefährlich sei. In der Tat hatten sich die Fahrer schon seit 1969 für Verbesserungen der Sicherheit starkgemacht, allen voran Jackie Stewart. Daraufhin wurde die Strecke stellenweise verbreitert, Schutzplanken und Fangzäune wurden errichtet, Bodenwellen geglättet und Bäume gefällt. Doch als Niki Lauda seinen fatalen Unfall beim deutschen Grand Prix 1976 nur knapp überlebte, war schließlich auch das Ende des Nürburgrings besiegelt. Der Große Preis von Deutschland wurde fortan auf dem Hockenheimring ausgetragen, und es sah nicht so aus, als würde er jemals wieder in die Eifel zurückkehren.

Doch den Betreibern gelang, was viele Fans für undenkbar hielten: Sie bauten auf dem Gelände einen neuen Kurs, der neben dem gleichnamigen Streckenabschnitt der legendären Nürburgring-Nordschleife nur noch die Start- und Zielgerade mit dem alten Kurs gemeinsam hatte. Doch für die moderne Formel 1 war die alte Nordschleife längst ein Anachronismus. Die Förderer hingegen sahen in dem neuen Kurs eine schöne neue Welt, eine sichere Rennstrecke, zumal eine, die von den Fans weitestgehend überschaut werden konnte und ihnen beim Grand Prix nunmehr 67 Runden bot – ein großer Unterschied zu den 45 Runden, die auf der alten Nordschleife gefahren wurden.

Viele Fans waren fassungslos, als sie die Strecke im Herbst 1984 zum ersten Mal sahen. Die Anlage sähe aus, so wurde moniert, als sei sie für eine ganz andere Sportart ausgelegt. Die Kiesbetten, die als Schutzstreifen rings um fast die gesamte Strecke gingen, waren so breit, dass man die Autos von den Tribünen aus kaum ausmachen konnte. Für die Fans war es definitiv keine Liebe auf den ersten Blick. Alain Prost konnte es egal sein: Er lag in allen Runden vorn und gewann das erste Formel-1-Rennen für McLaren, das unter der Ehrenbezeichnung „Großer Preis von Europa" (Grand Prix d' Europe) ausgetragen wurde.

Kurvenreich windet sich die neue Strecke über eine leicht geneigte Bergab-Passage in Richtung Dunlop-Kehre, einer Haarnadel, bevor es dann wieder bergauf zur Michelin-Kurve geht, wie sie heute heißt. Danach aber öffnet sich die Strecke ein wenig und mündet hinter der legendären Warsteiner-Kurve in einen weiten Bogen, der mit Vollgas durchfahren werden kann und mit seiner Kulisse den Fahrern zumindest ein bisschen etwas vom alten Nordschleifen-Gefühl beschert, denn es gibt weit und breit keine Tribünen und linker-Hand nur endlose Eifelwälder über graswachsenen Hängen. Nach einer Bergauf-Schikane können die Fahrer den Punkt sehen, an dem die alte Nordschleife nach links in den Wald abbog, der für sie aber das Ende einer Rennrunde markiert. Der neue Kurs war zwar nichts im Vergleich zur alten Vollblut-Strecke, aber nach modernen Maßstäben gar nicht so schlecht. Es dauerte lediglich seine Zeit, bis Formel-1-Kenner und Rennsportromantiker ihn akzeptierten.

2002 wurde der Rennkurs erneut umgebaut. Die erste Kurve wurde zu einer Doppel-S-Kurve am Ende der Start-und-Zielgeraden, die in eine Dreifachkurve mündete. Dahinter trafen die Autos wieder auf die ursprüngliche Strecke, wo sie die erste Schikane verlassen hatten.

In jüngster Zeit hat der Nürburgring immer wieder mit großen finanziellen Problemen zu kämpfen, und die goldene Ära der ersten Dekade des 21. Jahrhunderts, als die FIA im Zuge der Schumacher-Manie entschied, zwei Grand-Prix-Rennen pro Jahr in Deutschland auszutragen, eines davon als Grand Prix von Europa auf dem Nürburgring, scheint lange vorbei. Die finanzielle Situation in Nürburg wie in Hockenheim hat sich derart verschlechtert, dass der Große Preis von Deutschland heute abwechselnd einmal hier und einmal dort stattfindet. ∎

Links: Red-Bull-Pilot Sebastian Vettel vor dem Lotus-Duo mit Romain Grosjean und Kimi Räikkönen in der ersten Kurve, der Yokohama-S (2013).

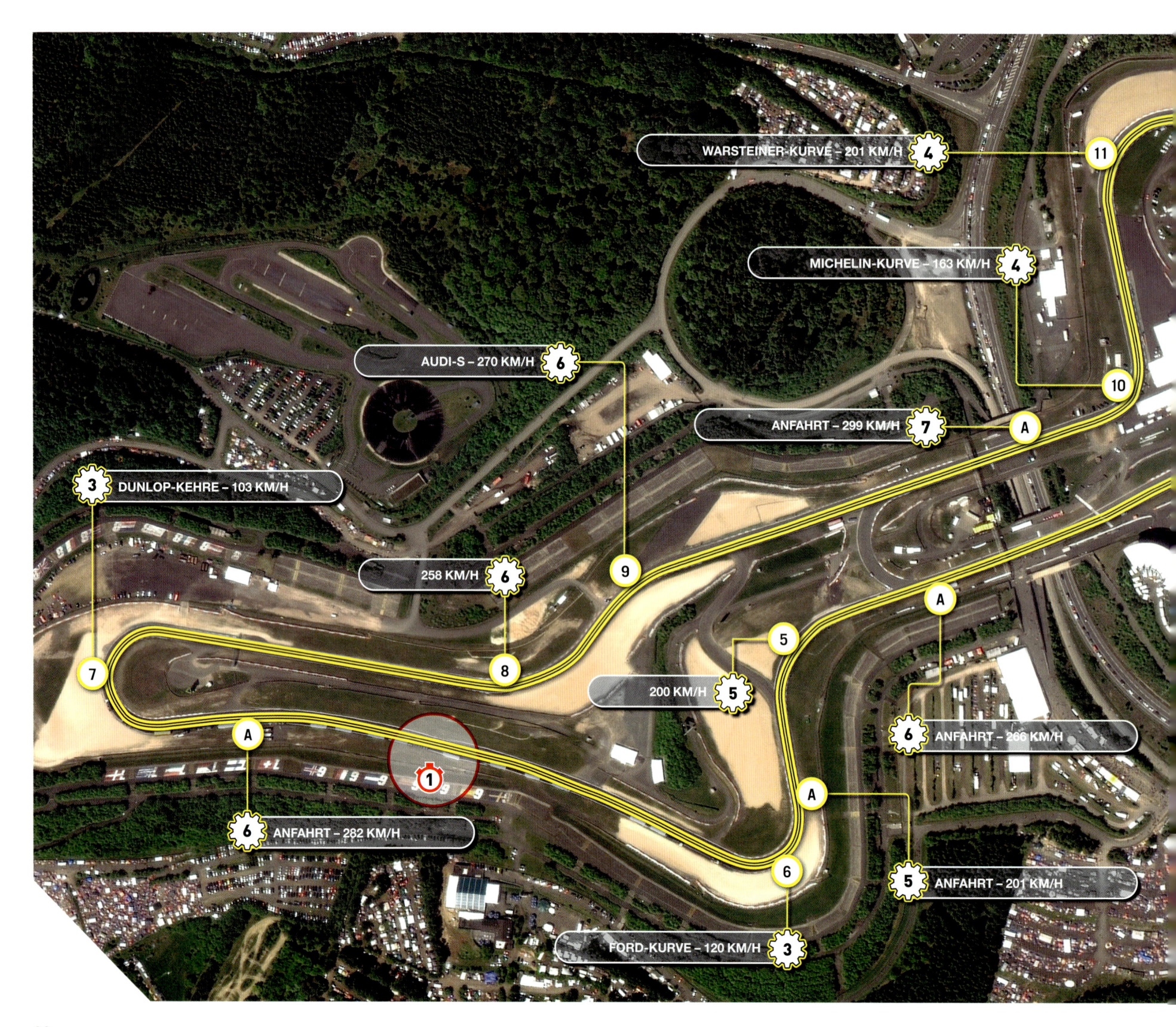

- WARSTEINER-KURVE – 201 KM/H
- MICHELIN-KURVE – 163 KM/H
- AUDI-S – 270 KM/H
- ANFAHRT – 299 KM/H
- DUNLOP-KEHRE – 103 KM/H
- 258 KM/H
- 200 KM/H
- ANFAHRT – 266 KM/H
- ANFAHRT – 282 KM/H
- ANFAHRT – 201 KM/H
- FORD-KURVE – 120 KM/H

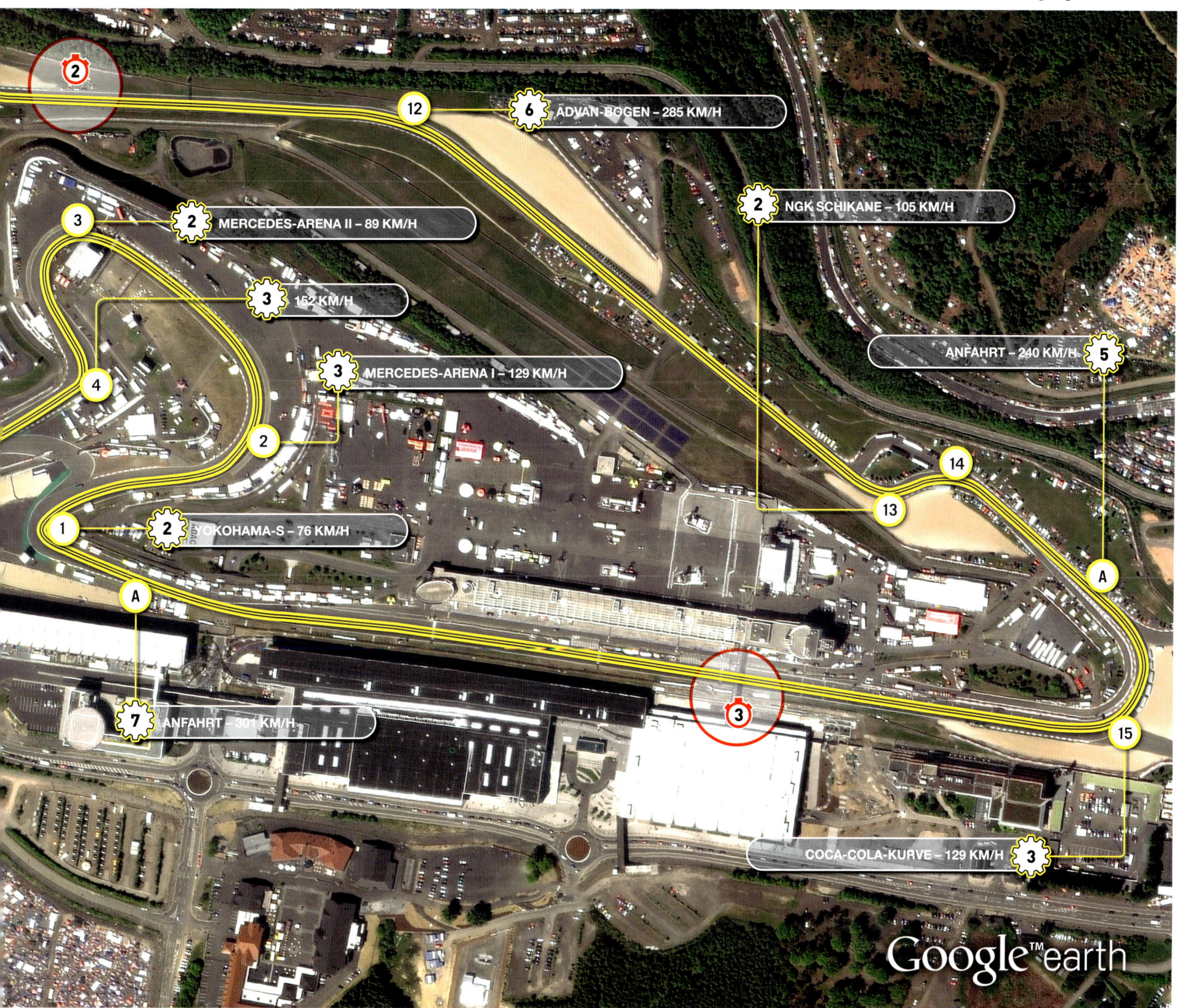

Nürburgring – Deutschland

- 6 ADVAN-BOGEN – 285 KM/H
- 2 NGK SCHIKANE – 105 KM/H
- 2 MERCEDES-ARENA II – 89 KM/H
- 3 152 KM/H
- 3 MERCEDES-ARENA I – 129 KM/H
- 5 ANFAHRT – 240 KM/H
- 2 YOKOHAMA-S – 76 KM/H
- 7 ANFAHRT – 301 KM/H
- 3 COCA-COLA-KURVE – 129 KM/H

Foto © 2014 DigitalGlobe © Google 2014

37

Strecken-Porträt

Der Nürburgring ist ein sehr moderner Rennkurs, mit vielen Auslaufzonen und weiten Kiesbetten ringsum. Damit fehlt ihm zwar der vertraute Renncharakter seiner Vorgängervarianten, doch für die Fahrer ist er nach wie vor eine besondere Herausforderung, denn er führt über stark hügeliges Gelände.

Kurve 1 • **Yokohama-S**
Gang: **2**
Speed: **76 km/h**

Die erste Kurve nach dem Start wurde in den 1980ern als Rechts-Links-Schikane angelegt, wo es stets zu heftigen Attacken kam. 2002 wurde sie umfassend verändert, sodass die Fahrer heute scharf in eine Haarnadel-Rechtskurve hineinbremsen, die zum Kurveneingang hin leicht abfällt, und sich sogleich wieder positionieren müssen, um jegliche Überholversuche am Kurvenausgang abzuwehren, was sie zwingt, die Haarnadel defensiv und auf der Innenlinie zu durchfahren.

Kurve 6 • **Ford-Kurve**
Gang: **3**
Speed: **120 km/h**

Diese Rechtskurve blieb seit Bau des neuen Kurses unverändert. Es ist die engste Kurve auf der Talfahrt vom Ausgang der Mercedes-Arena hinunter zur Dunlop-Kehre am Fuße des Hügels. Die Kurve davor ist relativ schnell, eine Fünfte-Gang-Kurve, sodass den Fahrern nur wenig Wegstrecke bleibt, um ihren Rennwagen quer über die Fahrbahn nach links zu ziehen, denn die noch engere Rechtskurve folgt prompt dahinter und fällt am Ausgang obendrein noch leicht ab.

Kurve 7 • **Dunlop-Kehre**
Gang: **3**
Speed: **103 km/h**

Eine schwierige Kurve, denn die Fahrer müssen zum Einlenken in diese breite Haarnadel von rund 280 km/h in den dritten Gang herunterbremsen. Genau genommen ist sie eine Doppelkurve, und die Fahrer müssen schnellstmöglich die passende Balance finden, um gleich wieder in die Bergauf-Passage dahinter herausbeschleunigen zu können. Eines der spektakulärsten Überholmanöver wagte 2003 Juan Pablo Montoya, der seinen Williams an Michael Schumachers Ferrari außen vorbei lenkte.

Kurve 10 • **Michelin-Kurve**
Gang: **4**
Speed: **163 km/h**

Bis vor Kurzem bekannt als RTL-Kurve, ist diese Linkskurve am Kamm des Hügels eine scheinbar einfache Kurve, doch sie erfordert Präzision; den Schwung durch die Kurve mitzunehmen, ist wichtig, denn die Fahrer nähern sich hier im siebten Gang und müssen drei Gänge tiefer schalten. Wer hier einen Tick zu schnell ist (insbesondere auf einer feuchtglatten Oberfläche, wie es oft an herbstlichen Morgenden der Fall ist), riskiert, am Ausgang über den Grünstreifen zu schleudern.

Nürburgring – Deutschland

Linke Seite oben: Blick auf die Dunlop-Kehre nahe der Audi-S (1996). **Oben links:** Sebastian Vettel für Red Bull Racing in Hochform vor zahllosen Fans in der Dunlop-Kehre (2013).
Oben rechts: Siegesfreude bei Vettel! Er sieht die schwarz-weiß-karierte Flagge als Erster (2013).

Kurve 11 • **Warsteiner-Kurve**
Gang: **4**
Speed: **201 km/h**

Die Warsteiner-Kurve ist eine weitere Vierte-Gang-Kurve und vielleicht noch wichtiger für eine schnelle Runde als die Michelin-Kurve, die ihr vorausgeht, denn sie führt auf die schnelle Rückseite des Kurses. Die Fahrer müssen am Ausgang der Michelin nach rechts ziehen, um den Einlenkpunkt in die scharfe Linkskurve zu kriegen und ja nicht zu viel Tempo mitzunehmen, denn es braucht eine gute Bodenhaftung am Kurvenausgang, um auf die anschließende Gerade hinauszubeschleunigen.

Kurve 12 • **Advan-Bogen**
Gang: **6**
Speed: **285 km/h**

Der frühere ITT-Bogen ist eine weit gezogene Vollgas-Rechtskurve, die im höchsten Gang genommen wird und die eine gute Sicht auf den Wald dahinter bietet. Die Fahrer genießen das sichere Fahrgefühl, denn die Wagen liegen hier besonders tief in der Kurve, während der Temposchub sie in die Sitze drückt und sie überlegen, ob sie in der folgenden Bergauf-Schikane besser von links oder von rechts an ihrem Rivalen vorbeiziehen.

Kurve 13/14 • **NGK Schikane**
Gang: **2**
Speed: **105 km/h**

Diese Schikane bietet eine gute Überholmöglichkeit, denn nach der rasanten Bergab-Fahrt von der Warsteiner-Kurve bis hinunter durch den Advan-Bogen nähern sich die Boliden diesem Abschnitt mit hohem Tempo, während es entlang der Zuschauertribünen bis zum Einlenkpunkt leicht bergan geht. In Sekundenschnelle müssen die Fahrer von 280 km/h auf 105 km/h herunterbremsen, die kürzeste Linie durch diese Links-Rechts-Sequenz finden und bei Regen darauf achten, nicht über die Kerbs zu kommen.

Kurve 15 • **Coca-Cola-Kurve**
Gang: **3**
Speed: **129 km/h**

Die Coca-Cola-Kurve ist die letzte Kurve vor der Start-/Zielgeraden. Aus der Schikane heraus geht es über eine leichte Steigung auf die Kurve zu, bis es an der Kurveneinfahrt langsam wieder flacher wird. Wer keinen Verfolger hinter sich hat, sollte sein Auto möglichst weit auf der linken Seite positionieren, am Scheitelpunkt der Kurve in einem verhältnismäßig spitzen Winkel in die Kurve einlenken und am Ausgang die volle Breite für die Vollgasfahrt über die Start-/Zielgerade nutzen.

39

TEINER
UNTER DEN BIEREN
HSBC
BRIDGESTONE
BRIDGESTONE

GINES
LONGINES
GOODYEAR
27

Große Fahrer & große Momente

Michael Schumacher ist mit den meisten Siegen auf dem Nürburgring die unangefochtene Nummer Eins. Doch die Geschichte zeigt, dass auch andere an einem Sieg geschnuppert und dass wechselnde Wetterverhältnisse mehr als ein Grand-Prix-Rennen, das hier ausgetragen wurde, geprägt haben.

Linke Seite oben: Johnny Herbert, Jackie Stewart und Rubens Barrichello feiern 1999 einen Grand-Prix-Dreifachsieg für das Stewart-Team.

Linke Seite unten links: Ralf Schumacher bewies 2003, dass ein Nürburgring-Rennen auch von einem anderen aus der Familie Schumacher gewonnen werden kann.

Linke Seite unten rechts: Alain Prost gewann das erste Grand-Prix-Rennen auf der neuen Strecke; ein Jahr später, 1985, triumphierte Ferrari-Pilot Michele Alboreto.

Große Fahrer

Michael **Schumacher** — 4 Siege

Den Großen Preis von Deutschland auf dem Hockenheimring zu gewinnen, hat Michael Schumacher gewiss genossen, doch mit seinen vier Grand-Prix-Siegen in der Eifel, die sehr viel näher an seiner Heimatstadt Kerpen liegt, hat er Familie und Freunden eine umso größere Freude beschert. Der erste Sieg gelang ihm 1995. 1996 wechselte er zu Ferrari, musste aber bis 2000 auf seinen nächsten Sieg warten, den er 2001 prompt wiederholen konnte. 2004 gewinnt er klar überlegen ebenfalls im Ferrari.

Fernando **Alonso** — 2 Siege

Kimi Räikkönen dürfte den Nürburgring wohl verfluchen, denn er hätte hier 2003 und 2005 klar gewinnen können, wäre er nicht immer in der letzten Runde wegen einer Panne ausgeschieden. Vom Pech des Finnen profitierte 2005 sein Rivale Fernando Alonso. Der Renault-Pilot hatte sich bereits mit dem zweiten Platz abgefunden, als er plötzlich sah, wie Räikkönens McLaren aus der ersten Kurve schleuderte und er vorbeiziehen konnte. Zwei Jahre später siegte der Spanier hier erneut, diesmal für McLaren.

Ralf **Schumacher** — 1 Sieg

Ralf Schumacher liegt mit seinen sechs Grand-Prix-Siegen zwar weit abgeschlagen hinter der stolzen Bilanz seines Bruders Michael mit 91 Grand-Prix-Siegen, doch fuhr er 2003 für Williams durchaus auf der Erfolgsspur und sicherte sich unter anderem den Sieg beim Großen Preis von Europa auf dem Nürburgring. Ausschlaggebend war die Tatsache, dass die Michelin-Reifen, auf denen das BMW-Williams-Team fuhr, den Bridgestone-Reifen auf dem Ferrari von Bruder Michael überlegen waren.

Mark **Webber** — 1 Sieg

Es gibt in der Formel-1-Geschichte Fahrer, die hervorstechen, weil sie durchaus das Zeug hatten, einen Grand Prix zu gewinnen, aber nie die Chance dazu bekamen. Auch für Red-Bull-Pilot Mark Webber sah es bis 2009 ganz danach aus. Zunächst schien es, als zöge ein weiterer Sieg an ihm vorbei, nachdem er wegen der Berührung mit Barrichello am Start eine Strafe kassierte und einen Boxenstopp einlegen musste. Doch im Anschluss fuhr er eine schnelle Runde nach der anderen und holte sich den Sieg!

Große Momente

1984 GP von Deutschland – Formel-1-Debüt für **Prost**

Der neue Nürburgring fand wenig Anklang, als er 1984 als Grand-Prix-Strecke eröffnet wurde. Alain Prost jedoch fand Gefallen an der Anlage und hatte auch allen Grund dazu: Prost stürmte nach dem Start sofort an die Spitze, zog noch vor der ersten Kurve an Polesitter Nelson Piquet im Brabham vorbei und führte souverän durch das ganze Rennen. Mit seinem Sieg schaffte er es, den Rückstand auf seinen McLaren-Teamkollegen und Titelrivalen Niki Lauda aufzuholen.

1998 GP von Luxemburg – **Häkkinen** triumphiert

Beim „Großen Preis von Luxemburg" schien die Titelverteidigung von McLaren wenig aussichtsreich, als sich beide Ferraris für die erste Startreihe qualifizierten. Doch Mika Häkkinen konnte Tempo wettmachen, kämpfte sich an Eddie Irvine heran und startete eine Aufholjagd auf Michael Schumacher. In den letzten vier Runden machte Häkkinen noch einmal richtig Druck, zog in der letzten Runde aus der Boxenausfahrt haarscharf vor Schumacher wieder auf die Piste und fuhr unaufhaltsam zum Sieg.

1999 GP von Europa – **Herbert** gewinnt für Stewart

Heinz-Harald Frentzen führte in der ersten Hälfte, während andere auf Regenreifen wechselten. Doch er schied aus, weil die Elektronik seines Jordan versagte. David Coulthard zog vorbei, doch dann setzte erneut Regen ein, und Coulthard schlitterte von der Strecke. Jetzt lag Ralf Schumacher vorn, dem aber ein Reifen platzte, woraufhin Giancarlo Fisichella die Spitze übernahm, allerdings ebenfalls von der Strecke rutschte. Am Ende gewann Johnny Herbert den einzigen Grand Prix für das Stewart-Team.

2013 GP von Deutschland – **Vettels** erster Heimsieg

Zum sechsten Mal war Sebastian Vettel 2013 beim Großen Preis von Deutschland dabei, doch es war das erste Mal, dass er in der Heimat einen Sieg erringen konnte, nachdem er bereits 29 Grand-Prix-Rennen in anderen Ländern gewonnen hatte. Und doch blieb es wieder eine Zitterpartie bis zum Schluss, denn Kimi Räikkönen blieb ihm dicht auf den Fersen, sodass er mit der Winzigkeit von nur einer Sekunde vor dem Lotus-Pilot ins Ziel ging.

🇩🇪 Die „Grüne Hölle"

Es scheint heute nahezu unbegreiflich, dass ein so langer, heikler und gefährlicher Kurs wie die Nürburgring-Nordschleife als Austragungsort für Grand-Prix-Rennen überhaupt genutzt werden konnte. Doch genau das geschah 1951 und noch einmal 1976, als Niki Lauda bekanntermaßen dem Tod nur knapp entging.

> „Niemand fährt gerne durch die Nürburgring-Nordschleife. Wer das Gegenteil behauptet, der lügt oder ist nicht schnell genug gefahren."
> *Jackie Stewart*

Gewiss, der heutige Nürburgring hat noch einige Abschnitte mit dieser sehr viel älteren Strecke gemeinsam, vor allem den Bereich rund um die Boxen, aber diese sind unterschiedlich wie Tag und Nacht, denn die eigentliche, ursprüngliche Nordschleife besteht aus einer höllischen Abfolge enger Passagen, furchterregender Kurven und noch angsteinflößenderer Steigungen und Gefällen, die sich um einen Rundkurs von mehr als 22,5 Kilometer verteilten. Insgesamt soll die alte Nordschleife 176 Kurven aufgewiesen haben, was bedeutet, dass es einige Zeit brauchte, bis man die gesamte Streckenführung wenigstens halbwegs verinnerlicht hatte. Bedenkt man weiterhin die Tatsache, dass das Wetter in der Eifel sehr nass sein kann, wird klar, warum die berüchtigte Nordschleife weithin als „Grüne Hölle" bezeichnet wurde, seit Jackie Stewart sie einst so titulierte.

Der Nürburgring wurde 1927 fertiggestellt. Es war als Projekt „Nürburg-Ring" gestartet, das die Beschäftigungslage in den örtlichen Gemeinden verbessern sollte. Die eigentliche Idee jedoch reicht weitere zwei Jahrzehnte zurück, als Kaiser Wilhelm II. äußerst erbost darüber war, dass die Autos seines Landes im Kaiserpreis-Rennen, dem großen Rennen der damaligen Zeit auf dem Taunus-Rundkurs, gegen den italienischen Sieger Felice Nazzaro auf Fiat nicht punkten konnten. Vielleicht, so hieß es, fehle es Deutschland ja an einer geeigneten Rennstrecke, auf der die Fahrer ihre Fähigkeiten verfeinern könnten. Als Standort für eine solche Rennstrecke wurde ein Waldgebiet nahe der Stadt Adenau ausgewählt, doch verzögerte sich der Bau durch den Ausbruch des Ersten Weltkriegs. Es wurden zwei Teilstrecken gebaut, die Nordschleife, die mit 22,7 Kilometer Länge die weitaus längere war, und die Südschleife, mit einer eher gewöhnlichen Länge von 7,7 Kilometern. Beide Teilstrecken konnten zu einem Gesamtkurs zusammengeführt werden, wodurch sich ein beängstigender Rundkurs von 28,2 Kilometern ergab.

Was den Kurs so einzigartig machte, war aber nicht die schiere Länge allein, sondern die Vielfalt der Kurven. Es gab schnelle und offene Kurven, vor allem viele mit einem engen oder uneinsehbaren Kurveneingang, in die es im Blindflug hineinging. Darüber hinaus gab es einen beträchtlichen Gefällewechsel, da die Strecke um die bewaldeten Hänge herum nach Adenau und dann um die Dörfer Breitscheid und Herschbroich herum ging und bei Nürburg unterhalb der gleichnamigen Burg aus dem 12. Jahrhundert vorbei wieder zurückführte.

1927 wurde der Große Preis von Deutschland, ein Sportwagenlauf, erstmals auf der Nürburgring-Nordschleife ausgetragen. Sieger war Otto Merz im Mercedes Benz. Von 1931 an, als Rudolf Caracciola ebenfalls für Mercedes siegte, wurden die Rennen in einsitzigen Rennwagen gefahren. Abgesehen von der Aufregung darüber, dass die deutschen Wagen 1935 von Alfa-Romeo-Pilot Tazio Nuvolari geschlagen wurden, fuhren Auto Union und Mercedes bis zum Ausbruch des Zweiten Weltkriegs hier jede Menge Erfolge ein. Das legendärste Rennen in der Geschichte der Formel-1-Weltmeisterschaft fand wohl 1957 statt. Damals gelang Juan Manuel Fangio ein beeindruckender Sieg, als er beim Boxenstopp 45 Sekunden verloren hatte, sich dann aber in einer atemberaubenden Aufholjagd zurückkämpfte, den Rückstand auf die beiden führenden Ferraris wettmachen und seinen alten Rundenrekord um 23 Sekunden unterbieten konnte.

Bereits Jahre vor dem Deutschland-GP 1976 wurde immer wieder diskutiert, den Nürburgring aufgrund von Sicherheitsmängeln nicht mehr für Formel-1-Rennen zu nutzen. Auch Niki Lauda äußerte Bedenken: „Wenn mir an einer anderen modernen Strecke wie beispielsweise am Circuit Paul Ricard etwas am Auto bricht, habe ich eine 70:30-Chance zu überleben. Am Nürburgring bedeutet das zu 100 Prozent den sicheren Tod." 1976 war dann endgültig Schluss mit GP-Rennen auf der Nordschleife, nachdem Lauda kurz vor dem Abschnitt Bergwerk in die Böschung geschleudert war, sein Wagen Feuer fing und er nur knapp überlebte. ∎

Rechts: *Niki Lauda im Ferrari führt vor Tyrrell-Pilot Patrick Depailler, gefolgt von Carlos Pace, Jochen Mass und Carlos Reutemann (1975).*

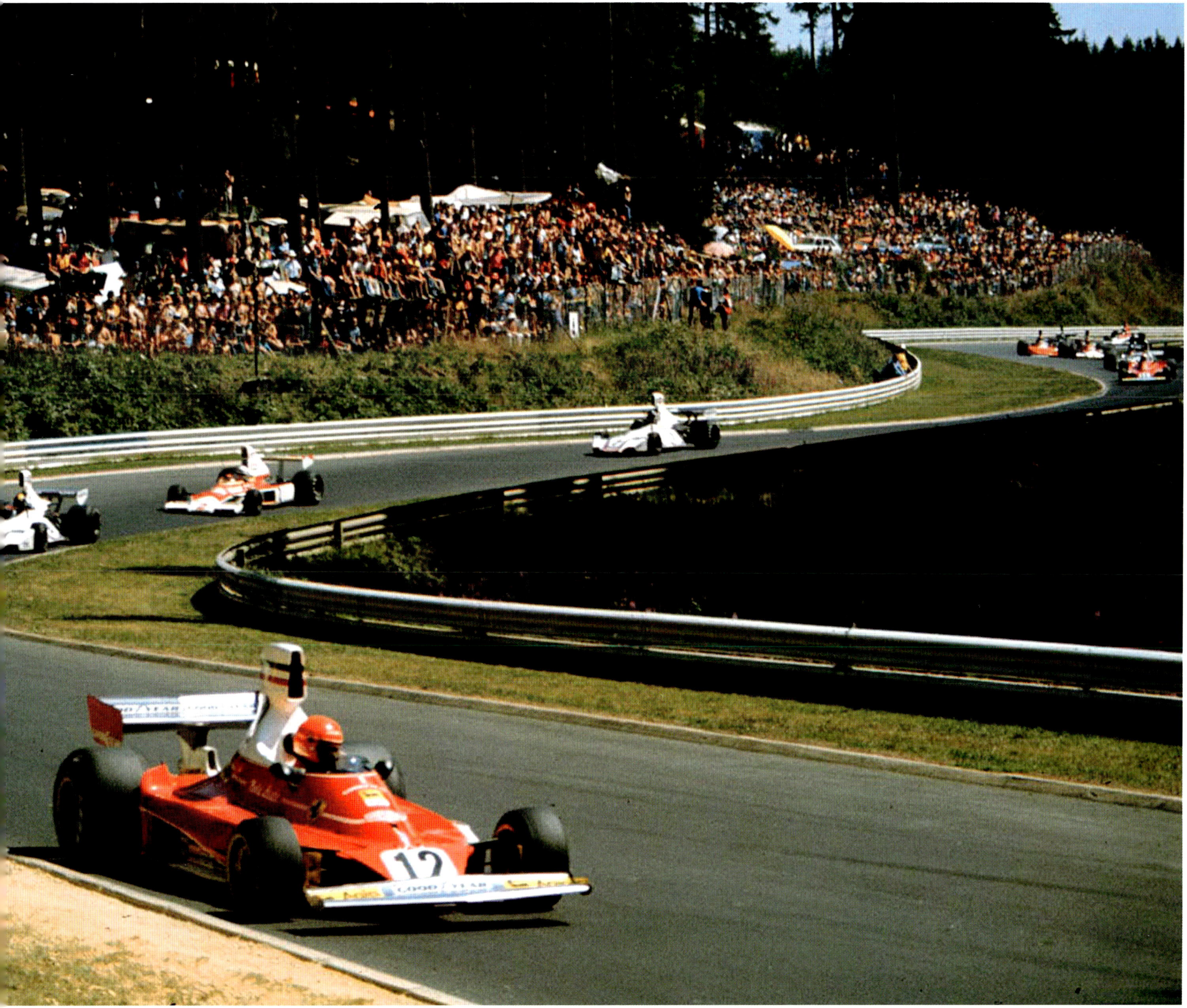

FLUGPLATZ – 225 KM/H 5   20

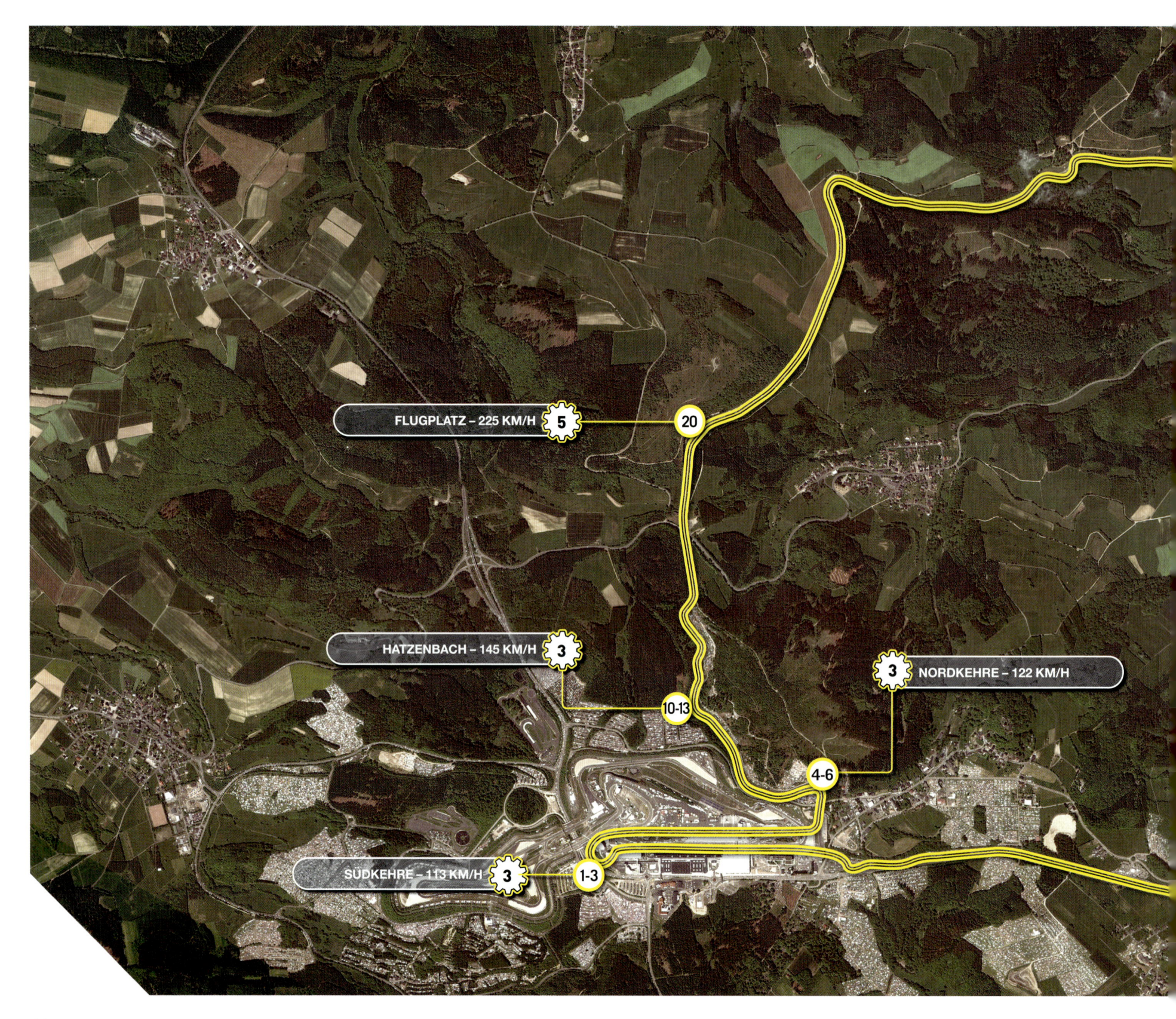

HATZENBACH – 145 KM/H 3   3 NORDKEHRE – 122 KM/H

10-13

4-6

SÜDKEHRE – 113 KM/H 3   1-3

Die „Grüne Hölle" – Deutschland

Strecken-Porträt

Um die Pole-Position in einem Rennen zu erringen, das 1976 letztmalig auf diesem Kurs stattfand, war auf dem über 22 Kilometer langen Rundkurs mit seinen 176 Kurven ganze sieben Minuten lang höchste Konzentration gefragt – eine gewaltige Aufgabe, vor allem bei anhaltendem Regen!

Kurve 1/2/3 • **Südkehre**
Gang: **3**
Speed: **113 km/h**

Der Linksbogen am Ende der Start-/Zielgeraden ist immer eine heikle Stelle, denn kaum sind die Fahrer nach links gezogen, müssen sie sofort wieder nach rechts in eine sehr lang gezogene Kurve einschlagen, die sie zurück in die Richtung führt, aus der sie gerade kamen. Das Gaspedal bleibt dabei halb durchgedrückt, bis die Fahrer diese endlos scheinende Kurve weit genug einsehen können, um dann direkt auf die Gegengerade hinter den Boxen herauszubeschleunigen.

Kurve 4/5/6 • **Nordkehre**
Gang: **3**
Speed: **122 km/h**

Nach der rasanten Fahrt hinter der Boxengasse entlang müssen die Fahrer sich möglichst optimal für das Anbremsen in die Dreifachkurve positionieren. Um den idealen Bremspunkt zu finden, muss sich der Fahrer herantasten und die Start-/Ziellinie identifizieren, dann kann er auf dem Gas bleiben, während sich das Auto hier richtig „wohlfühlt" und er dann kurz vor der Einfahrt in den ersten Abschnitt dieser Dreierlinks vom höchsten Gang in den dritten hinunterschaltet.

Kurve 10 • **Hatzenbach**
Gang: **3**
Speed: **145 km/h**

Der Charakter dieser Natur-Rennstrecke ändert sich von hier über die nächsten rund 16 Kilometer kaum. Bäume säumen beide Seiten der Strecke, es gibt zahlreiche Anstiege und Gefälle, Bodenwellen und ständige Richtungswechsel. Abseits der Strecke, hoch auf den Hügeln, bietet sich dem Fotografen eine traumhafte Naturkulisse. An den vier Schikanen im Hatzenbach-Bogen reichen die Bäume bis dicht an die Fahrbahn heran. Tausende von Fans campen hier.

Kurve 20 • **Flugplatz**
Gang: **5**
Speed: **225 km/h**

Nachdem sie einen von Feldern umsäumten Streckenabschnitt passiert haben, müssen die Fahrer sich einstellen auf die Anfahrt zum Blindflug über diesen uneinsehbaren Hügelkamm, den Fuß leicht vom Gas nehmen, bis sie sicher sind, dass sie das Auto nach einem geraden Schuss über die Kuppe sicher landen und genug Grip haben, um den Schwung in die dahinterliegende scharfe Rechtskurve mitzunehmen. Das Tempo am Ausgang dieser Biegung ist wichtig, denn es folgt eine lange Gerade.

Die „Grüne Hölle" – Deutschland

Linke Seite: Jacky Ickx, Sieger der GP2-Meisterschaft 1967, hier mit seinem Formel-2-Matra für das Ken-Tyrrell-Team. *Oben links:* Jackie Stewart bremst scharf hinein in die Karussell und fährt dem Sieg entgegen (1971).
Oben rechts: Graham Hill im Lotus 49B beim „Aufsetzen" nach einem Sprung über eine der vielen Sprungkuppen der Nordschleife (1969).

Kurve 70 • **Bergwerk**
Gang: **3**
Speed: **129 km/h**

Vor dieser Kurve liegt ein Vollgas-Abschnitt, der auf und ab geht, in der eine Kurve der anderen gleicht. Hier nutzen die Fahrer die enge Fahrbahn über die ganze Breite aus, um die Kurven in einer möglichst optimalen Linie zu durchfahren. Doch auf der Hälfte der Rundenstrecke müssen sie plötzlich hart herunterbremsen, um diese Kurve zu nehmen. Am Ausgang dieser heiklen Rechts heißt es dann, Tempo zu machen, denn es folgt ein rasant schneller Abschnitt.

Kurve 115 • **Karussell**
Gang: **3**
Speed: **97 km/h**

Mit der waldigen Natur ist es am Fuße der langen, schnellen Bergab-Passage vorbei. Hier macht die Strecke einen Rechtsknick und steigt dann über eine scharfe Gerade wieder steil bergan in Richtung Karussell. Diese steil überhöhte Linkskurve wird im dritten Gang gefahren. Die Fahrer müssen tief in die Kurve hineinbremsen, denn wer an der Einfahrt in die Kurve patzt, der schießt unweigerlich darüber hinaus und schleudert in Richtung der Bäume dahinter.

Kurve 155 • **Brünnchen**
Gang: **5**
Speed: **193 km/h**

Nachdem sie die Hohe Acht, den höchsten Punkt der Nordschleifenrunde, erreicht haben, schlängeln sich die Fahrer durch weitere Schikanen wieder bergab und gelangen durch eine offene Rechtskurve an die Brünnchen-Kurve. Hier lag einst die gefährlichste Sprungkuppe überhaupt, die umso tückischer war, weil sie nicht einsehbar war und meist im Schatten lag. 1970 wurde sie entfernt, und die Fahrer hatten es fortan leichter, ihr Auto für die schnelle Rechts dahinter unter Kontrolle zu behalten.

Kurve 170 • **Schwalbenschwanz**
Gang: **3**
Speed: **113 km/h**

Eine weitere überhöhte Kurve liegt am Ende der Nordschleifenrunde. Die Fahrer sind auch hier einer enormen Belastung durch die G-Kräfte ausgesetzt, allerdings geht es hier am Kurveneingang rasant bergab. Auch der Winkel ist etwas weiter und die Kurve insgesamt flacher. Es folgt ein letzter scharfer Bogen, bevor es hinauf auf die Dottinger Höhe geht, die letzte Kurve vor der längsten Vollgas-Geraden der ganzen Strecke, die von hier ab kilometerlang bis zurück zur Start-/Ziellinie geht.

Shell
LUCAS LUCAS
FERODO
Shell
LUCAS
NTEX BRAKE LINERS
MINTEX

🇬🇧 Brands Hatch

Jahrzehntelang gastierte die Formel 1 im Wechsel mit Silverstone auf dieser charismatischen Rennstrecke. Die Rennen auf dem kurvenreichen, hügeligen Kurs boten nicht selten dramatisch spannende Szenen und waren damit auffallend anders als die auf dem vergleichsweise unspektakulären Silverstone Circuit.

> Brands Hatch ist einer der besten Rundkurse überhaupt, ein echter Fahrspaß, mit Kurven bergauf und bergab, nicht flach und strukturlos wie irgendwelche modernen Kurse.
> *Emerson Fittipaldi*

Brands Hatch ist, oder besser gesagt war, eine fantastische Rennstrecke, denn sie gehört zu denen, die mit den zunehmend höheren Standards der Fahrersicherheit in der Formel 1 buchstäblich auf der „Strecke" blieben. Zu Hochzeiten, in den 1970er-Jahren, brodelte und vibrierte der Ort, Tribünen und Zuschauerhügel waren berstend voll mit Fans, die dank der Komplexität des Kurses mit seinen zahlreichen anspruchsvollen Kurven nicht selten ein mehr als packendes Rennen geboten bekamen.

1926 wurde die Strecke zunächst für Radrennen genutzt, ehe man erkannte, dass sich die natürliche Mulde auch als Autorennkurs ideal eignen würde. Bis 1928 räumte der Radrennsport dann das Feld zugunsten des Motorsports, und am Boden der natürlichen Mulde wurde ein nierenförmiges Streckenprofil abgesteckt.

Nachdem die Strecke einen Asphaltbelag erhalten hatte, fanden 1950 die ersten Autorennen statt, und die waren prompt ein Riesenerfolg. Durch die Nähe zu London erwies sich Brands Hatch als echter Zuschauermagnet, und schon bald wollte man auf dem Kurs nicht nur Clubrennen, sondern auch nationale Rennmeisterschaften austragen. 1954 wurde der Kurs verbreitert und verlängert sowie die Druids-Haarnadel angelegt. Auch die Fahrtrichtung wurde verändert, man fuhr jetzt im Uhrzeigersinn.

Der größte Umbau aber erfolgte 1960, als man für den Grand Prix eine neue Schleife baute und die Strecke damit um fast das Doppelte auf 4,3 Kilometer verlängerte. Das vermittelte aber auch das Gefühl, der Kurs sei quasi zweigeteilt, denn wo er früher zurück Richtung Start/Ziel führte, ging es nun direkt am Ende der Geraden, an der ehemaligen „Bottom Straight", nach links und weiter über einen langen Abschnitt bergauf und bergab durch sechs weitere Kurven quer durch den Wald. Erst danach kamen die Fahrer durch die letzten kurvigen Schleifen wieder zurück in den ursprünglichen Komplex, der sich wie ein natürliches Amphitheater in die Landschaft bettet, und zurück auf die Start-/Zielgerade.

Nach dem Umbau war es 1964 so weit, und der Große Preis von Großbritannien fand erstmals auf dem neuen Kurs statt. Damit nahm Brands Hatch den Platz von Aintree ein, das zuvor im jährlichen Wechsel mit Silverstone Austragungsort für GP-Rennen war. Erster Formel-1-Weltmeister in Brands Hatch war Jim Clark für Lotus, vor Graham Hill im BRM. Ein weiteres aufsehenerregendes GP-Rennen fand 1970 statt, als Jack Brabham die Führung verlor, da ihm kurz vor der Ziellinie das Benzin ausging, was Jochen Rindt zum unverhofften Sieger machte. Und 1976 gab es wütende Proteste, nachdem James Hunt im McLaren kurz nach dem Start in einer Kurve in eine Massenkollision geriet, ausgelöst von Ferrari-Piloten, und sein Auto beschädigt wurde; die Proteste führten dazu, dass das Rennen neu gestartet wurde. Dann, 1985, begann in Brands Hatch das, was man viele Jahre als „Mansell-Mania" bezeichnete: Nigel Mansell holte sich seinen ersten Grand Prix in der Formel 1, der damals unter dem Namen „Großer Preis von Europa" ausgetragen wurde und den er ein Jahr später für Williams eben dort, auf dieser legendären Rennstrecke in der Grafschaft Kent, wiederholen konnte.

Bis 1986 fanden in Brands Hatch insgesamt 14 GP-Rennen statt, danach vertragsgemäß nur noch und ausschließlich in Silverstone. Seit dem Aus wird der Kurs heute weitgehend für nationale Rennsportereignisse und hin und wieder auch für internationale Austragungen genutzt. Die Dingle Dell Corner wurde um eine Schikane erweitert, und auch die Graham Hill Bend wurde umgebaut. Doch alle Träume, dass es in Brands Hatch irgendwann einmal wieder ein Formel-1-Rennen geben wird, sind längst ausgeträumt. Es bräuchte gewaltige Um- und Ausbaumaßnahmen, damit die Auslaufzonen den modernen Standards genügen, sowie riesige Summen, um die Boxenanlagen umzusetzen, denn die derzeitige Anlage ist viel zu klein und räumlich begrenzt. Das Gelände hätte am Ende das, was es so interessant und einmalig macht, eingebüßt. ∎

Links: Jochen Rindt im Lotus vor Ronnie Peterson im March, nachdem er ihn am Kurvenausgang der schnellen Surtees überrundet hat (1970).

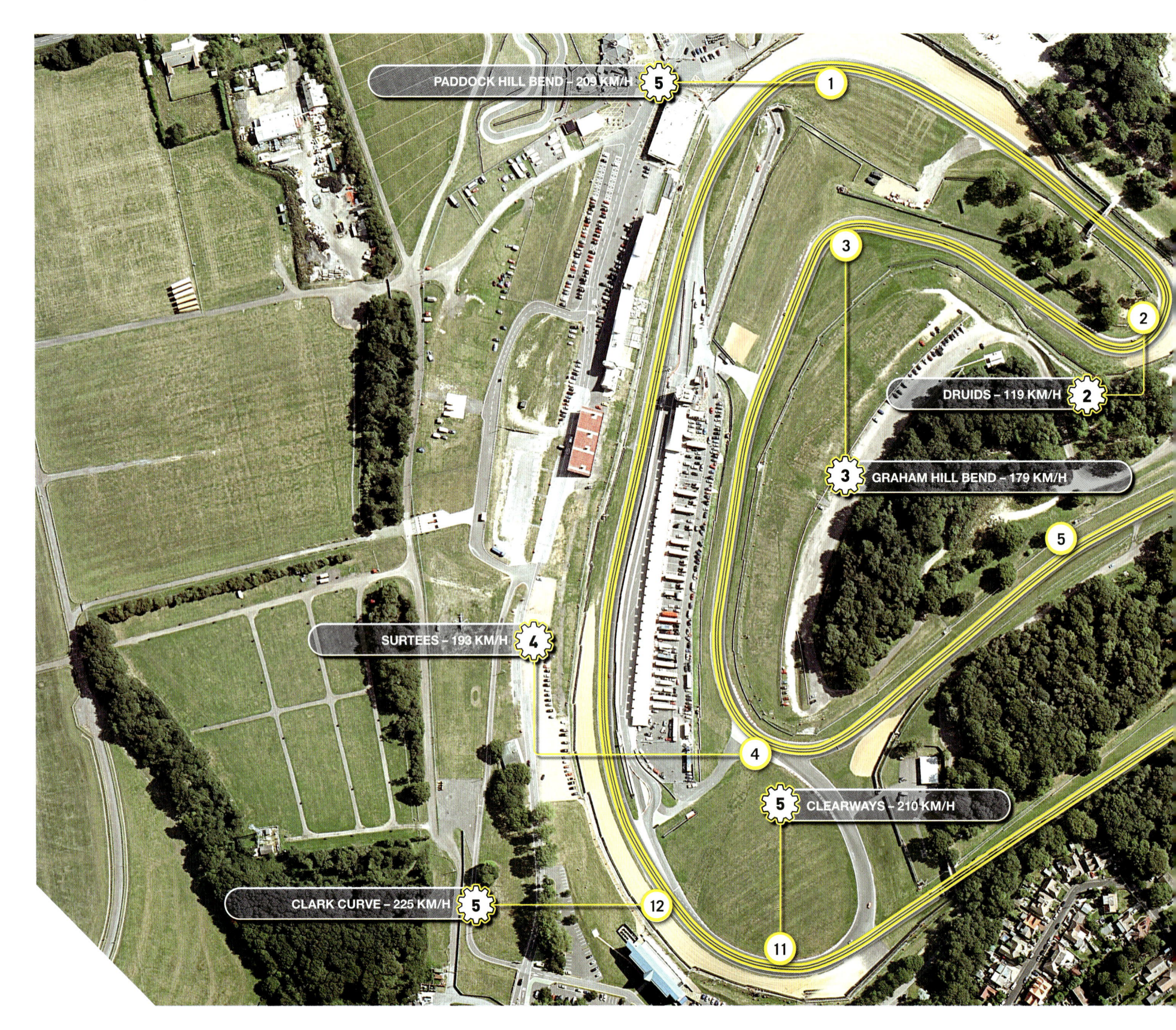

PADDOCK HILL BEND – 209 KM/H
DRUIDS – 119 KM/H
GRAHAM HILL BEND – 179 KM/H
SURTEES – 193 KM/H
CLEARWAYS – 210 KM/H
CLARK CURVE – 225 KM/H

Brands Hatch – Großbritannien

- 5 HAWTHORN BEND – 225 KM/H
- 4 WESTFIELD BEND – 233 KM/H
- 4 DINGLE DELL CORNER – 177 KM/H
- 3 STIRLING'S BEND – 164 KM/H

Strecken-Porträt

Brands Hatch ist ein kurvenreicher Kurs, der die Fahrer hinter einer natürlichen Mulde, die von Zuschauertribünen umsäumt ist, auf eine rasante Berg- und Talbahn quer durch eine Waldlandschaft schickt. Fahrerisch gilt er als sehr anspruchsvoll.

Kurve 1 • Paddock Hill Bend
Gang: **5**
Speed: **209 km/h**

Alles andere als eine leichte Kurve und für die Fahrer praktisch nicht einsehbar, denn sie nähern sich über eine Steigung in der Start-/Zielgeraden. Da es am Bremspunkt über holprige Bodenwellen geht und der Kurs linker Hand von Leitschienen begrenzt ist, müssen sie blind und in Schräglage in die Kurve einlenken. Wichtig ist, die Kurvenlinie nicht zu weit auszufahren, denn das Auto neigt infolge der abfallenden Strecke zum Untersteuern und kann leicht aus der Kurve schießen.

Kurve 2 • Druids
Gang: **2**
Speed: **119 km/h**

Nach der dramatischen Fahrt durch die Paddock Hill Bend bekommen die Fahrer ihr Auto wieder langsam unter Kontrolle und beschleunigen aus der Senke auf den Hügel hinauf bis zu dieser Rechts-Haarnadel. Um das Auto möglichst stabil zu halten, gilt: scharf in die Kurve hineinbremsen, das Auto links halten und aus dem Scheitelpunkt heraus in einem weiten Bogen zum Ausgang hin beschleunigen. Aber Vorsicht: Ein Blick in den Rückspiegel könnte einen Verfolger entlarven.

Kurve 4 • Surtees
Gang: **4**
Speed: **193 km/h**

Eine der schnellsten Kurven des gesamten Rundkurses! Die Einfahrt scheint noch recht einfach, doch die Kurve hat es durchaus in sich, denn sie steigt zum Ausgang hin nicht nur bergan, sondern verengt ihren Kurvenradius in zunehmendem Maße, und das Auto untersteuert, um dann kurz darauf zu übersteuern, wenn es hinter dem Scheitelpunkt am Kurvenausgang unter einer Brücke hindurchschießt und geradeaus will, obwohl der Fahrer das Lenkrad noch eingeschlagen hat.

Kurve 6 • Hawthorn Bend
Gang: **5**
Speed: **225 km/h**

Nach einer rasanten Fahrt durch die Senke von Pilgrim's Drop hinauf zum Hawthorn Hill erreichen die Fahrer Hawthorn Bend, eine schnelle, offene Rechtskurve. Die hohen Bäume, die sich bei der Anfahrt in das direkte Blickfeld der Fahrer schieben, führen dazu, dass die schärfer in die Kurve hineinbremsen als nötig, um dann wieder möglichst viel Tempo für die anschließende Gerade nach Westfield mitzunehmen. 1971, beim Rothmans Victory Race, starb hier der Schweizer Rennfahrer Jo Siffert.

Brands Hatch – Großbritannien

Linke Seite: Die South Bank war von jeher ein beliebter Zuschauerplatz, wie auch hier beim Großbritannien-GP 1984. *Oben links:* Von der Stirling's Bend hinunter in die Senke behauptet sich Jacky Ickx im Ferrari vor Jackie Stewart im Tyrrell und Jean-Pierre Beltoise im BRM (1972). *Oben rechts:* Jackie Oliver vor Jo Siffert und Chris Amon bei der Einfahrt in die Druids (1968).

Kurve 7 • **Westfield Bend**
Gang: **4**
Speed: **233 km/h**

Zunächst geht es recht sanft in diese Kurve hinein, die zu beiden Seiten von Bäumen hinter breiten Grünstreifen gesäumt ist und so ganz anders ist als die Hawthorn Bend. Kurz vor dem Einlenkpunkt geht es leicht bergab, bevor die Fahrbahn nach dem Knick scharf nach außen hin abfällt. Fährt man zu schnell hinein, lässt sich keine enge Linie halten; die ist aber notwendig, um am Ausgang nicht zu weit hinausgetragen zu werden. Wichtig dabei: nie vom Gas gehen, denn sonst verliert man Schwung.

Kurve 9 • **Dingle Dell Corner**
Gang: **4**
Speed: **177 km/h**

Auch diese Kurve ist eine Rechtskurve, die allerdings deutlich mehr Aufmerksamkeit fordert, da ihr Scheitelpunkt bei der Einfahrt nicht sichtbar ist. Stattdessen halten die Fahrer auf den Streckenposten dahinter zu, bremsen im letzten Moment hart herunter, um in die Kurve hineinzurutschen und das Fahrzeug ab sofort wieder zu stabilisieren, sodass sie umgehend von links über die volle Breite nach rechts schwenken können, um die nächste Kurve optimal zu nehmen.

Kurve 10 • **Stirling's Bend**
Gang: **3**
Speed: **164 km/h**

Von Dingle Dell Corner geht es über eine kurze Gerade auf diese Kurve zu. Um die optimale Linie zu halten, müssen die Fahrer ihr Auto extrem weit rechts halten, bis in den dritten Gang herunterbremsen und dann scharf einlenken. Die Autos übersteuern hier oft, und manche Fahrer lenken hier bis zum Anschlag gegen, um ihr Auto stabil zu halten und geradeaus zu richten, damit sie möglichst schnell aus der Kurve heraus zurück in Richtung Amphitheater-Komplex beschleunigen können.

Kurve 12 • **Clark Curve**
Gang: **5**
Speed: **225 km/h**

Nachdem die Fahrer die schnellen Rechtskurven und die Clearways-Gerade passiert haben, erreichen sie diese letzte Kurve der Runde, die Ziel-Eingangskurve, die sie mit Vollgas durchfahren, um viel Tempo auf die Brabham-Gerade mitzunehmen. Wie für Brands Hatch typisch, schlagen die Fahrer auch in dieser Kurve über viele Bodenwellen, die jede Unachtsamkeit strafen, sie erleben den Kontrast zwischen nicht einfachen Lichtverhältnissen im Wald und hellem Tageslicht entlang der Strecke.

Lucas
Shell
SUPER MULTI-GRADE
PLACE 1ST. 2ND. 3RD. 4TH. 5TH.
EVENT 3
LAPS 76
John Player Grand Prix
RAC
elf
GOODYEAR

DENIM
DERWENT

MICHELIN
Agip

Große Fahrer & große Momente

Ein Großteil der Rennstrecke in Brands Hatch verläuft durch ein natürliches „Amphitheater", wo die Zuschauer über Jahre hinweg viele dramatische Rennen genießen, rasante Fahrten und zahlreiche Zwischenfälle hautnah miterleben und auch etliche Heimatsieger bejubeln konnten.

Linke Seite oben: Ein chaotischer Start beim Großen Preis von Großbritannien 1976: Niki Lauda weicht aus, als Teamkollege Clay Regazzoni mit seinem Ferrari in die Bahn von James Hunt im McLaren dreht.

Linke Seite unten links: Williams-Pilot Nigel Mansell hatte 1985 allen Grund zur Freude, als er seinen ersten Grand-Prix-Sieg errang.

Linke Seite unten rechts: Carlos Reutemann ergreift die Chance und setzt sich vor Niki Lauda an die Spitze, als der von einem Nachzügler behindert wird.

Große Fahrer

Niki **Lauda** — 3 Siege

Niki Lauda verpasste 1974 zwar den Formel-1-Sieg in Brands Hatch, gewann dort aber zwei Jahre später. Nach seiner Rückkehr in die Formel 1 siegte er zweimal für McLaren, 1982 und 1984. 1982 übernahm er die Führung, nachdem Nelson Piquet mit Problemen ausgeschieden war. Zwei Jahre später lag zunächst Piquet vorn, dann Alain Prost, der aber aufgrund von Getriebeproblemen an seinem McLaren aufgeben musste und Teamkollege Niki Lauda damit erneut zum Sieger machte.

Nigel **Mansell** — 2 Siege

Nigel Mansell war einer der großen Helden bei Lotus, einen Sieg für Lotus konnte er aber nie erringen. Erst als er 1985 zu Williams wechselte, gewann er in Brands Hatch seinen ersten Grand Prix, den Großen Preis von Europa. Ayrton Senna, der im Lotus Renault von der Pole-Position gestartet war, ging zunächst in Führung, wurde dann aber von Keke Rosberg angegriffen – beide Autos drehen sich. Mansell zog vorbei und lag bis zum Ziel uneinholbar vorn. 1986 gewann er erneut in Brands Hatch.

Jim **Clark** — 1 Sieg

Hin und wieder kommt es vor, dass ein Fahrer neue Maßstäbe in der Formel 1 setzt – und der Schotte ist einer davon. Ganz egal, welche Art von Rennauto er fuhr, ob Formel-1- oder Tourenwagen, er gewann immer! Nachdem er bereits den GP von Großbritannien in Aintree und Silverstone gewonnen hatte, gewann er 1964 auch den Eröffnungs-Grand-Prix in Brands Hatch. Er startete mit seinem Lotus von der Pole-Position, lag in jeder Runde vorn und siegte vor Graham Hill im BRM.

Alan **Jones** — 1 Sieg

Clay Regazzoni stellte 1979 den ersten F1-Sieg für das Williams-Team auf, doch ein Jahr später, 1980, führte Alan Jones das Rennen deutlich an. Beim Start in Brands Hatch führte er mit drei Punkten Vorsprung auf Nelson Piquet im Brabham. Die Ligier-Piloten Didier Pironi und Jacques Laffite qualifizierten sich beide für die erste Startreihe und gingen in Führung, schieden beide aus. Jones gelangte an die Spitze, fuhr vor Piquet ungefochten zum Sieg und sicherte sich damit auch den Fahrertitel.

Große Momente

1974 — Streckenfahrzeug verhindert **Laudas** Sieg

Es gibt wohl kaum ein Rennen in der Geschichte der Formel-1-Weltmeisterschaft, das einem Fahrer den sicher geglaubten Sieg auf diese Weise vermasselt hat. Niki Lauda führte das Feld an, als er mit Reifenproblemen an die Box fuhr. Jody Scheckter zog an ihm vorbei, übernahm die Führung im Tyrrell. Fatalerweise blieb Lauda in der Boxengasse gefangen, weil der Wagen eines Offiziellen die Ausfahrt zurück auf die Piste blockierte. Erst nach Protesten von Ferrari wurde er am Ende als Fünfter gewertet.

1976 — Als **Hunt** glaubte, gewonnen zu haben

Gleich nach dem Start kam es zu einer Kollision in der ersten Kurve und zum Abbruch des Rennens. James Hunt sah die rote Flagge und fuhr seinen verunfallten McLaren langsam an die Box. Die Rennleitung entschied daraufhin, James Hunt für den Neustart zu sperren. Doch die Zuschauer protestierten lautstark, bis die Offiziellen ihm eine Starterlaubnis erteilten. Er siegte 52 Sekunden vor Niki Lauda im Ferrari, bekam den Sieg aber wenige Monate später nach einer Anhörung wieder aberkannt.

1978 — **Reutemann** düpiert **Lauda**

Carlos Reutemann und Niki Lauda konnten sich nie sonderlich gut leiden. Nach einem gemeinsamen Jahr bei Ferrari wechselte Lauda zu Brabham. 1978 gewann er für sein neues Team den Schwedischen Grand Prix und schien auch in Brands Hatch den Sieg zu holen, bis Reutemann zur Aufholjagd ansetzte. Dann, bei einem Überrundungsmanöver gegen Schlusslicht Bruno Giacomelli, der Lauda unbeabsichtigt behinderte, zog Reutemann vorbei und holte sich den Sieg.

1983 — **Piquet** verteidigt WM-Titel

1983 fand der Große Preis von Europa, das zweite Grand-Prix-Rennen in Großbritannien in jenem Jahr, auf dem Brands Hatch Circuit statt. Das Rennen wurde als WM-Lauf veranstaltet und für Nelson Piquet zum großen Erfolg: Zunächst führte Brabham-Teamkollege Riccardo Patrese, doch Elio de Angelis im Lotus holte auf, duellierte sich mit Patrese um die Spitze, und beide Piloten drehten sich – die Chance für Piquet, der vorbeizog und vor Alain Prost im Renault gewann.

🇬🇧 Silverstone

Silverstone gilt als Heimat des britischen Motorsports, doch Silverstone ist weit mehr als das. Es ist eine der großartigsten Rennstrecken der Welt. Und es ist der Schauplatz, an dem 1950 das erste Rennen der Formel-1-Weltmeisterschaften stattfand.

> ❝ Der neue Kurs bietet anspruchsvolle Kurven und Überholmöglichkeiten. Vor allem aber ist er ein Härtetest für die Weltklasse. ❞
> *Damon Hill*

Der Silverstone Circuit gehört zweifelsohne zu den berühmtesten Rennstrecken der Welt. Nicht nur, dass er eine echte Herausforderung für die Fahrer ist, nein, er ist geschichtsträchtig obendrein und war öfter als jeder andere Kurs Gastgeber hochklassiger internationaler Motorsport-Veranstaltungen.

Nach dem Zweiten Weltkrieg war Großbritannien mit Flugplätzen ohne wirklichen Zweck geradezu übersät. Auch im kleinen Ort Silverstone gab es einen solchen. Es dauerte nicht lange, bis der Royal Automobile Club dieses stillgelegte Flugplatzgelände als eine geeignete Fläche ausmachte, die sich gut zu einem Rennkurs ausbauen ließ. Das Luftfahrtministerium segnete einen entsprechenden Nutzungsvertrag ab, und die Dinge kamen derart schnell ins Rollen, dass hier bereits 1948 der Startschuss für den ersten Britischen Grand Prix fiel – noch vor dem Beginn der Formel-1-WM-Geschichte –, den der Italiener Luigi Villoresi auf Maserati gewann.

Mit dem dynamischen Jimmy Brown als Streckenmanager wurde die Strecke 1949 komplett neu gestaltet, das Areal um die Rollbahnen wurde ausgehoben, um ein neues Streckenlayout zu schaffen, das bis zum heutigen Tag weitgehend beibehalten wurde. Seither steht Silverstone für schnellen Autorennsport, bietet im Gegensatz zu vielen anderen Kursen offene Kurven und weiten Raum.

1950 wurde Silverstone die Ehre zuteil, Gastgeber der ersten Formel-1-Weltmeisterschaft überhaupt zu sein, und der Erfolg von Alfa Romeo zeigte den britischen Fans, auf welch hohem Niveau gefahren werden konnte. 1952 wurden die Boxen von der Abbey-Schikane zwischen den Woodcote-Bogen und die Copse-Kurve verlegt und bis 1975 kaum verändert, als man bei Woodcote eine weitere Schikane einfügte – ohne Zweifel, um einer Wiederholung der bis dahin größten Massenkarambolage der Formel-1-Geschichte 1973, ausgelöst durch Jody Scheckter, der auf regennasser Fahrbahn von der Strecke gerutscht war, vorzubeugen. Doch der britische GP 1975 verlief gleichermaßen katastrophal, als sintflutartige Regenfälle die Hälfte der Strecke überspülten und ein Auto nach dem anderen an der Club-Kurve von der Strecke fegten.

Nachdem der Rennsport immer schneller wurde und die FIA verbesserte Sicherheitsstandards forderte, wurde die Strecke neu gestaltet. 1987 wurde in die Gerade von der Abbey-Schikane zum Woodcote-Bogen eine Schikane eingefügt, die Luffield-Schikane. 1991 gab es eine noch radikalere Veränderung (an der gleichen Gerade): Die Strecke wird auf halber Länge durch eine Senke geführt, bevor sie dann an der Bridge-Kurve in einen Rechtsknick übergeht – eine gefürchtete Kurve, auf die zwei Linkskurven folgen, die Priory und die Brooklands, bevor es zurück zur Luffield-Schikane geht. Auch die Stowe wird verengt und macht die Strecke bergab durch eine Senke namens Vale sowie die Club-Kurve dahinter langsamer. Die spektakulärste Veränderung aber gab es kurz hinter der Maggotts-Kurve, einer ultraschnellen Vollgas-Links, wo man in Richtung Becketts eine neue schnelle Kurvenabfolge einfügte – eine fließende Kurvenkombination von Weltklasse!

Auch danach wurde die Streckenführung immer wieder verändert. So kam etwa 1994 die Abbey-Schikane hinzu sowie weitere umfassende Modifizierungen in den vergangenen fünf Jahren. Letztere wurden auf Betreiben des britischen Formel-1-Chefs Bernie Ecclestone vorgenommen, der Silverstone heftig kritisierte. Der Kurs sei nicht mehr zeitgemäß und hinke den hochmodernen, staatlich geförderten Anlagen in Fernost hinterher. Um den Kurs als Grand-Prix-Strecke langfristig zu erhalten, wurde 2010 eine neue Boxenanlage zwischen der Club- und der Abbey-Kurve errichtet sowie eine zusätzliche Schleife eingefügt, die um das Infield herum führt und über die alte Gerade nach der Club-Kurve in den Brookland-Bogen mündet. Außerdem wurde die Start-/Ziellinie verlegt. Das Layout hat sich zwar immer wieder verändert, die besondere Natur der Strecke aber nicht. Silverstone ist Silverstone geblieben – viel Himmel, viel Platz, viel Tempo. ■

Rechts: Mit der neuen Boxenanlage sowie einem erweiterten Streckenlayout hat Silverstone den Schritt ins 21. Jahrhundert vollzogen.

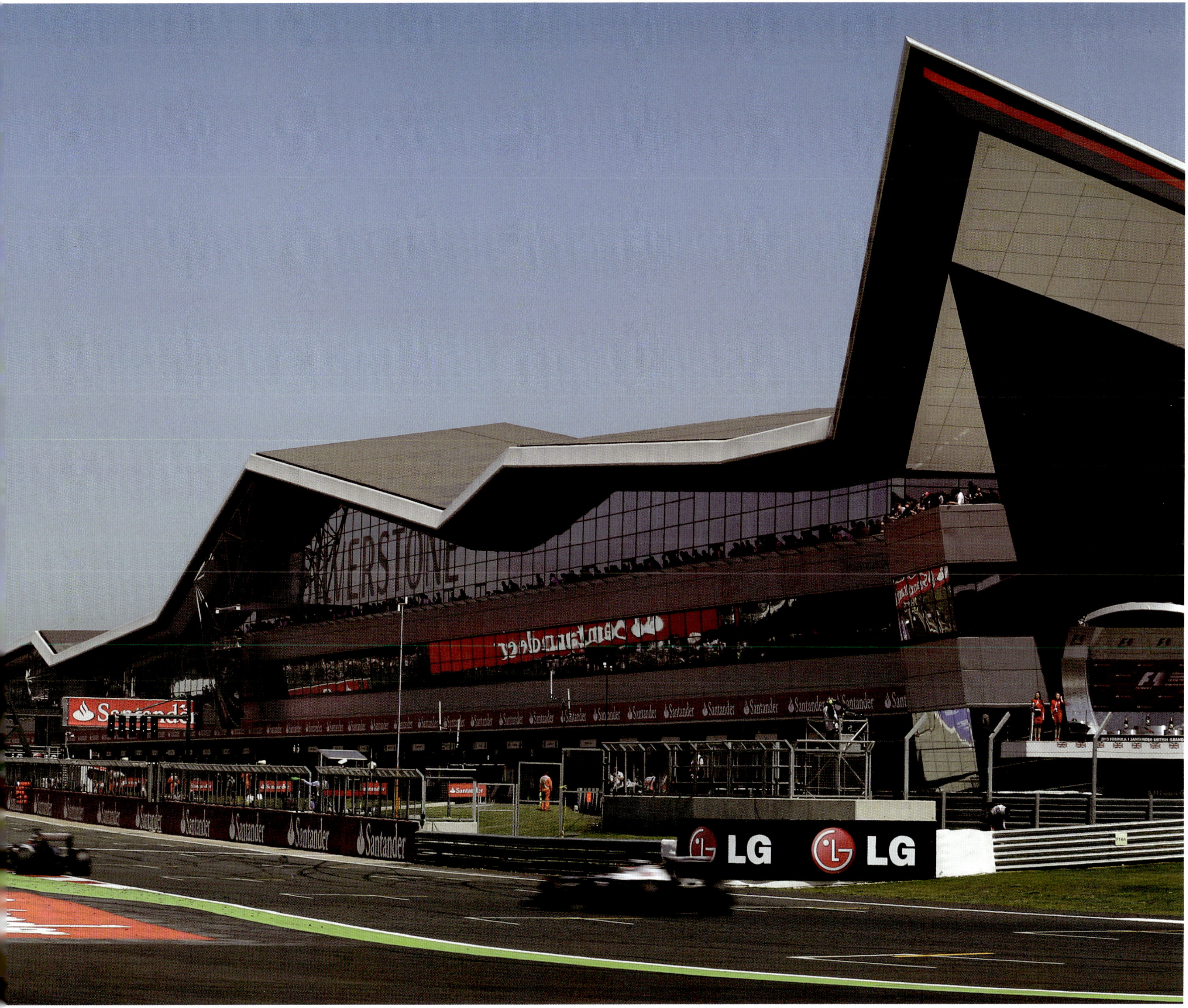
Santander
LG
LG

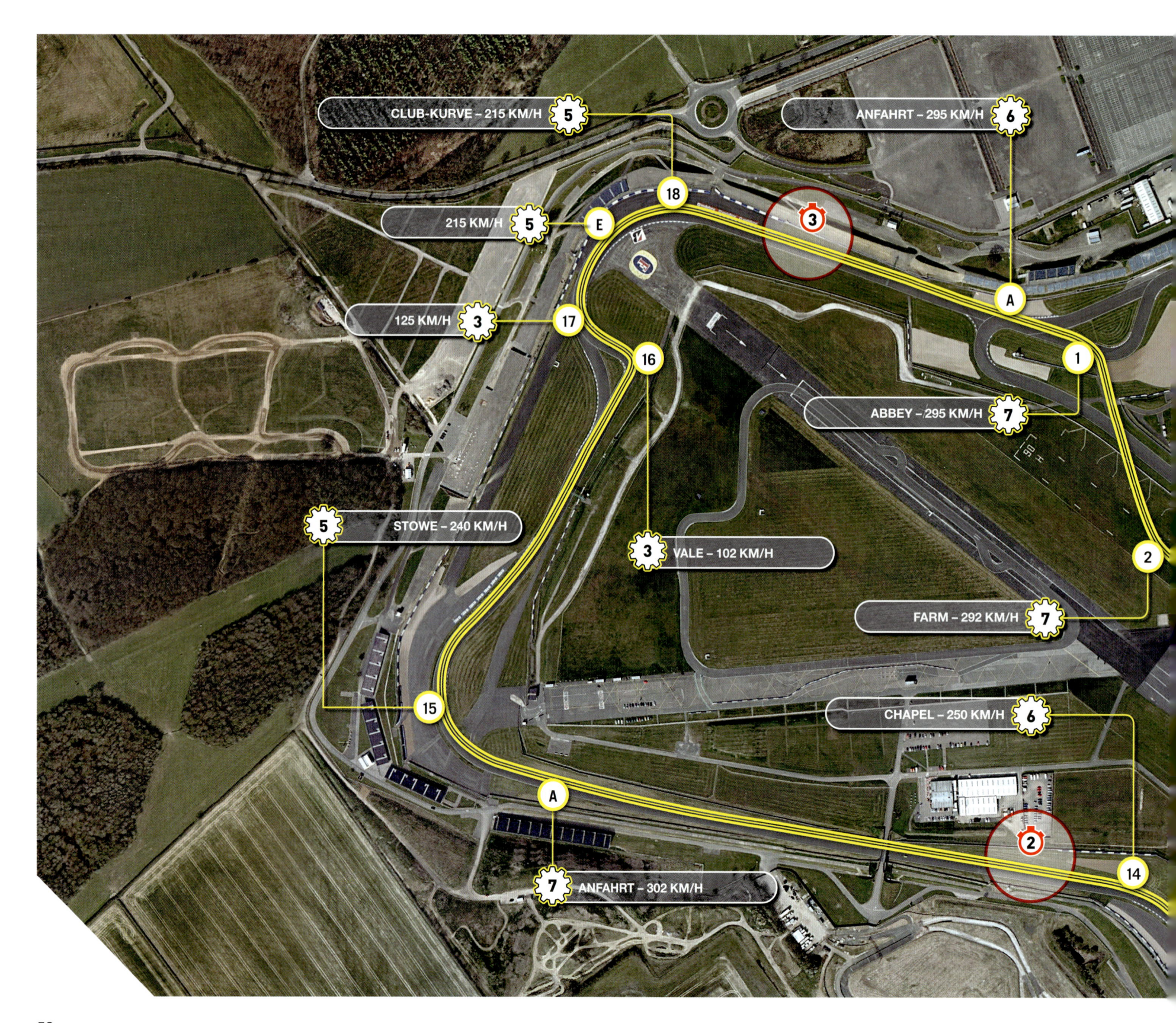

- CLUB-KURVE – 215 KM/H — 5
- ANFAHRT – 295 KM/H — 6
- 215 KM/H — 5
- 125 KM/H — 3
- ABBEY – 295 KM/H — 7
- STOWE – 240 KM/H — 5
- VALE – 102 KM/H — 3
- FARM – 292 KM/H — 7
- CHAPEL – 250 KM/H — 6
- ANFAHRT – 302 KM/H — 7

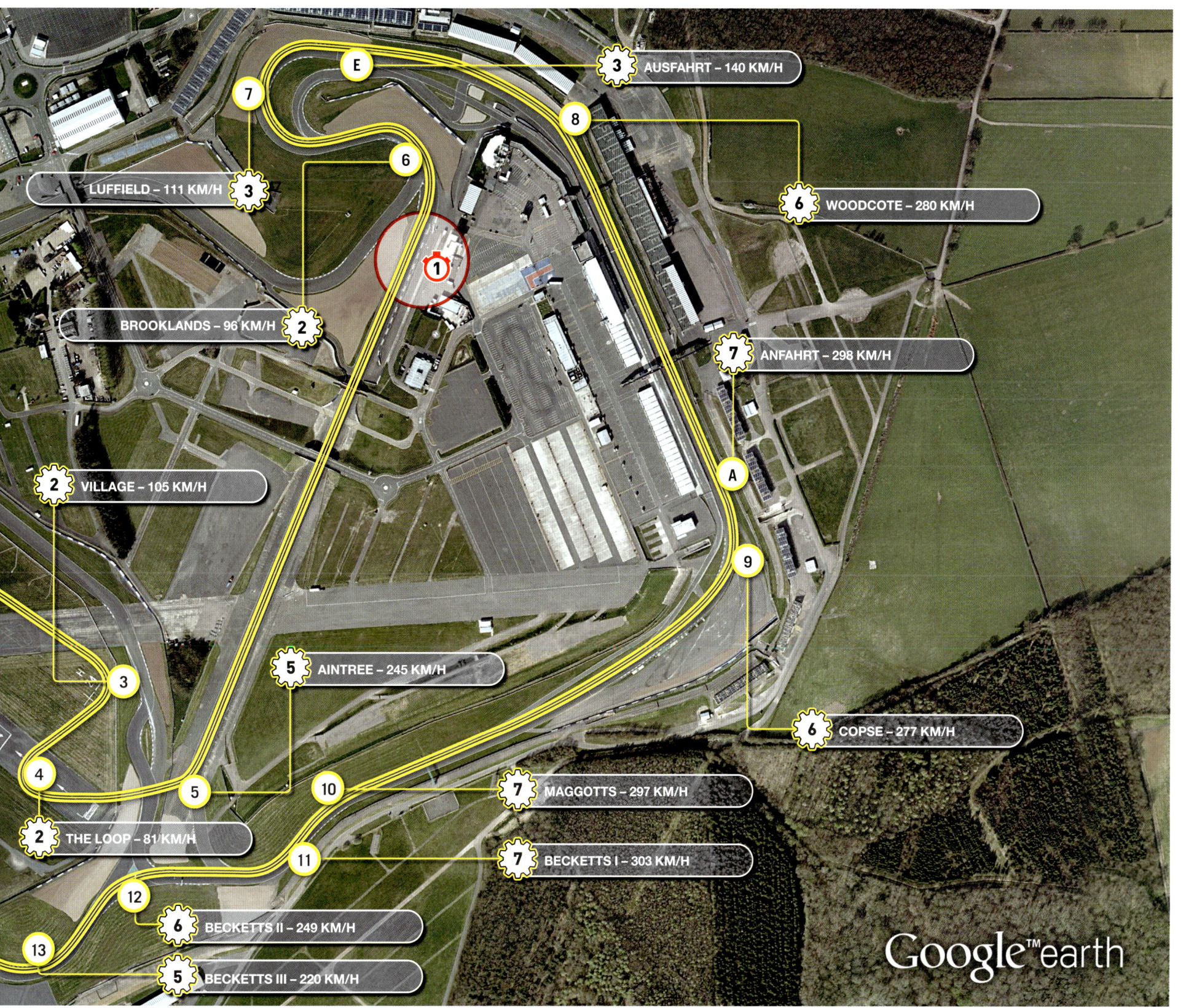

Silverstone – Großbritannien

- 3 AUSFAHRT – 140 KM/H
- 3 LUFFIELD – 111 KM/H
- 6 WOODCOTE – 280 KM/H
- 2 BROOKLANDS – 96 KM/H
- 7 ANFAHRT – 298 KM/H
- 2 VILLAGE – 105 KM/H
- 5 AINTREE – 245 KM/H
- 6 COPSE – 277 KM/H
- 7 MAGGOTTS – 297 KM/H
- 2 THE LOOP – 81 KM/H
- 7 BECKETTS I – 303 KM/H
- 6 BECKETTS II – 249 KM/H
- 5 BECKETTS III – 220 KM/H

Foto © 2014 Infoterra & Bluesky © Google 2014

Strecken-Porträt

Mit seinen flachen, offenen Kurven ist der Silverstone-Circuit Highspeed pur. Das Streckenlayout wurde zwar mehrfach verändert, doch die einzigartige Atmosphäre in Silverstone, dem Gastgeber des ersten britischen GP 1948, ist bis heute lebendig.

Kurve 1 • **Abbey**
Gang: **7**
Speed: **295 km/h**

Ursprünglich war die Abbey eine rasant schnelle Linkskurve, die im Jahr 1956 dann auch Tony Brooks im BRM zum Verhängnis wurde, als ein Gang im Getriebe stecken blieb und er in die Begrenzung schleuderte. Mitte der 1990er-Jahre wurde sie durch den Einbau einer Schikane ein wenig langsamer und sicherer gemacht, ist aber nach wie vor eine sehr schnelle Kurve, zumal eine tückische Bodenwelle an der Kurveneinfahrt besondere Vorsicht von den Fahrern verlangt.

Kurve 6 • **Brooklands**
Gang: **2**
Speed: **96 km/h**

Diese lange Linkskurve hat es in sich, denn die Fahrer kommen im höchsten Gang an, müssen aber sofort auf zwei Drittel des Tempos herunterbremsen. Idealerweise halten sie sich dabei an der rechten Außenbahn nahe am Randstein, um optimal einzufahren. Die Kurve ist aber auch äußerst beliebt für Überholmanöver, was viele Fahrer zu einer weniger idealen Linie zwingt, um ihre Position zu verteidigen. Doch ein Fehler hier, und sie verlieren am Ausgang sofort die Linie für die nächste Kurve.

Kurve 7 • **Luffield**
Gang: **3**
Speed: **111 km/h**

Eine heikle und schwierige Kurve, denn die Fahrer kommen aus der Brooklands oft mit sehr viel Tempo und müssen vor der Kurveneinfahrt nach links ziehen, um in einem möglichst weiten Bogen die Linie durch diese Rechtskurve optimal zu treffen. Zudem ist Luffield im Grunde genommen eine zweiteilige Kurve. Wer den ersten Scheitelpunkt zu spät sieht und patzt, verliert nicht nur die ideale Linie für die Kurvenausfahrt, sondern auch wertvolle Zeit für den Vollgas-Abschnitt Richtung Copse.

Kurve 9 • **Copse**
Gang: **6**
Speed: **277 km/h**

Die ständigen Veränderungen im Streckenlayout haben dazu geführt, dass diese Kurve heute auf halber Strecke um den Rundkurs liegt. Sie ist nach wie vor eine ausgesprochene Mutkurve. Die Fahrer kommen im sechsten Gang an, nehmen die Einfahrt „blind" und sehen erst am Ende der Boxenmauer, wo sie sich inmitten des Pulks rivalisierender Autos befinden. Es ist eine Kurve, die Präzision verlangt, um fließend und unbeschadet hindurchzukommen.

Silverstone – Großbritannien

Linke Seite: Felipe Massa sticht in die Becketts (2007). Das Schild sagt alles. **Oben links:** Diese Luftaufnahme zeigt Copse, damals noch die erste Kurve der Runde (2001).
Oben rechts: Heute ist Abbey die erste Kurve. Hier: Die Red-Bull-Piloten Sebastian Vettel und Mark Webber führen das Fahrerfeld am Start an (2011).

Kurve 11/13 • **Becketts II**
Gang: **6**
Speed: **249 km/h**

Es gibt wohl kaum einen Fahrer, der die Becketts-Schikanen nicht als eine der größten Herausforderungen bezeichnen würde. Sie werden mit hohem Tempo angefahren, und die Fahrer müssen, kaum dass sie die schnelle Links-Rechts-Schikane Maggotts hinter sich haben, in diese ebenfalls schnelle Links-Rechts-Kombi schwenken, gleich im ersten Abschnitt von rund 290 km/h im siebten auf rund 220 km/h in den sechsten Gang herunterschalten und im weiteren Verlauf bis in den fünften.

Kurve 15 • **Stowe**
Gang: **5**
Speed: **240 km/h**

Zwischen Kurve 7 und Kurve 15 fahren die Piloten bis zu 40 Sekunden annähernd permanent Vollgas. Und jahrzehntelang war diese schnelle Kurve am Ende der Hangar-Gerade die Mutkurve schlechthin, die all diejenigen belohnte, die hier Tempo hielten. Seit 1991 jedoch ist sie deutlich weniger riskant, da die Rennwagen nun über eine lange Gegengerade hinunter durch die Vale geführt werden. Überholmöglichkeiten bieten sich hier kaum, weshalb viele Fahrer auf Windschattenfahrten verzichten.

Kurve 16 • **Vale**
Gang: **3**
Speed: **102 km/h**

Für diese Kurve müssen die Fahrer hart in die Eisen steigen, denn sie kommen mit sehr hohem Tempo über die abfallende und zunehmend enger werdende Gerade aus der Stowe direkt auf sie zu. Um in einer weiten Linie durch diese scharfe Linkskurve zu kommen, fährt man sie von der rechten Fahrbahnseite an, doch daraus wird nichts, wenn ein Konkurrent über die Innenseite in die Kurve sticht. Das nimmt zwar Tempo weg am Kurvenausgang, doch dieses Risiko nehmen die Fahrer in Kauf.

Kurve 18 • **Club Corner**
Gang: **5**
Speed: **215 km/h**

Auch diese letzte Kurve der Runde wurde im Zuge der Umbaumaßnahmen von 1991 verlangsamt. Bereits in der Anfahrt auf diese einstige Vollgas-Kurve werden die Fahrer gezwungen, vom Gas zu gehen, um dann hart hineinzubremsen. Nachdem sie scharf links aus der Vale kommen, müssen sie gleich weit nach rechts drehen, während es leicht bergan geht. Und dann heißt es, den richtigen Moment zu finden, um noch einmal Vollgas in Richtung Zielgerade zu geben.

Große Fahrer & große Momente

Der Highspeed-Kurs von Silverstone mit seinen vielen schnellen, weit offenen Kurven war Gastgeber der ersten Formel-1-Weltmeisterschaft 1950 und hat seither jede Menge spannende Rennen geboten. Die hier benannten Namen und Ereignisse sind nur eine kleine Auswahl.

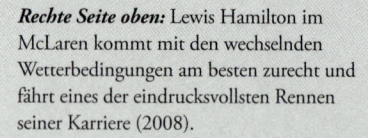

Rechte Seite oben: Lewis Hamilton im McLaren kommt mit den wechselnden Wetterbedingungen am besten zurecht und fährt eines der eindrucksvollsten Rennen seiner Karriere (2008).

Rechte Seite unten links: Fernando Alonso im Ferrari führt vor Lotus-Duo Kimi Räikkönen und Romain Grosjean 2013, dem Jahr der Reifenplatzer.

Rechte Seite unten rechts: Nigel Mansell startet eine wilde Aufholjagd auf seinen Williams-Teamkollegen Nelson Piquet (1987).

Große Fahrer

Alain Prost — 5 Siege

Alain Prost gewann den britischen GP in Silverstone innerhalb von elf Jahren ganze fünfmal. Seinen ersten Sieg sicherte er sich 1983 für Renault. 1985, als die Formel 1 erneut in Silverstone gastierte, siegte er für McLaren. Den dritten Sieg errang er 1989, nachdem Teamkollege Ayrton Senna nach einem Unfall ausgeschieden war. Und schließlich machte er sich mit zwei weiteren Siegen, 1991 für Ferrari und 1993 für Williams, zum Rekordsieger von Silverstone.

Nigel Mansell — 3 Siege

Nigel Mansell gewann den Europäischen Grand Prix 1985 sowie den Britischen Grand Prix 1986 in Brands Hatch, doch die „Mansell-Mania" hatte gerade erst begonnen. Bis 1987 war sie in vollem Gange, und als Mansell seinem Williams-Teamkollegen Nelson Piquet den Sieg abjagte, indem er drei Runden vor Schluss an der Innenbahn durch die Stowe an ihm vorbeizog, gerieten die Fans völlig aus dem Häuschen. 1992 siegte er noch einmal in Silverstone.

Michael Schumacher — 3 Siege

Der siebenfache Weltmeister beendete seine Karriere mit mehrfachen Siegen auf den meisten Grand-Prix-Strecken. In Silverstone errang er drei. 1998 triumphierte er für Ferrari. Ein spektakulärer Sieg, denn er beschloss, die zuvor verhängte Stop-and-Go-Strafe in der Schlussrunde abzusitzen. Zwei weitere Siege in Silverstone errang er 2002 und 2004. An das Rennen 1999 erinnert er sich wohl weniger gerne, als er in der Stowe-Kurve von der Fahrbahn schleuderte und sich ein Bein brach.

Jose Froilan Gonzalez — 2 Siege

In den 1950ern waren die Fahrer-Cockpits breiter, was für Gonzalez auch nötig war. Der Argentinier hatte nämlich aufgrund seiner Leibesfülle den Spitznamen „Pampas-Stier" weg. Doch bot er allen die Stirn, was ihm 1951 und 1954 den GP-Sieg in Silverstone einbrachte. Es war der erste Sieg eines Ferrari in der Formel-1-Weltmeisterschaft, der umso beachtlicher ist, da Gonzalez gegen Halbzeit des Rennens noch anbot, seinen Wagen dem inzwischen liegen gebliebenen Alberto Ascari zu überlassen.

Große Momente

1950 — Alfa Romeo dominiert in der ersten WM-Runde

Als die F1-Weltmeisterschaft im Mai 1950 erstmals in Silverstone gastierte, war klar, dass ein Alfa-Romeo-Pilot das Rennen machen würde, im buchstäblichen Sinne, zumal die gemeldeten 158er allesamt die ersten vier Plätze belegten. Nicht einmal Prinz Bira im Maserati konnte mithalten. Vom Start weg wechselt Giuseppe Farina an der Spitze mehrfach mit seinen beiden Teamkollegen Luigi Fagioli und Jean Manuel Fangio ab und geht am Ende als Erster über die Ziellinie – ein Dreifachsieg für Alfa!

1969 — Stewart gewinnt mit einer Runde Vorsprung

1969 lieferte sich Jackie Stewart ein packendes Duell mit Jochen Rindt. Der Österreicher hatte sich mit seinem Lotus an die Spitze gesetzt, der Schotte zog in Runde 6 mit seinem Matra vorbei, und zehn Runden später lag Rindt wieder vorn. Das Führungsduo hatte sich längst vom restlichen Fahrerfeld abgesetzt. 46 Runden lang lieferten sich die beiden ein Kopf-an-Kopf-Rennen, bis Rindt wegen eines losen Heckflügels die Box anfahren musste und Stewart dadurch unangefochten zum Sieg fuhr.

1973 — Scheckter verursacht Chaos in Runde 1

Beim Großen Preis von Großbritannien fuhr Jody Scheckter erst sein drittes Rennen im McLaren. Der Südafrikaner machte ziemlich Druck, bis er am Ende der ersten Runde mit zu viel Tempo aus der Woodcote-Kurve auf die Start-/Zielgerade raste. Binnen Sekunden schleuderte er in seinem M23, drehte zurück auf die Strecke, während sich ein dichter Pulk von Verfolgern näherte. Acht Fahrzeuge wurden in eine Massenkarambolage verwickelt. Das Rennen wurde abgebrochen.

2008 — Lewis Hamilton dominiert im Regen

Als Lewis Hamilton 2007 in die Formel 1 kam, hätte er um ein Haar den Fahrertitel ergattert. Das gelang ihm dann ein Jahr später. 2008 fuhr er ein fantastisches Rennen für McLaren und gewann die regennasse Rutschpartie souverän. Titelverteidiger Kimi Räikkönen war der einzige Fahrer, der ihm stellenweise gefährlich wurde, doch Ferrari traf die falsche Reifenwahl, und so dominierte am Ende Hamilton das Rennen. Er siegte mit einer Minute Vorsprung auf Nick Heidfeld im Sauber.

Silverstone – Großbritannien

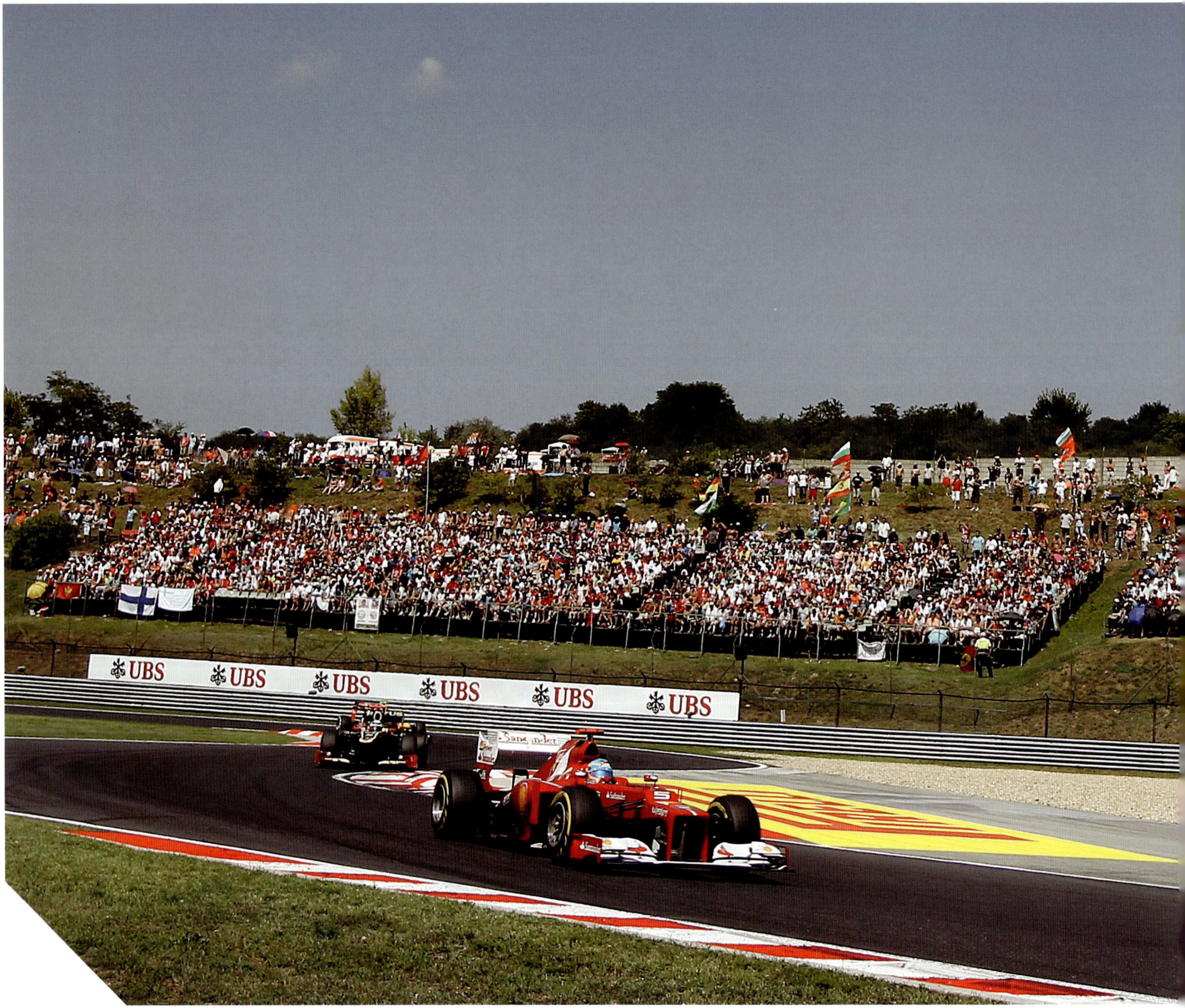
UBS
UBS
UBS
UBS
UBS
UBS

🇭🇺 Hungaroring

1986 erbaut, markiert dieser Kurs einen Meilenstein in der Formel-1-Geschichte. Mit ihm hielt die Formel 1 Einzug in eine neue Region, in das damals noch kommunistische Osteuropa. Er war ein Beispiel dafür, wie der Sport sich öffnete und vorstieß in neue Gebiete mit dem Ziel, die ganze Welt global zu verbinden.

> Ich mag den Hungaroring sehr. Der Kurs ist sehr anspruchsvoll, und es gibt kaum Gelegenheiten, um durchzuatmen.
> *Michael Schumacher*

In den 1970ern folgte die F1-Weltmeisterschaft einem festen Muster. Die Mehrheit der Grands Prix wurde in Europa ausgetragen. Doch nachdem man 1980 befand, dass die Rennstrecke Watkins Glen International (von 1961 bis 1980 Austragungsort des Formel-1-Grand-Prix der USA) den Sicherheitsanforderungen der immer schneller werdenden Autos nicht mehr genügte, begann die Suche nach einer dauerhaft neuen Heimat für den Formel-1-GP der USA. Und 1985 fand erstmals der Große Preis von Australien statt. Keine große Überraschung, denn immerhin hatte der Rennsport in diesem Land eine lange Tradition. Was dann aber 1986 folgte, sorgte definitiv für eine Überraschung.

Nicht nur, dass die ohnehin schwache Rennsporttradition längst verblasst war (der einzige überhaupt je ausgetragene Grand Prix hatte 1936 im Budapester Népliget Park stattgefunden), nein, das Land lag zudem hinter dem Eisernen Vorhang und hatte eine kommunistische Regierung, was einem so kapitalistischen Unterfangen wie dem Motorsport doch sehr entgegenstand. Als aber alle Anläufe, eine F1-Weltmeisterschaft in der Sowjetunion zu platzieren, ins Leere liefen, genehmigte die ungarische Regierung spontan den Bau eines Rennkurses.

Der Hungaroring liegt traumhaft schön, inmitten einer reizvollen Hügellandschaft nordöstlich von Budapest. Die Strecke (entworfen von István Papp) führt an einer Seite des Tals entlang, fällt ab bis in die Talsohle, durchquert diese bis ganz ans Ende, wo sie eine Kehre macht und über eine Gegengerade durch das Tal wieder zurückführt. Natürlicherweise liegt in dieser Talsohle der tiefste Punkt der Strecke. Die Fahrer erreichen ihn einmal nach der bergab führenden Kurve 3 und noch einmal nach der abfallenden Kurve 12, bevor es wieder zurück auf die Zielgerade geht. 1989 wurde hier ein Umbau vorgenommen. Eine Schikane unmittelbar nach Kurve 3 wurde umgangen, wodurch die Fahrer nun mehr Tempo für die Fahrt hinunter ins Tal mitnehmen konnten.

Da es auf dem Hungaroring mehr Kurven als Geraden gibt, brauchen die Boliden eine weiche Federung sowie eine mittlere Flügeleinstellung. Die Fahrer müssen zudem darauf achten, inwiefern sich die Oberfläche der Strecke verändert, und zwar vom ersten Straßenkontakt in der Eröffnungsrunde am Freitagmorgen eines Grand-Prix-Rennens durch das ganze Wochenende hindurch. Staub etwa ist ein Problem, doch mit dem Abrieb der Reifen verbessert sich der Grip, obgleich die extra Bodenhaftung auf Kosten der Reifen gehen kann.

Das erste Formel-1-Rennen auf dem Hungaroring sorgte für eine Sensation. Rund 200 000 Zuschauer kamen, um dieses erste motorsportliche Großereignis zu verfolgen. Als Nelson Piquet sich nach hitzigen Runden einen triumphalen Sieg für Williams erkämpft hatte, wurde er stürmisch umjubelt. Doch ein Problem gab und gibt es: fehlende Überholmöglichkeiten. Im Qualifying die schnellste Runde zu fahren, ist für die Fahrer eine harte Probe, denn die Kurven sind eng und schnell und bieten kaum Platz für Überholmanöver, was eine optimale Rennstrategie umso wichtiger macht, denn die beste Überholchance entsteht durch einen taktisch geschickt abgepassten Boxenstopp.

Trotz der Tatsache, dass der Ungar Ferenc Szisz Sieger des ersten Grand Prix nach modernen Maßstäben wurde (er gewann den Großen Preis von Frankreich 1906), warten die ungarischen Fans bis heute auf einen Landsmann in den ersten Reihen der Formel-1-Spitze. Bislang gab es nur einen Fahrer, der in der Weltmeisterschaft mitfuhr, Zsolt Baumgartner. Er bestritt 2003 zwei Rennen für Jordan, fuhr 2004 eine ganze Formel-1-Saison für Minardi und wurde beim Großen Preis der USA überraschend Achter. ∎

Links: Ferrari-Pilot Fernando Alonso beschleunigt aus Kurve 6/7 heraus, einer Dritte-Gang-Schikane (2012).

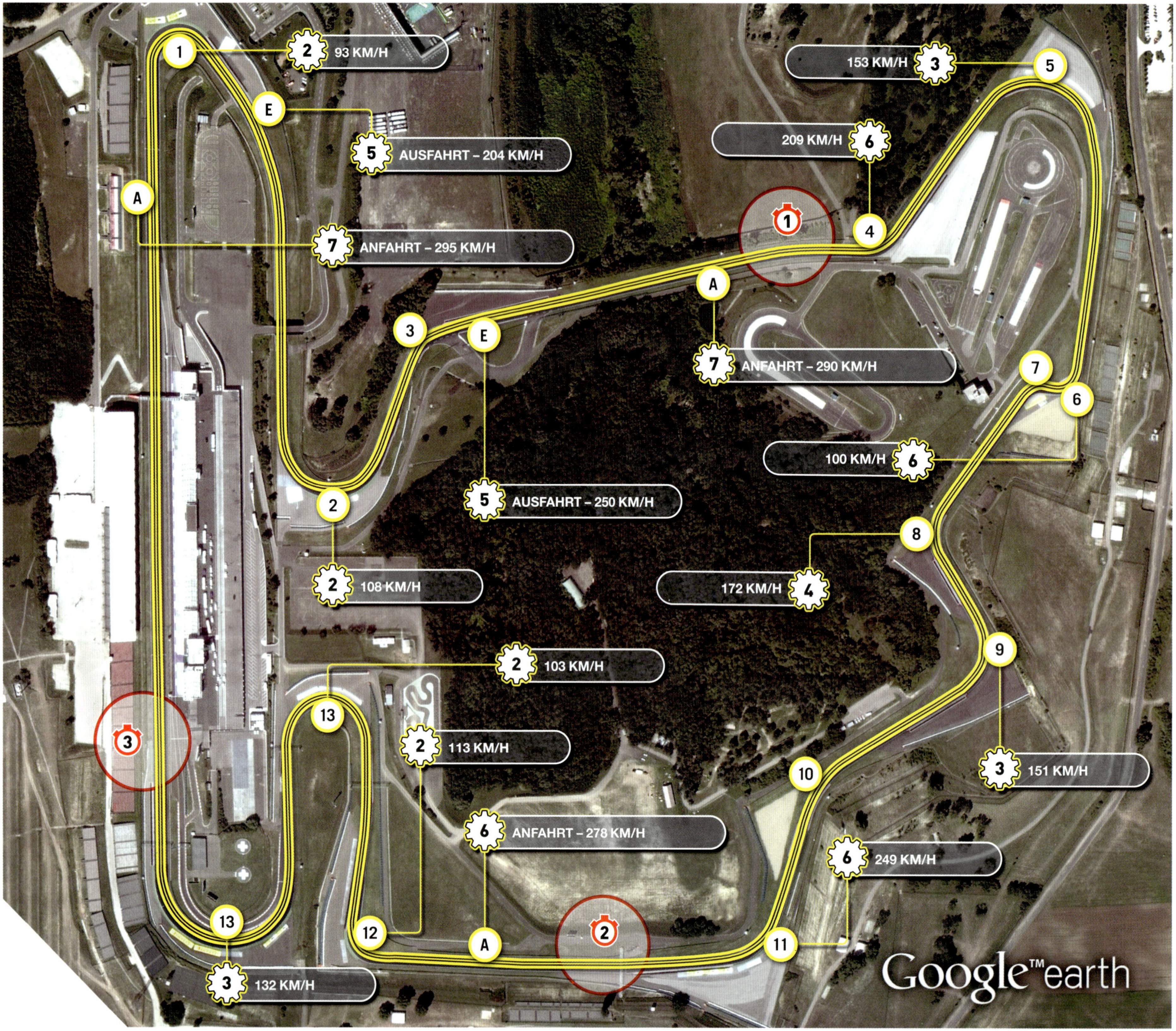

Foto © 2014 DigitalGlobe © Google 2014

Hungaroring – Ungarn

Lewis Hamilton im Mercedes führt das Fahrerfeld zu Kurve 1 an und fährt hier seinen vierten Sieg ein (2013).

Strecken-Porträt

Auf diesem Kurs scheinen die Fahrer von einer Kurve in die nächste zu fahren. Es gibt nur zwei Geraden, dazwischen ein einziges Kurvengeschlängel. Überholen ist nahezu unmöglich, und die Kunst besteht darin, im Qualifying die perfekte Linie zu finden.

Kurve 1 •
Gang: **2**
Speed: **93 km/h**

Diese Kurve wird über einen leichten Hang bergab angefahren und bietet in der Anfahrt die einzige Überholmöglichkeit auf der gesamten Strecke. Ein gut überlegtes Manöver wäre hier durchaus realistisch. Die Fahrer bremsen so spät wie möglich hinein und bremsen bis zum Kurvenausgang notfalls noch weiter hinunter, nur um die Überholattacke des Verfolgers abzuwehren. Kurve 1 ist eine zweigeteilte Kurve. Es geht bergab hinein und über einen scharfen Knick auf die Gegengerade wieder hinaus.

Kurve 2 •
Gang: **2**
Speed: **108 km/h**

Über einen sanften Hang geht es hinunter in diese Linkskurve, die umso anspruchsvoller ist, als sie im Scheitelpunkt scharf abfällt. Die Fahrer versuchen, sie von ganz rechts außen anzufahren, um einen möglichst weiten und schnellen Bogen durch die Kurve zu kriegen. Doch meist stechen die Autos in allen möglichen Winkeln hinein, je nachdem, auf welcher Linie sie aus Kurve 1 kommen. Berührungen sind daher keine Seltenheit. Doch ein gutes Manöver kann sich hier richtig lohnen.

Kurve 4 •
Gang: **6**
Speed: **209 km/h**

Diese Kurve ist eine echte Rarität auf dem Hungaroring, eine Ausnahme, denn sie ist rasant schnell. Die Anfahrt erfolgt durch die flache Talsohle, auf der die Fahrer bis zu 290 km/h erreichen, bevor sie einen Gang tiefer schalten müssen, um bergauf in diese scharfe Linkskurve zu ziehen. Die Kurve ist nur schwer einsehbar, zumal der Neigungswinkel in der Mitte des Hanges deutlich abflacht, was es außerordentlich schwierig macht, das Auto zu stabilisieren.

Kurve 6/7 •
Gang: **2**
Speed: **100 km/h**

Unmittelbar nach der Bergaufkurve 5, die auf den ersten flachen Abschnitt des Kurses seit Start mündet, müssen die Fahrer sich durch diese knifflige Kurvenabfolge am Fuße der natürlichen Zuschauertribünen kämpfen. Diese Rechts-Links-Schikane markiert den Beginn eines kurvenreichen Abschnitts und zwingt die Fahrer, in Reih und Glied hintereinander her zu fahren, ansonsten sind Kollisionen vorprogrammiert, wie schon oft erlebt, denn manch ein Fahrer versucht hier auszuscheren.

Hungaroring – Ungarn

Linke Seite: Mark Webber jagt Felipe Massa und bremst hart in Kurve 1 hinein (2013). *Oben links:* Panoramablick auf Kurve 2 mit Kurve 5 auf der anderen Seite der Strecke im Hintergrund.
Oben rechts: In der ersten Runde gibt es in der Anfahrt auf Kurve 2 stets Gerangel um die beste Position, wie hier 2013.

Kurve 11 •
Gang: **6**
Speed: **249 km/h**

Nach der schlängelnden Kurvenfahrt an der hinteren Talseite entlang zu den Boxen drücken die Fahrer nach Kurve 9 ordentlich auf die Tube, um möglichst viel Tempo durch die lang geschwungene Kurve 10 mitzunehmen. Bis Kurve 11, eine Rechtskurve, zeigt der Tacho gut 249 km/h. Am Kurvenausgang fällt die Strecke ab, und es folgt eine kurze Gerade. Wichtig ist hier, die Kurve von links anzufahren, den Scheitelpunkt zu schneiden und am Ausgang nahe an die Kerbs heranzufahren.

Kurve 12 •
Gang: **2**
Speed: **113 km/h**

Dies ist eine der wenigen Kurven, die seit Eröffnung des Kurses modifiziert wurden. Die ehemals recht weite und scharfe Rechtsschikane wurde verengt, indem man die Bergab-Gerade nach Kurve 11 erweiterte und einen zusätzlichen Abschnitt anschloss, der in eine 90-Grad-Rechtskurve hineinführt. Auf einen Schlag war die Dritte-Gang-Kurve nun eine Zweite-Gang-Kurve, die einem angreifenden Verfolger kaum mehr eine Chance bietet, eine Linie zu finden, um aus der Schikane heraus zu überholen.

Kurve 13 •
Gang: **2**
Speed: **103 km/h**

Auf der Anfahrt über die kurze Bergab-Gerade nach Kurve 12 bietet sich den Fahrern ein Blick auf die Rückseite der Boxenanlage. Es kommt hier einmal mehr darauf an, nicht zu viel Tempo in diese gewundene Bergauf-Kurve mit hineinzunehmen, denn entscheidend ist auch hier wieder, viel Geschwindigkeit durch den Scheitelpunkt zum Ausgang hin mitzunehmen, um sich möglichst dicht hinter den Vordermann zu klemmen und dann im Eingang zu Kurve 1 ein Überholmanöver zu wagen.

Kurve 14 •
Gang: **3**
Speed: **132 km/h**

Nach Kurve 13 geht es weiterhin bergan, und die Fahrer müssen von der rechten Fahrbahnseite auf die linke ziehen, um diese Bergauf-Kurve in einem möglichst weiten Bogen zu durchfahren. Auch hier gilt, möglichst früh Tempo aufzubauen, mit viel Schwung aus der flacher werdenden Kurve zu kommen und die Kerbs am Ausgang möglichst voll zu überfahren, denn genau hier bietet sich eine gute Überholmöglichkeit, da man sich aus dem Windschatten neben den Gegner bremsen kann.

70

Große Fahrer & große Momente

Der Hungaroring ist aufgrund seiner Lage in einem natürlichen Tal ein enger und kurviger Kurs. Umso wichtiger ist es, ein gutes Qualifying auf eine starke Startposition zu erzielen und die Attacken durch die ersten beiden Kurven zu überstehen, um überhaupt eine Chance auf den Sieg zu haben. Doch es gibt einige Fahrer, die herausstechen, weil sie das Feld buchstäblich von hinten aufgerollt haben.

Linke Seite oben: Lewis Hamilton liegt der Hungaroring. Hier stürmt der Mercedes-Pilot seinem dritten Sieg entgegen (2013).

Linke Seite: Die ungarischen Fans erleben 1986 erstmals ein F1-Rennen in ihrem Land. Hier: Nelson Piquet vor Williams-Teamkollege Nigel Mansell vor den beiden McLaren-Piloten Alain Prost und Keke Rosberg, die als Zweiter und Vierter ins Ziel gehen.

Linke Seite unten: Williams-Pilot Nigel Mansell ist zufrieden mit seinem zweiten Platz, denn der reicht ihm zum Weltmeistertitel (1992).

Große Fahrer

Michael **Schumacher** — 4 Siege

Schumacher holte hier vier Siege in elf Jahren, den ersten für Benetton 1994. Den zweiten Sieg holte Schumacher für Ferrari 1998 nach einer Drei-Stopp-Taktik, mit der er das McLaren-Team überrundete. Danach siegte er zwei weitere Male für Ferrari – einmal 2001, als er mit Teamkollege Rubens Barrichello einem Doppelsieg entgegenfuhr, vor ihm ins Ziel ging und sich so seinen vierten WM-Titel sicherte, und noch einmal 2004, als er nach 13 WM-Läufen in der Fahrerwertung klar in Führung ging.

Lewis **Hamilton** — 3 Siege

Der Sieg auf dem Hungaroring 2007 und eine ohnehin grandiose Premierensaison hatten gezeigt, dass man mit diesem Senkrechtstarter künftig rechnen müsse. Bis zu Runde 11 in Ungarn hatte Hamilton bereits zwei Siege in der Tasche. Er setzte sich vor Ferrari-Pilot Kimi Räikkönen an die Spitze und behielt bis zum Schluss die Nase vorn. 2012 gewann Hamilton hier noch einmal für McLaren. 2013 holte er seinen dritten Sieg auf dem Hungaroring nach seinem Wechsel zu Mercedes.

Ayrton **Senna** — 3 Siege

In seinen ersten beiden Rennen auf dem Hungaroring schaffte es Ayrton Senna zwar auf das Siegerpodest, jedoch „lediglich" auf den zweiten Platz. Er wechselte dann von Lotus zu Mercedes, und 1988 sollte es dann schließlich funktionieren. Er startete von der Pole und lag in jeder Runde in Führung. 1989 und 1990 wurde er wieder Zweiter, siegte aber erneut 1991. 1992 machte er seinen Hattrick auf dem Hungaroring komplett, als er Tempomacher Nigel Mansell im Williams chancenlos zurückließ.

Mika **Häkkinen** — 2 Siege

Der Finne fuhr sein erstes Rennen auf dem Hungaroring 1991 für Lotus, doch erst 1999, acht Jahre später, holte er seinen ersten Sieg, nachdem er sich auf diesem anspruchsvollen Kurs zum zweiten Mal für die Pole qualifiziert hatte. Er gewann knapp vor McLaren-Teamkollege David Coulthard. 2000 errang Häkkinen den zweiten Sieg in Folge. Ein Doppelsieg ließ sich nicht wiederholen, da Coulthard von beiden Minardi-Piloten abgefangen wurde.

Große Momente

1986 — **Piquets** Sieg begeistert die Menge

Ayrton Senna sicherte sich für das erste GP-Rennen auf dem Hungaroring die Pole-Position. Er baute seine Führung aus, während Nigel Mansell an Williams-Teamkollege Nelson Piquet und McLaren-Pilot Alain Prost vorbeiging. In der zwölften von 76 Runden übernahm Piquet dann die Führung. Aufgrund von Elektrikproblemen war Prost gezwungen, die Box anzusteuern, was Senna nutzte, um sich nach einem Reifenwechsel vor Piquet zu setzen. Doch der Williams-Pilot überholte ihn und fuhr zum Sieg.

1992 — **Mansell** wird Zweiter und zum ersten Mal Weltmeister

Die Saison im dominanten Williams-Renault hatte Nigel Mansell bereits acht Siege eingebracht. Doch hier wurde er zunächst von Teamkollege Riccardo Patrese überrundet, fiel danach hinter Ayrton Senna und Gerhard Berger zurück. Dann aber beging er einen Fahrfehler, lag nun auf dem vierten Platz und gelangte unverhofft auf den zweiten, als Patrese von der Fahrbahn schleuderte. Ein geplatzter Reifen zwang ihn an die Box, wodurch er auf den sechsten Platz zurückfiel. Danach aber stürmte er fulminant auf Platz zwei.

1997 — **Hill** verpasst den Sieg nur knapp

Jacques Villeneuve siegte 1997 für Williams – keine große Überraschung. Die aber wäre um ein Haar Damon Hill für Arrows geglückt. Schon im Qualifying machte Hill sechs Plätze gut und schaffte es auf die dritte Startposition. Am Start schoss er sofort hinter Michael Schumacher im Ferrari und ging in Runde 11 in Führung, da Schumacher Probleme mit seinen harten Reifen bekam. Hill fuhr einen komfortablen Vorsprung von 35 Sekunden heraus, bis in Runde 75 von 77 die Hydraulik versagte.

2006 — **Button** verschaffte Honda seinen einzigen Sieg

Es war der erste Sieg für Honda und der erste Sieg für Jenson Button auf dem Hungaroring. McLaren-Pilot Kimi Räikkönen ging von der Pole-Position in Führung, doch Fernando Alonso holte rasant auf, nachdem er wegen Überholens eine Strafe bekommen hatte und dadurch auf Platz 15 gelandet war. Dann aber krachte Räikkönen in seinen Vordermann, und Alonso verlor durch die Safety-Car-Phase die Führung. Als Alonso dann noch einen Reifen verlor, war der Sieg für Button und Honda perfekt!

🇮🇹 Imola

Formel-1-Fans lieben diesen Kurs. Nicht nur, weil Imola alljährlich traditionell den Auftakt zu den europäischen Grand-Prix-Rennen bildet, sondern auch, weil es eine grandiose und im Frühling meist sonnenbeschienene Kulisse bietet. Imola wird aber auch ewig in Erinnerung bleiben als der Kurs, auf dem Ayrton Senna starb.

> Imola ist ein tückischer Kurs, auf dem man leicht Fehler machen kann, Rundenzeiten, Reifen und die eigene Laune komplett ruinieren kann.
>
> *Nelson Piquet*

Wer je das Glück hatte, das Autodromo Enzo e Dino Ferrari an einem sonnigen Frühlingstag zu besuchen, wird wissen, warum dieser Kurs bei Fans so überaus beliebt ist. Am Rande der Stadt Imola gebaut, verläuft die Rennstrecke im unteren Abschnitt nur rund 50 Meter neben dem Fluss Santerno, im oberen windet sie sich durch Ackerland und Obstplantagen. Sie scheint mit ihrer Umgebung verbunden.

Imola stand immer schon im Schatten von Monza, dem italienischen Motorsport-Tempel schlechthin. 30 Jahre nach seinem glanzvollen Konkurrenten erbaut, wurde der Kurs 1952 als permanente Rennstrecke eröffnet und zunächst nur für einige nationale Rennen genutzt, bis auf eine Nicht-Formel-1-Rennmeisterschaft 1963, die der geniale Jim Clark im Lotus gewann. Erst 1979, im Zuge der Modernisierung der Boxengebäude, erlangte er internationales Renommee und war abermals Austragungsort einer Nicht-Formel-1-Rennmeisterschaft, die Niki Lauda für Brabham gewann. Nachdem in Monza noch immer Verwirrung über den Tod von Ronnie Peterson beim Start des italienischen GP 1978 herrschte, wurde das Rennen 1980 kurzerhand nach Imola verlegt, und wieder gewann Brabham, diesmal mit Nelson Piquet. Das Rennen in Imola 1980 war der einzige Große Preis von Italien im Rahmen der Formel 1, das nicht in Monza stattfand. Doch Imola blieb in der Formel 1 und bekam 1981 seinen eigenen Grand Prix – den Großen Preis von San Marino, benannt nach der kleinen Enklave 80 Kilometer südöstlich davon. Diese Abmachung blieb bis 2006 bestehen, danach strich die FIA Imola aus dem Rennkalender. Die FIA konnte zwei Grands Prix in einem europäischen Land nicht mehr vertreten, beförderte vielmehr neue Grand-Prix-Veranstaltungen in Asien.

Bis 2006 waren die Anlagen in Imola unter dem erwarteten Niveau, vor allem das Fahrerlager ließ zu wünschen übrig. Eingezwängt zwischen Tribünenhinterseite und Fluss ließ es ohnehin kaum Raum für eventuelle Erweiterungen. Die F1-Tage waren damit gezählt, obgleich sich auf den Hügeln und Tribünen nach wie vor johlende *tifosi* drängten. Und so kam es, dass die Formel 1 mit Imola einen ihrer außergewöhnlichsten Schauplätze verloren hat.

Zwei Dinge waren für den Kurs in Imola besonders charakteristisch: ein extrem hoher Benzinverbrauch, da eine Runde überwiegend aus Vollgas-Passagen bestand, und ein extrem hoher Bremsverschleiß, da in die Schikanen Tosa, Variante Alta und Variante Bassa extrem stark hineingebremst wurde. 1994, infolge der tödlichen Unfälle von Roland Ratzenberger und Ayrton Senna, wurden bei Tamburello und Villeneuve weitere Schikanen eingefügt. Damit waren die Vollgas-Passagen auf 61 Prozent pro Runde reduziert und auch die Intensität der Bremsung in die Tosa hinein gedrosselt. Trotzdem blieb die Strecke eine echte Herausforderung, für Auto und Fahrer gleichermaßen.

Die tödlichen Unfälle, die 1994 die Formel-1-Welt erschütterten, sind bis heute lebendig, doch es gab etliche mehr, die um ein Haar tödlich endeten wie beispielsweise für Gilles Villeneuve, der 1980 am scharfen Linksknick vor der Tosa-Kurve in die Leitschienen krachte, oder für Gerhard Berger, der seinen schweren Feuerunfall bei Tamburello 1989 nur knapp überlebte. Einen weiteren dunklen Moment erlebten die Ferraristi 1991, als Alain Prost sich bereits vor Beginn des Rennens auf regennasser Fahrbahn bei der Rivazza-Kurve ins Aus drehte, genauso wie Jean Alesi nach wenigen Rennrunden bei der Tosa. Und ältere *tifosi* erinnern sich wohl noch sehr gut daran, wie die Stimmung in den Keller rutschte, weil Didier Pironi sich nicht an einen angeblich vor dem Rennen abgesprochenen „Nichtangriffspakt" zwischen ihm und Villeneuve hielt und seinem Teamkollegen den Sieg vor der Nase wegschnappte, zumal in einem Rennen, das von der Formel-1-Konstrukteursvereinigung FOCA boykottiert worden war. ■

Rechte Seite: Imola – das stand für den Beginn der Europasaison der Formel-1-Weltmeisterschaft und den Beginn des Frühlings. Hier: Jarno Trulli im Toyota schießt mit Vollgas an den Boxen vorbei (2006).

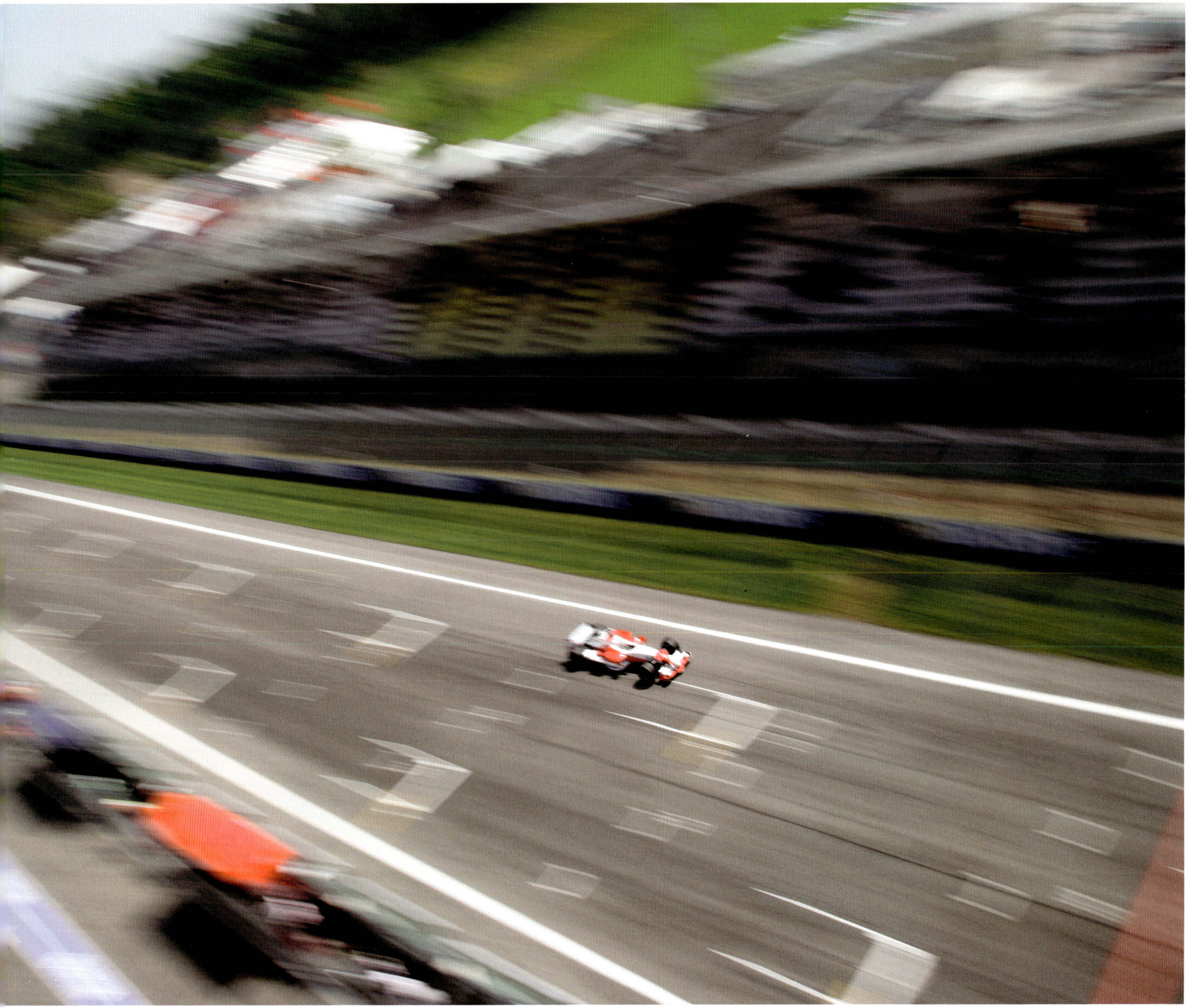

TRAGUARDO – 137 KM/H

TAMBURELLO – 233 KM/H

ANFAHRT – 290 KM/H

185 KM/H

AUSFAHRT – 187 KM/H

VILLENEUVE – 161 KM/H

ANFAHRT – 187 KM/H

233 KM/H

PIRATELLA – 193 KM/H

TOSA – 108 KM/H

250 KM/H

Imola – Italien

Strecken-Porträt

Ausgeprägte Gefälle und eine enorme Kurvenvielfalt – vom langen Vollgas-Abschnitt zur Tamburello-Schikane bis zur Bergauf-Kurve Tosa und der Bergab-Kurve Acque Minerali – schaffen eine ohnehin tolle Atmosphäre, die erst recht zu knistern begann, wann immer Ferrari mit von der Partie war.

Kurve 3/4 • **Tamburello**
Gang: **4**
Speed: **233 km/h**

Einst als scharfe Vollgas-Links gebaut, die im höchsten Gang genommen wurde, hat man diese Kurve nach Ayrton Sennas tragischem Tod 1994 korrigiert. Bis zur Rückkehr der Formel 1 ein Jahr später war die Stelle durch den Einbau einer Schikane entschärft, sodass die Fahrer nun scharf herunterbremsen und in den zweiten Gang schalten müssen, bevor sie nach links einschlagen, dann wieder einen Gang hoch, bevor es nach rechts geht und die Kurve am Ende wieder nach links zieht.

Kurve 5/6 • **Villeneuve**
Gang: **4**
Speed: **161 km/h**

Vor dem Umbau kamen die Fahrer über den Vollgas-Abschnitt mit bis zu 322 Sachen regelrecht angeflogen, ehe sie ihr Auto kurz vor der Villeneuve-Schikane blitzschnell nach rechts zogen, um dann für die enge Tosa-Kurve dahinter hart in die Eisen zu steigen. Doch nachdem Simtek-Neuling Roland Ratzenberger 1994 im Rechtsknick vor der Tosa-Haarnadel tödlich verunglückt war, baute man hier eine zweite Schikane ein, womit der natürliche Verlauf der Strecke endgültig verändert war.

Kurve 7 • **Tosa**
Gang: **2**
Speed: **108 km/h**

Sie war einst die erste langsame Kurve des Kurses, eine Links-Haarnadel, die am Ausgang bergauf führt. Ein Tribünenplatz an dieser Stelle war heiß begehrt, denn hier konnten die Fans die scharfen Bremsmanöver in letzter Minute vor der Kurve hautnah miterleben. Heute ist die Kurvenanfahrt eher unterbrochen, aber spannend bleibt es allemal, denn hier müssen die Fahrer eine gute Linie finden, um möglichst früh Tempo aufzubauen für die anschließende Bergauf-Passage nach Piratella.

Kurve 8 • **Piratella**
Gang: **5**
Speed: **193 km/h**

Die Anfahrt zu dieser Doppellinks auf dem höchsten Punkt der Runde erfolgt über einen langen Anstieg. Links ziehen sich Bäume, rechts ein hoch aufragender Erdwall. Das vermittelt den Fahrern ein Gefühl von Enge und macht es umso schwieriger, einen guten Einlenkpunkt in diese blinde Kurve zu finden. Zudem fällt die Strecke in der Kurve stark nach links ab, sodass es ein gutes Gefühl für die richtige Mischung braucht zwischen Gas geben und Anbremsen in die nächste Links.

Imola – Italien

Linke Seite: Die *tifosi* jubeln: ein Ferrari auf der ersten Startposition und einer auf der zweiten. Nur Ralf Schumacher drängt sich zwischen Michael Schumacher und Rubens Barrichello (2003). *Oben links:* Die Zuschauertribünen sind stets brechend voll, wie hier an der Rivazza. *Oben rechts:* Die Autos beschleunigen mit Vollgas aus der Tosa bergauf Richtung Piratella.

Kurve 11 • **Acque Minerali**
Gang: **3**
Speed: **135 km/h**

Diese Kurve wird über eine Kuppe angefahren und tut sich urplötzlich auf dem Gefälle hinter der Piratella auf. Genau genommen ist es eine zweigeteilte Kurve, die auf dem Weg bergab scharf nach rechts biegt, sich zuzieht und am Fuße des Bergab-Stücks noch einmal in eine enge Rechtskurve mündet. Die Fahrer müssen in den dritten Gang runterschalten, um diese Kurve zu meistern, und sie müssen die Kompression aushalten, wenn sie unmittelbar dahinter wieder bergauf beschleunigen.

Kurve 12/13 • **Variante Alta**
Gang: **3**
Speed: **153 km/h**

Die Natur des Kurses ändert sich erneut, sobald die Fahrer aus der Acque Minerali heraus auf den Hügel hinauf beschleunigen. Sie lassen die Wiesen rechter Hand hinter sich und sehen zu beiden Seiten der Strecke wieder Bäume. Und dann, kurz vor dem Hügelkamm, stoßen sie plötzlich auf eine Schikane. Sie wurde 1974 eingefügt, geht abrupt nach rechts, dann nach links und ist am Eingang nur schwer einsehbar. Die Fahrer brettern hier hart über die Kerbs, um eine kurze Linie für die Durchfahrt zu erwischen.

Kurve 14/15 • **Rivazza**
Gang: **2**
Speed: **121 km/h**

Aus der Variante Alta geht es über einen flüssigen Abschnitt bergab zur nächsten Kurve. Der fällt nicht so steil ab wie der hinter der Piratella, hat es aber trotzdem in sich. Die Fahrer kommen hier auf bis zu 306 km/h, bevor sie in die erste Kurve dieser Doppellinks-Kombination hineinbremsen müssen. Sie lenken von möglichst weit rechts außen hinein, während beide Scheitelpunkte nicht einsehbar sind und die Strecke in der Kurve immer steiler bergab fällt. Wer zu schnell ist, fliegt aus der Kurve.

Kurve 17/18 • **Variante Bassa**
Gang: **2**
Speed: **113 km/h**

Seit ihrem Einbau 1973 drosselt diese Schikane das Tempo auf dem letzten Vollgas-Stück der Runde. In den darauffolgenden Jahren wurde sie etliche Male umgebaut. Zuerst war sie eine Rechts-Links-Kombination, dann eine Links-Rechts-Kombination. Seit 1995 führt ein leicht gekrümmter Rechtsbogen auf eine kurze Gerade, hinein in eine enge Links-Rechts-Schikane und wieder zurück auf die Zielgerade. Eine Begradigung der kurzen Geraden erfolgte 2008.

Große Fahrer & große Momente

Es gab eine Zeit zu Beginn des 21. Jahrhunderts, da schien es ganz so, als sei Imola das persönliche Reich von Michael Schumacher. Doch der Kurs bescherte auch anderen Fahrern nicht selten spannende Siege im traditionell ersten europäischen Rennen der Saison in Imola.

Rechte Seite oben: 2006 dreht Ferrari-Pilot Michael Schumacher den Spieß um und lässt Fernando Alonso im Renault chancenlos hinter sich.

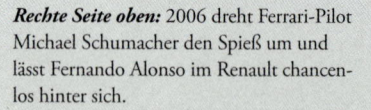

Rechte Seite unten links: 1991 gewinnt Ayrton Senna für McLaren, drei Jahre später stirbt er in Imola.

Rechte Seite unten rechts: 1982 dominiert Ferrari das stark dezimierte Starterfeld. Hier: Gilles Villeneuve vor Didier Pironi, doch bis zum Ziel war es umgekehrt.

Große Fahrer

Michael **Schumacher**
7 Siege

Die Erfolgsserie von Michael Schumacher begann im tragischen Jahr 1994 mit jenem schwarzen Rennen, das für ihn und Benetton mit dem Sieg endet, für Ayrton Senna mit dem Tod. Erst 1999, in seiner vierten Saison für Ferrari, gewann er erneut. Es folgte eine beeindruckende Siegesserie, die erstmals 2001 unterbrochen wurde, als Bruder Ralf den Sieg einfuhr, und noch einmal 2005, als er nur knapp Zweiter wurde. Das letzte Rennen in Imola 2006 gewann er ebenfalls.

Alain **Prost**
3 Siege

Der vierfache Weltmeister wurde 1983 in Imola Zweiter für Renault, siegte aber ein Jahr später gegen Ferrari-Pilot René Arnoux, nachdem er zu McLaren gewechselt war. 1985 wurde er zunächst als Sieger abgewunken, später aber wegen Untergewichts aus der Wertung genommen, und Elio de Angelis auf Lotus erbte den Sieg. Im folgenden Jahr jedoch entschied er das Rennen mit 8 Sekunden Vorsprung auf Williams-Pilot Nelson Piquet klar für sich. Seinen dritten Sieg fuhr er 1993 ein.

Ayrton **Senna**
3 Siege

Imola ist der einzige Kurs, auf dem Senna zum ersten und einzigen Mal in seiner Formel-1-Karriere die Qualifikation für einen Grand Prix verpatzte, nachdem es Motorprobleme an seinem Toleman gab. Sowohl 1988 als auch 1989 startete er von der Pole-Position und ging in Führung. 1990 schied er aus, siegte aber erneut 1991. Doch Imola ist auch der Kurs, der ihm 1994 den tragischen Tod brachte, als er in Führung liegend mit seinem Williams in eine Betonmauer raste.

Nigel **Mansell**
2 Siege

Nelson Piquet, Nigel Mansell und Damon Hill hatten alle jeweils zwei Siege in Imola. Mansell jedoch ist besonders hervorzuheben, denn er ging 1987 mit 27 Sekunden Vorsprung als klarer Sieger aus dem Duell mit Ayrton Senna im Lotus hervor. In den jeweiligen Rennen der folgenden vier Jahre schied er jedes Mal aus, stand aber 1992 erneut ganz oben auf dem Siegerpodest, als ihm von der Pole-Position aus ein souveräner Start-Ziel-Sieg gelang. Er ging 10 Sekunden vor Williams-Teamkollege Riccardo Patrese ins Ziel.

Große Momente

1980 **Piquet** gewinnt Premiere-Rennen in Imola

Das erste Rennen auf dem Rennkurs in Imola wurde 1980 als Großer Preis von Italien gefahren, alle anderen danach als Großer Preis von San Marino. Die erste Startreihe bestand aus den beiden Renault-Piloten René Arnoux und Jean-Pierre Jabouille. In den ersten zwei Runden fuhr Arnoux an der Spitze, ehe Teamkollege Jabouille die Führung übernahm. Kurz darauf zog Nelson Piquet an ihm vorbei und lag bis zum Schluss uneinholbar vorn und holte mit 29 Sekunden Vorsprung den Sieg für Brabham.

1982 **Villeneuve** contra **Pironi**

Die erste Startreihe wurde von Renault-Piloten belegt vor Gilles Villeneuve und Didier Pironi für Ferrari. Nachdem Arnoux ausgeschieden war, übernahm Villeneuve die Führung und folgte der Order der Teamleitung, „langsam" zu fahren, da das Benzin knapp wurde. Pironi schloss auf und zog vorbei, bis sich Villeneuve wieder an die Spitze setzte, der dann aber sein Tempo drosselte, um, wie geheißen, Benzin zu sparen. Pironi ignorierte die Order und überholte ihn in der Schlussrunde erneut.

1994 Schwarzes Wochenende fordert zwei Menschenleben

Zuerst verunglückte Rubens Barrichello beim Freitagstraining und überlebte nur knapp. Dann starb Simtek-Neuling Roland Ratzenberger beim Qualifying, und nur zwei Tage später raste der in Führung liegende Ayrton Senna in seinem Williams in den Tod. Und es gab weitere Zwischenfälle: Beim Start werden etliche Zuschauer von umherfliegenden Splitterteilen verletzt, und mehrere Mechaniker werden in der Boxengasse von einem verirrten Rad getroffen, das Michele Alboreto verloren hatte.

2005 **Alonso** schneller als **Schumacher**

2005 fand der vorletzte Grand Prix in Imola statt. In Erinnerung ist er als ein Duell der Giganten, ein Kampf zwischen Fernando Alonso im Renault und Michael Schumacher im Ferrari geblieben. Kimi Räikkönen hatte das Tempo vorgegeben, schied aber früh aus. Jetzt führte Alonso das Rennen an. Doch Schumacher zog an Jenson Button vorbei, jagte Alonso und kam dicht an ihn heran. Doch obwohl sein Ferrari das deutlich schnellere Auto war, fand er keinen Weg an Heißsporn Alonso vorbei.

Imola – Italien

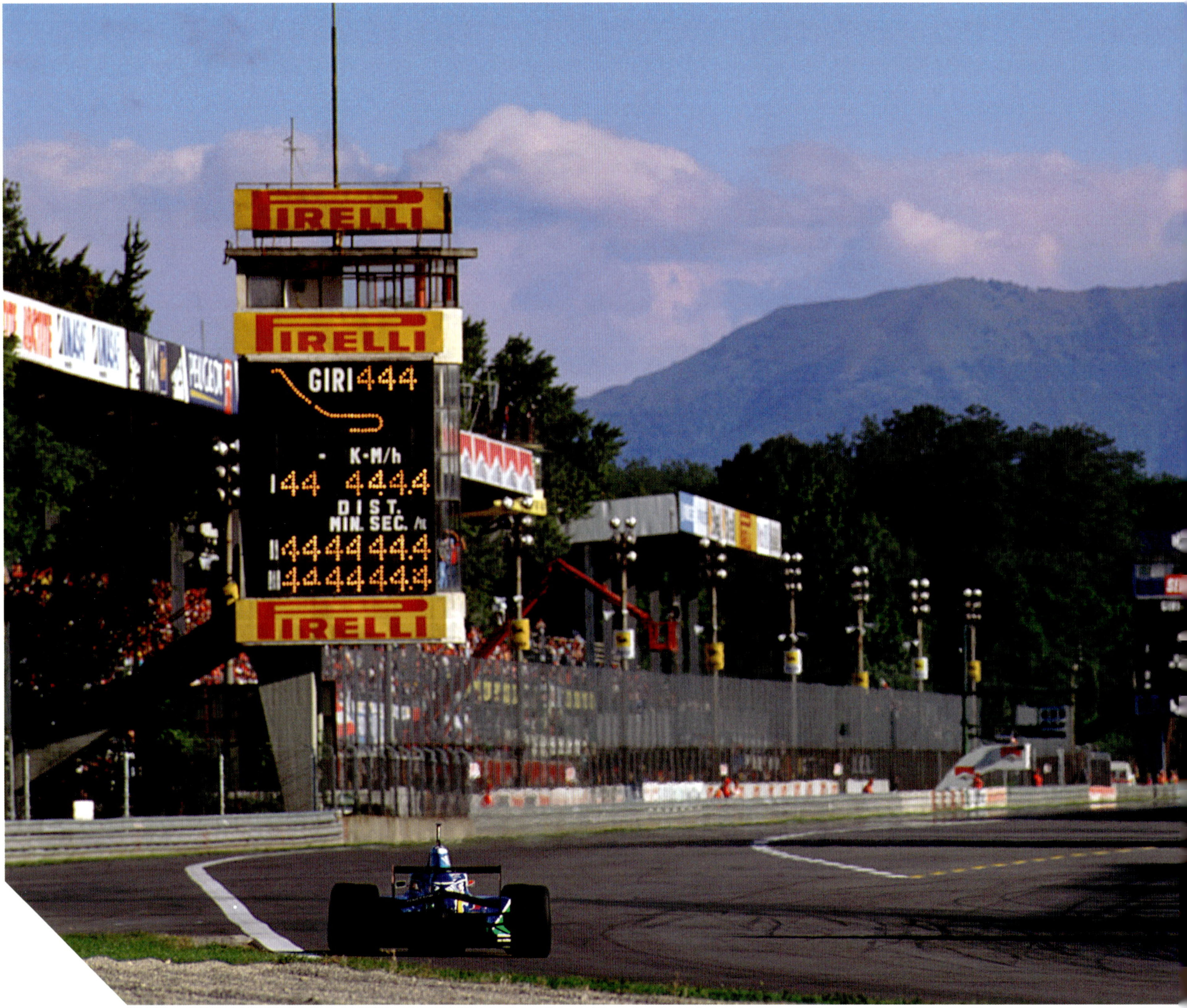
PIRELLI
PIRELLI
GIRI 444
K-M/h
144 444.4
DIST.
MIN. SEC.
PIRELLI

Monza

Dieser herrliche Kurs in Italien ist der älteste, heute noch befahrene europäische Kurs. Geschichtsträchtig ist er obendrein und fahrerisch eine ganz besondere Herausforderung. Monza begeistert, denn die Fahrer schenken sich hier nichts, liefern sich über Runden heiße Duelle auf den Geraden und hinein in die Schikanen.

> Monza ist ein Kurs, den ich sehr mag. Gute Bremsen und Traktion sind wichtige Faktoren für ein gutes Rennen.
> *Rubens Barrichello*

Eingeschworene Rennsportfans sind sich einig: Manche Strecken bieten großartige Rennen, andere wiederum ein großartiges Flair. Monza, oder das Autodromo Nazionale di Monza, wie der Kurs vollständig heißt, bietet beides. Er ist zweifelsohne ein außergewöhnlicher Ort. Gewiss, an den Gebäuden nagt, trotz ständiger Restaurierungen, zunehmend der Zahn der Zeit, doch die alte Traditionsstrecke bietet so viel mehr als all die neuen, ultramodernen Anlagen vom Reißbrett. Dabei muss man gar nicht mal den Blick auf die legendären alten Steilwandkurven im Infield lenken, um zu ermessen, dass Monza ein wahrer Tempel des Motorsports ist.

Bereits 1922, gedrängt von der aufstrebenden italienischen Automobilindustrie, suchte der Automobile Club di Milano nach einem idealen Ort für den Bau einer Rennstrecke. Die Wahl fiel auf einen ummauerten Park außerhalb der Stadt Monza, der an das Schloss Villa Reale grenzte. 3500 Arbeiter machten sich ans Werk und bauten den Kurs in nur 110 Tagen – ein Kurs, der ganz Italien, das Land, in dem der Motorsport heilig ist, mit Stolz erfüllte. Monza wurde Heimat der *tifosi*, der Ferraristi, für die es keine anderen Autos gibt. Selbst in jüngerer Zeit, als Ferrari seinen Piloten keine konkurrenzfähigen Rennwagen bieten konnte, war die riesige Zuschauerbühne gegenüber den Boxen traditionell komplett in Rot getaucht. Und *tifosi*, die keinen Sitzplatz auf der Tribüne ergattern konnten, erklommen Bäume oder Werbetafeln, um das Renngeschehen zu verfolgen.

Ein bezeichnendes Merkmal des ursprünglichen Kurses war, dass er aus zwei Teilen bestand: einer Streckenführung, die bis heute kaum verändert wurde, und einem steilkurvigen Oval, das als Rennkurs für sich oder als eine Erweiterung des Rundkurses genutzt werden konnte. Wurden beide Teile befahren, betrug die Gesamtrundenlänge 10 Kilometer.

1955 wurde die letzte Kurve der Runde umgebaut, die Curva Vedano. Aus zwei asymmetrischen Kurven wurde eine lange Rechtskurve, die passenderweise den Namen Curva Parabolica erhielt. Sie ist vielleicht die am wenigsten veränderte Kurve, aber eine, bei der man sich in der Anfahrt leicht verbremsen kann. Weil Monza eine Hochgeschwindigkeits-Abstimmung erfordert, müssen die Fahrer mit einem geringen Anpressdruck auskommen. Dies bedeutet, dass die Autos mit minimaler Flügeleinstellung fahren und daher auf den Geraden sehr schnell, durch die Kurven aber verzögert sind. Die Beschleunigung aus der Parabolica heraus wird damit zu einem echten Balanceakt, denn ein Fahrfehler, und man landet im Kiesbett.

Das steilwandige Oval wurde bis 1961 befahren und zeugt bis heute von wilderen Zeiten, auch wenn es immer mehr verfällt.

Der zweite große Umbau erfolgte 1972, als die Fahrer zum ersten Mal drei Schikanen meistern mussten, die rund um den Kurs eingebaut wurden. Darüber hinaus sollten die Schikanen den Pulk der Windschattenfahrer durchbrechen und damit Tempojagden und Kollisionen verhindern, die dem Kurs einen so üblen Ruf eingebracht hatten. In der Tat ist die Liste der tödlich verunglückten Fahrer in Monza lang. Darunter sind: Giuseppe Campari, der 1933 in der alten Südkurve von der Piste drehte; Wolfgang Graf Berghe von Trips, der 1961 in der Anfahrt zur Parabolica in die Zuschauermenge schleuderte und 13 Menschen mit in den Tod riss; Jochen Rindt, der 1970 in der gleichen Kurve in den Tod raste und der einzige Formel-1-Fahrer ist, der posthum zum Weltmeister erklärt wurde; Ronnie Peterson, der 1978 auf dem Vollgas-Abschnitt vor der ersten Schikane in eine Massenkollision geriet und später seinen Verletzungen erlag.

Doch trotz der einen oder anderen Korrektur im Streckenprofil ist Monza so ziemlich das geblieben, was es immer war: eine absolute Highspeed-Strecke. Monza ist magisch, eine berauschende Mischung aus großer Formel-1-Geschichte, ultraschnellen Kurven und italienischer Motorsport-Leidenschaft. ∎

Links: Jean Alesi im Benetton beschleunigt aus der Parabolica auf die Zielgerade (1996).

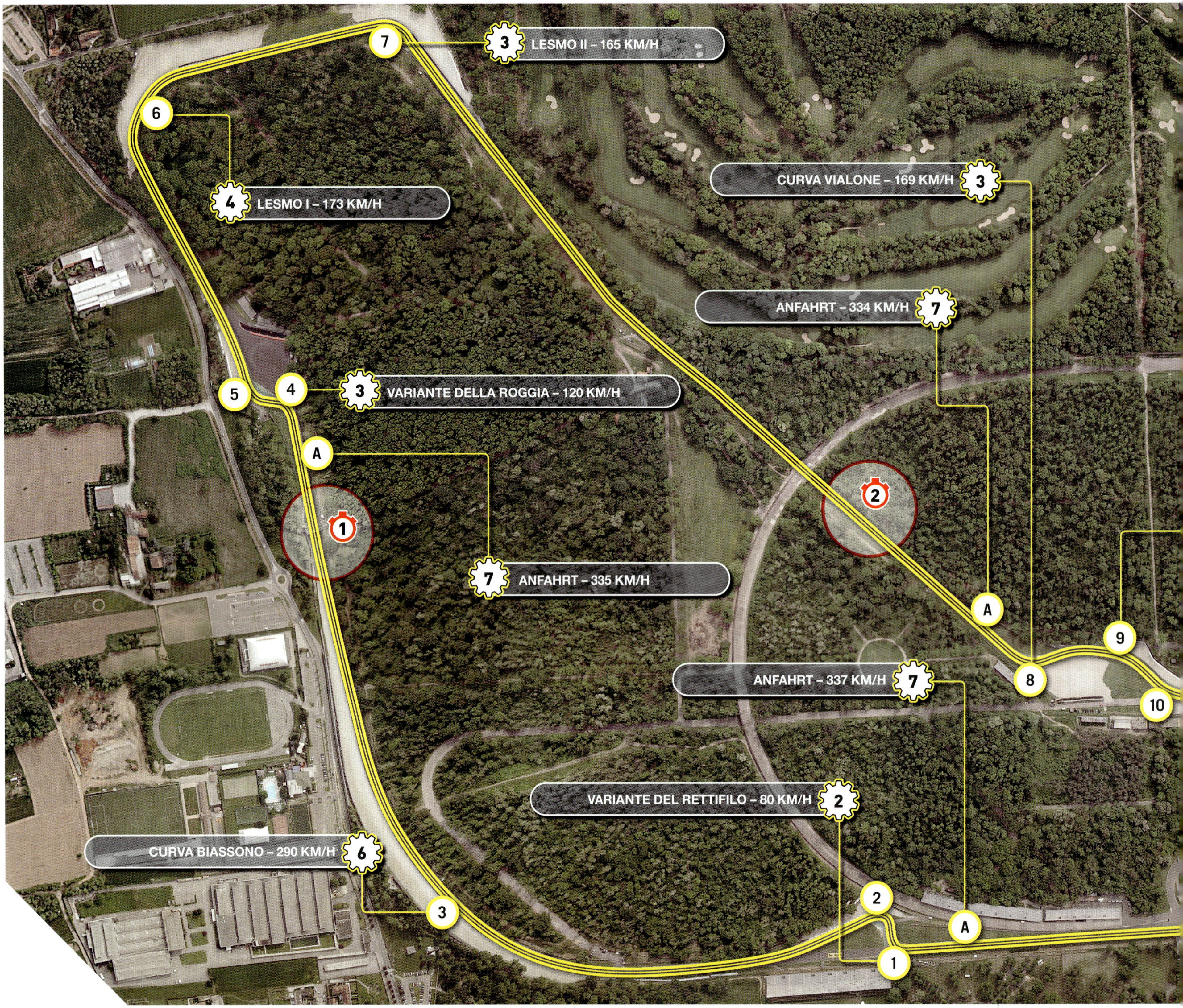

LESMO II – 165 KM/H
LESMO I – 173 KM/H
CURVA VIALONE – 169 KM/H
ANFAHRT – 334 KM/H
VARIANTE DELLA ROGGIA – 120 KM/H
ANFAHRT – 335 KM/H
ANFAHRT – 337 KM/H
VARIANTE DEL RETTIFILO – 80 KM/H
CURVA BIASSONO – 290 KM/H

Monza – Italien

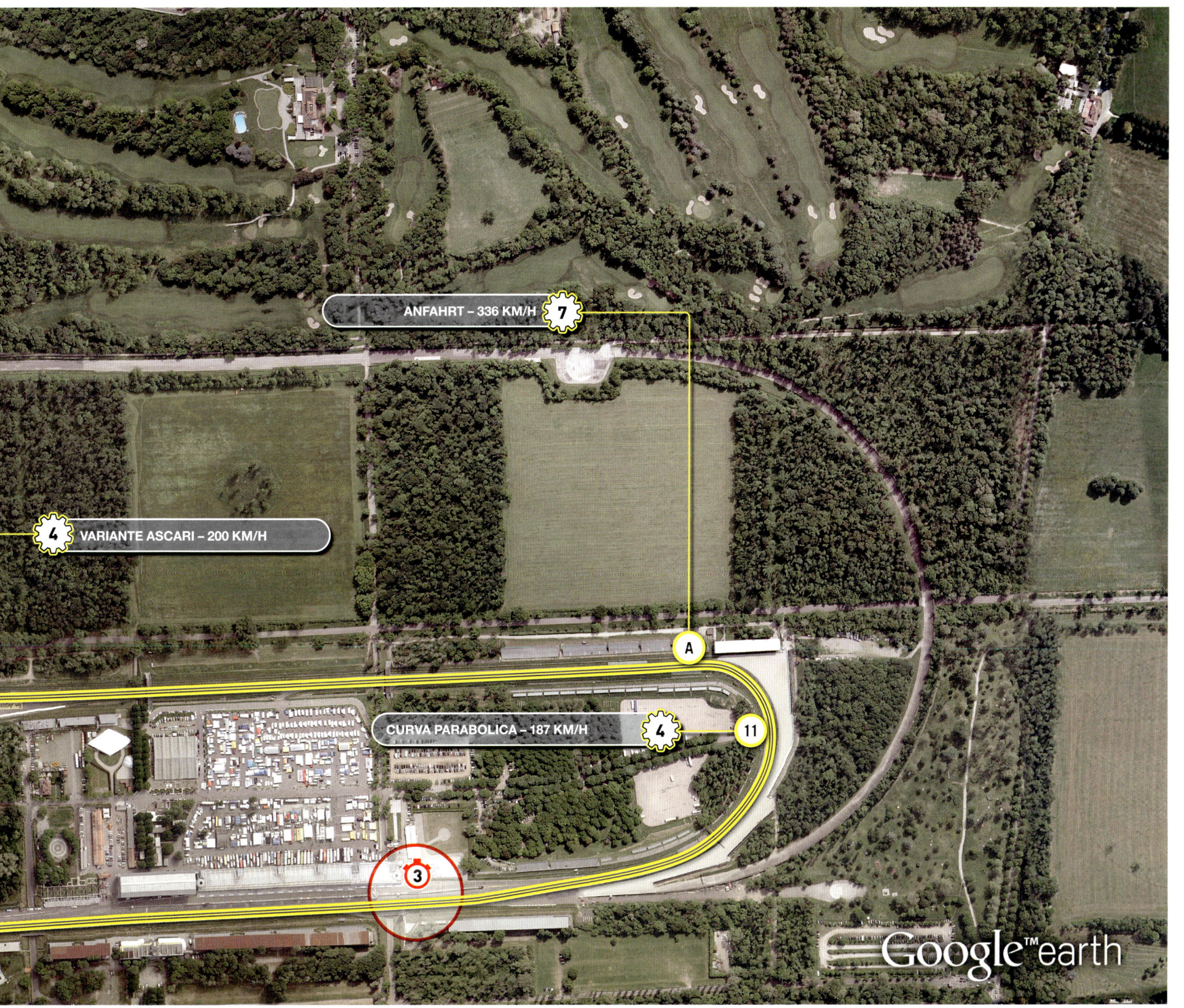

ANFAHRT – 336 KM/H 7

VARIANTE ASCARI – 200 KM/H 4

CURVA PARABOLICA – 187 KM/H 4

A

11

3

83

Strecken-Porträt

Eine schnelle und flüssige Strecke, eine, die den Fahrern ermöglicht Tempo aufzubauen und den nötigen Platz zum Überholen bietet. Es gibt auch langsame Abschnitte, doch insgesamt gilt Monza mit der legendären Parabolica als der Highspeed-Tempel schlechthin.

Kurve 1 • Variante del Rettifilo
Gang: **2**
Speed: **80 km/h**

Diese Kurve war zunächst Teil der Start-/Zielgeraden, bis 1972 eine Schikane eingefügt wurde, um Windschattenschlachten aufzubrechen und das Tempo durch die Curva Grande zu drosseln. Die ursprüngliche Doppel-Rechts-Links-Kombination wurde 2000 in eine einfache Rechts-Links-Schikane umgebaut, zusätzlich wurde die erste Kurve verengt. Doch gerade dadurch sind Startunfälle hier so gut wie vorprogrammiert. Zum Glück gibt es eine Auslaufzone für alle, die hier ausweichen müssen.

Kurve 3 • Curva Biassono
Gang: **6**
Speed: **290 km/h**

An dieser Kurve wurden die Bäume am Streckenrand aus Sicherheitsgründen zurückversetzt, trotzdem ist diese Rechtskurve, die frühere Curva Grande, nach wie vor eine extrem schnelle Kurve. Sie wird im sechsten Gang gefahren, ist aber heute nicht mehr ganz so gefährlich wie einst, denn die Anfahrt auf diese schaurig-schöne Kurve erfolgt über eine sehr viel kürzere Passage, die sich an die 1972 eingefügte Schikane in der Variante del Rettifilo anschließt.

Kurve 4/5 • Variante della Roggia
Gang: **3**
Speed: **120 km/h**

Auch diese Schikane wurde 1972 nachträglich eingefügt, um das Tempo der Rennwagen zu drosseln und Windschattenfahrten aufzubrechen. Sie ist eine Links-Rechts-Kombination, die in der Anfahrt so gut wie keinerlei Sicht bietet auf das, was dahinter folgt. Obendrein liegt sie durch die Bäume nahe am rechten Streckenrand oft im Schatten, was an sonnigen Tagen ein zusätzliches Hindernis darstellt – eine überaus kritische Stelle, insbesondere in der Startrunde.

Kurve 6 • Lesmo I
Gang: **4**
Speed: **173 km/h**

Die beiden Lesmo-Kurven werden häufig als eine beschrieben, doch sind es in der Realität zwei völlig unterschiedliche Kurven. Zwar handelt es sich bei beiden um Rechtskurven, allerdings stellen sie die Fahrer vor ganz unterschiedliche Herausforderungen. Die erste ist die schnellere von beiden und aufgrund der Bäume am Streckenrand für die Fahrer kaum einsehbar, macht aber nach dem Scheitelpunkt auf und bietet auf dem Vollgas-Stück zur Lesmo II linker Hand einen weiten Raum.

Monza – Italien

Linke Seite: Der steilkurvige Abschnitt im Infield wurde zuletzt bei einem Grand-Prix-Rennen 1961 befahren und ist heute dem Verfall preisgegeben. *Oben links:* Ferrari-Pilot Jacky Ickx führt das Starterfeld an. Mit Vollgas geht es auf dem langen Abschnitt vor der ersten Schikane in die Curva Grande, wie sie damals hieß (1970). *Oben rechts:* Valtteri Bottas im Williams FW35 Renault sticht vor Charles Pic im Caterham CT03 Renault in die Curva Parabolica (2013).

Kurve 7 • **Lesmo II**
Gang: **3**
Speed: **165 km/h**

Lesmo II wurde 1995 verengt. Das machte sie für die Fahrer zwar weniger schnell, dafür aber sicherer. Auf diesem klassischen Highspeed-Kurs geht es den Fahrern einzig darum, aus jeder Kurve und jeder Schikane möglichst exakt und schnell herauszubeschleunigen, insbesondere hier, wo es unmittelbar danach auf eine nach innen geknickte Gerade geht, die unter der Brücke hindurchführt, über die der mittlerweile verfallene Ovalkurs mit seinen Steilkurven verläuft.

Kurve 8 • **Curva Vialone**
Gang: **3**
Speed: **169 km/h**

Nach der schattigen Bergab-Geraden, die nach der schnellen Ausfahrt aus der Lesmo II unter der Brücke am steilkurvigen Oval hindurchführt, erreichen die Fahrer diese Dritte-Gang-Linkskurve, die beste Überholchancen bietet. Hier haben die Fahrer erstmals seit der zweiten Schikane wieder den freien Himmel über sich, da das lange Waldstück zu Ende ist. Sie müssen hier vier Gänge tiefer schalten, um die Kurve optimal anzufahren, andernfalls verlieren sie zu viel Tempo für die nächste Kurve.

Kurve 9/10 • **Variante Ascari**
Gang: **4**
Speed: **200 km/h**

Unmittelbar hinter der Curva Vialone müssen die Fahrer die dritte Schikane der Strecke meistern, nach rechts steuern und gleich darauf wieder nach links. Die Randsteine wurden unlängst tiefergelegt, was aus Sicht der Fahrer die Verbesserung überhaupt darstellt, denn so können sie die Randsteine hart überfahren, um eine möglichst direkte Linie durch die Kurve zu finden, ohne das Risiko einzugehen, ihr Fahrzeug zu destabilisieren oder schlimmer noch, es zu beschädigen.

Kurve 11 • **Curva Parabolica**
Gang: **4**
Speed: **187 km/h**

Aus der dritten Schikane heraus beschleunigen die Fahrer vom dritten Gang in den siebten und erreichen Spitzengeschwindigkeiten von bis zu 336 km/h, bevor sie dann für die letzte Kurve der Strecke hart herunterbremsen. Hier später hineinzubremsen als ein Rivale kann ein Vorteil sein, doch viel Tempo aus der Kurve auf die lange und breite Zielgerade mitzunehmen, ist das absolute Schlüsselmoment, um ein Überholmanöver in die erste Schikane hinein zu starten.

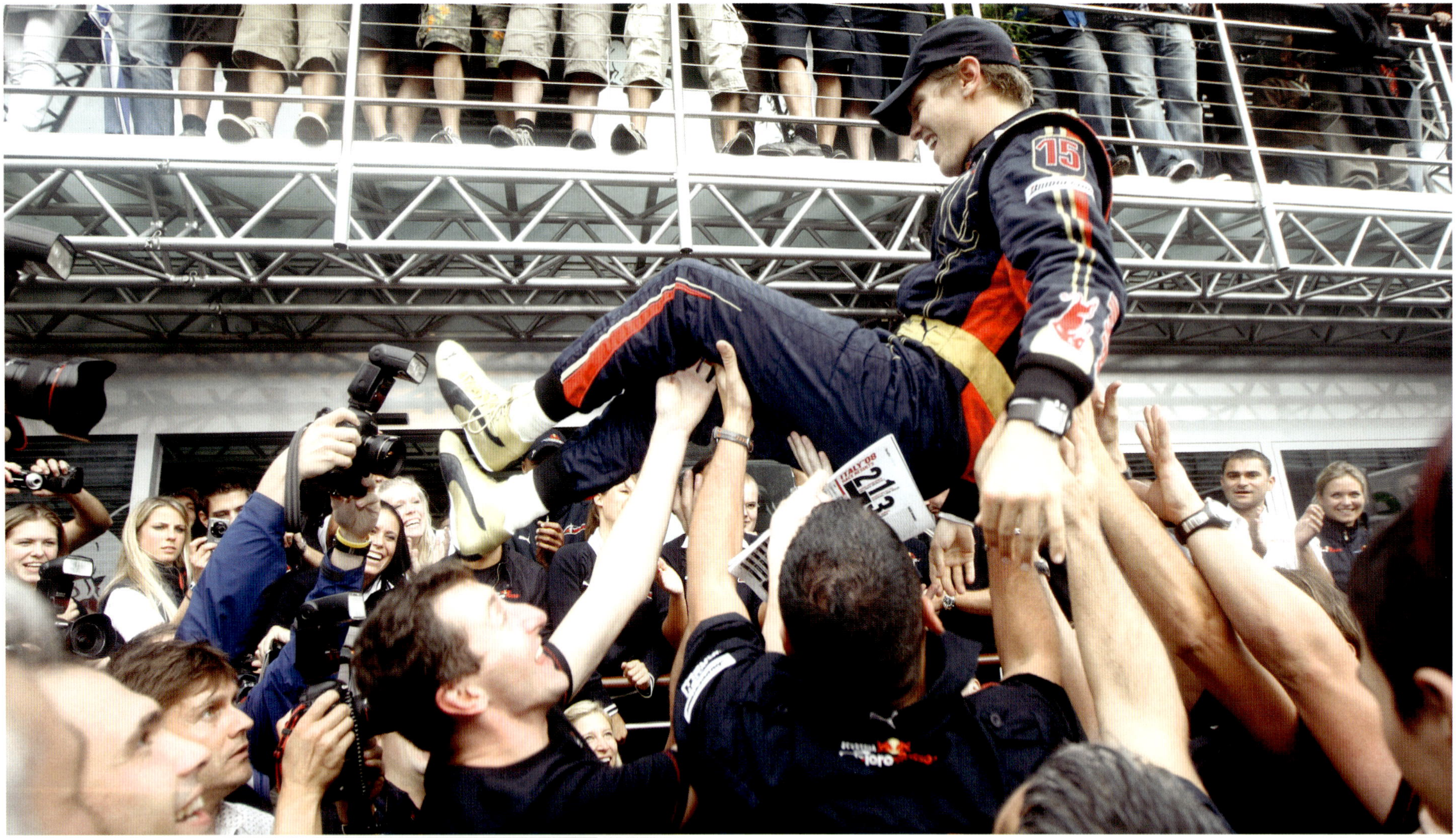
15

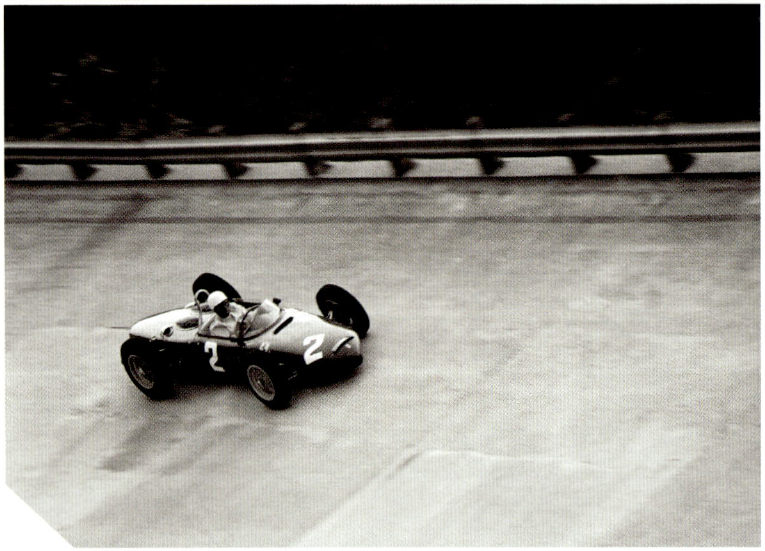
2

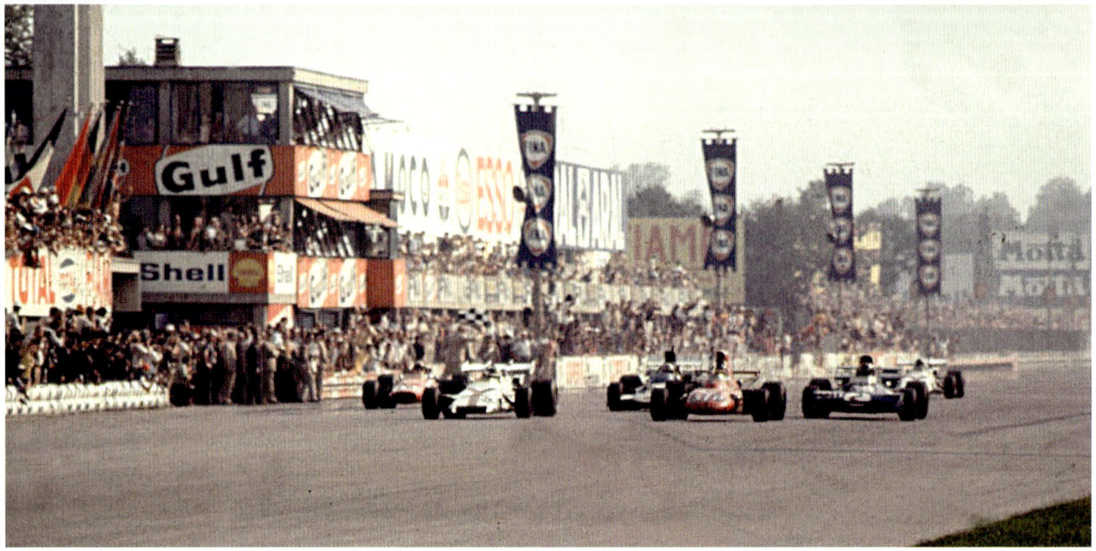
Gulf
Shell
ESSO

Große Fahrer & große Momente

Monza. Das steht für eine großartige Rennstrecke mit viel Geschichte, für knappe und hochspannende Rennen, geprägt von heißen Aufholjagden und Überholattacken. Leider aber hat die ultraschnelle Piste auch zu zahlreichen tragischen Unfällen mit oft tödlichem Ausgang geführt.

Linke Seite oben: Das Team von Scuderia Toro Rosso feiert Sebastian Vettel stürmisch, nachdem er nicht nur sich selbst, sondern auch seinem Team einen Premierensieg beschert hat (2008).

Linke Seite unten links: Phil Hill hat die Nase seines Ferraris im steilkurvigen Oval nur hauchdünn vorn in dem Rennen, das seinen Teamkollegen und Titelrivalen Wolfgang Berghe von Trips das Leben kostet und ihm den WM-Titel bringt (1961).

Linke Seite unten rechts: Den knappsten F1-Sieg aller Zeiten gab es 1971, als Peter Gethin im BRM mit einer Hundertstelsekunde Vorsprung auf Ronnie Peterson im March und drei weiteren Rivalen dicht dahinter ins Ziel geht.

Große Fahrer

Michael **Schumacher**
5 Siege

Michael Schumacher ist mit fünf Siegen in Monza Rekordsieger. Und die sind für die Fans umso wertvoller, weil er im Ferrari siegte. Seinen ersten Sieg in Monza holte er 1996, in seinem ersten Jahr bei dem Rennstall mit dem springenden Pferd, als er den früheren Ferrari-Favorit Jean Alesi auf den zweiten Platz verwies. 1998 gewann er erneut, nachdem beide McLaren-Piloten zurückgefallen waren, und er dominierte auch die Rennen 2000, 2003. Zuletzt gewann er 2006 in Monza.

Rubens **Barrichello**
3 Siege

Rubens ist bekanntermaßen ein sehr emotionaler Mensch. Nach seinem Premierensieg in Hockenheim begann er auf dem Podium zu weinen. Wie emotional muss er erst gewesen sein, als er 2000 erstmals in Monza, der Heimat der Ferraristi, gewann, und das, wo Teamkollege Schumacher bereits als Sieger gekrönt war. Oder als er 2004 noch einmal gewann und ihm die unbändige Freude der *tifosi* entgegenschlug. Den dritten Sieg in Monza errang er 2009 im technisch klar überlegenen Brawn GP.

Juan Manuel **Fangio**
3 Siege

Juan Manuel Fangio gelang in Monza der WM-Hattrick. Seinen ersten Sieg fuhr er 1953 ein, nachdem er sich rundenlang einen heißen Kampf mit Ferrari-Pilot Alberto Ascari, Giuseppe Farina sowie seinem Maserati-Teamkollegen Onofre Marimón geliefert hatte. Nach einem Crash zwischen Ascari und Farina in der letzten Kurve kam er schließlich an beiden vorbei und gewann das Rennen, das insgesamt 19 Führungswechsel zählte. Und auch in den beiden Folgejahren fuhr er den Sieg nach Hause.

Stirling **Moss**
3 Siege

Als Ersatz für Fangio bei Mercedes Benz errang der englische Superstar den ersten seiner drei Siege in Monza 1953, obwohl ihm kurz vor Schluss das Benzin ausgegangen war. Doch Teamkollege Luigi Piotti fuhr ihm ins Heck und schob Moss bis zur Box. Damit blieb er vor Musso, der mit einem Lenkstangenbruch in seinem Lancia ausschied. 1957 gewann Moss erneut für Vanwall mit großem Abstand auf Fangio im Maserati. Den dritten Sieg holte er 1959 im privaten Cooper von Rob Walker.

Große Momente

1961 — Trauriger Sieg für **Hill**

Im letzten Rennen der Formel-1-Saison 1961 qualifizierte sich Wolfgang Graf Berghe von Trips für die Pole-Position, während Titelkonkurrent Phil Hill von Platz 4 startete, sich aber gleich in der Startrunde an die Spitze kämpfte. In der zweiten Runde jedoch kollidierte von Trips' Ferrari mit dem Lotus von Jim Clark, schleuderte von der Fahrbahn in die Zuschauer und tötete 13 Menschen. Auch von Trips starb. Der freudlose Sieg reichte Phil Hill zum Weltmeistertitel.

1967 — **Clark** kämpft sich zurück

Jim Clark hatte dunkle Erinnerungen an Monza, schließlich war er an Wolfgang Graf Berghe von Trips' tödlichem Unfall 1961 beteiligt. Dennoch, er gewann 1963 und sollte auch 1967, vier Jahre später, den Sieg davontragen. Er hatte sich für die Pole-Position qualifiziert und lag in Führung, als er in Runde 13 mit einem Reifenschaden zurückfiel. Nach dem Boxenstopp startete er mit einer Runde Rückstand eine rasante Aufholjagd und eroberte sich die Führung zurück, bis ihm der Sprit ausging.

1971 — **Gethin** – Sieger im Fünfer-Finish

Kein Rennen in Monza endete je mit einem derart knappen Ergebnis. Fünf Runden vor Schluss bildete sich hinter der Spitze ein Pulk von fünf Verfolgern – Ronnie Peterson (March), François Cevert (Tyrrell), Howden Ganley und Peter Gethin (beide BRM), Mike Hailwood (Surtees). Vor der letzten Kurve lagen Cevert und Peterson vorn, doch Gethin konnte mehr Tempo aus der Parabolica mitnehmen, zog an ihnen vorbei und siegte mit nur 0,01 Sekunden Vorsprung.

2008 — **Vettel** gewinnt für Toro Rosso

Erst im Rückblick wird deutlich, wie außergewöhnlich dieses Rennen war. Gewiss, Vettel wechselte zu Red Bull Racing und holte vier WM-Titel in Folge. Allerdings fuhr er 2008 für Scuderia Toro Ross, das einst das Hinterbänkler-Team Minardi war (bevor Red Bull es kaufte). Der junge Deutsche aber schaffte es mit seinem Auto nicht nur auf die Pole-Position, sondern er kontrollierte das Rennen vom Start weg bis zum Ziel. Vettel hielt seine Verfolger auf Abstand und feierte am Ende den Sieg.

Monaco

Die Straßen von Monte Carlo scheinen für einen Grand Prix keinerlei Raum zu bieten. Doch der Straßenkurs, der sich hoch hinauf durch die Stadt zieht, bevor er dann steil zum Hafenbecken hin abfällt, ist der Kultort der Formel 1 schlechthin, Schauplatz eines alljährlichen Spektakels voller Glanz und packender Dramatik seit 1929.

> Monaco präsentiert dir alles, was man entlang einer Straße so findet: Laternenpfähle, Bäume, Bordkanten, Rinnsteine, Nachtclubs (…) Es ist ein Straßenrennen im wahrsten Sinne des Wortes.
>
> *Graham Hill*

Die meisten modernen Rennstrecken sind maßgeschneidert. Streckenarchitekten gestalten jede einzelne Kurve, jede wellenförmige Biegung, verwandeln freie Flächen in hochmoderne Anlagen. Monaco jedoch könnte unterschiedlicher kaum sein. Seine geografischen Begrenzungen waren von vornherein offensichtlich, schon damals, als die königliche Familie dem Zigarettenhersteller Antony Noghès die Erlaubnis gab, in den Straßen des Fürstentums einen Grand Prix abzuhalten. Das war 1929. Und heute haben selbst diejenigen, die kein Interesse am Motorsport haben, ein Bild von diesem alljährlich wiederkehrenden Ereignis, das seinen festen Platz im Formel-1-Kalender hat. Kurzum, die Rennstrecke von Monaco ist wie keine andere, und keinem Grand Prix wohnen die Fans lieber bei, obgleich fast alle Überholvorgänge bis zur ersten Kurve der ersten Runde abgeschlossen sind, denn danach ist die Strecke viel zu eng und kurvenreich, um weitere Überholmanöver zuzulassen.

Dass die Weltmeisterschaft seit ihrer ersten Saison 1950, als Juan Manuel Fangio für Alfa Romeo siegte, an diesem Ort mit so viel Lust und Spaß ausgetragen wird, beweist die ungeheure Anziehungskraft all dessen, was über das eigentliche Rennen hinaus dazugehört. Ob die Förderer von damals oder die Sponsoren von heute, die Veranstalter lieben Monaco, wo sie das Rennen mit Freunden und Geschäftspartnern von einer Yacht im Hafen aus genießen oder von den Balkons im Hôtel de Paris oder Casino die gesamte Strecke wunderbar überblicken können. Es ist ein Schauplatz ohnegleichen.

Die Rennstrecke selbst liefert einzigartige Fernsehbilder, nach vorne gerichtete Onboard-Kameras zeigen, wie der kleinste Fahrfehler durch den Piloten das Auto in die Schutzplanken katapultiert, die die Strecke säumen. Hinzu kommt der steile Anstieg zwischen der Ste-Dévote- und Massenet-Kurve, den die Wagen bezwingen, bevor sie abtauchen in das schwarze Loch des Tunnels unter dem Grand Hotel, um dann wieder hinaus in die grelle Sonne und über den Hang hinunter zur Hafen-Schikane zu schießen – das gibt es nirgendwo sonst.

Zieht man weiterhin die reiche und lange Geschichte dieses sportlichen Ereignisses in Betracht sowie die Tatsache, dass es im Herzen einer pulsierenden und aufregenden Stadt stattfindet, wird die geradezu magische Anziehungskraft, die davon ausgeht, umso ersichtlicher. Dass viele der Formel-1-Piloten wegen der attraktiven Steuergesetze auch ihren Wohnsitz in Monaco haben, macht das Rennen dort für sie gar zu einem Heimspiel und die Siegesfreude am Ende umso größer. Jenson Button formulierte dies 2009 sehr treffend, als er für Brawn GP den Sieg einfuhr. „Vor dem Wochenende habe ich gesagt, dass dieser Grand Prix auch nichts anderes sei als die anderen, aber das war ziemlich gelogen, da ich nur versuchte, mir selbst den Druck zu nehmen. Hier zu siegen, ist etwas ganz Besonderes."

Darüber hinaus haben sie nicht mehr die enorme Belastung durch die G-Kräfte auszuhalten, denen sie auf sehr schnellen Kurvenfahrten ausgesetzt sind. Vielmehr liegt die größte Herausforderung heute darin, die richtige Fahrtaktik zu finden, zu entscheiden, auf welchen Reifen man in das Rennen startet oder wann der beste Zeitpunkt für einen Boxenstopp ist, denn falsches Timing kann dazu führen, dass ein Tempomacher hinter dem Schlusslicht wieder auf die Strecke fährt, dort über Runden festhängt und wertvolle Zeit verliert im Versuch, eine Stelle zum Überholen zu finden. Tatsächlich stehen Sportwetten am Rande der Strecke wie im Casino hoch im Kurs, und zwar ohne vorab zu bedenken, dass das plötzliche Eintreffen von Safety Cars die Reihenfolge jederzeit verändern und jeden noch so ausgeklügelten Tipp zunichtemachen kann. ■

Rechts: Der Blick von hoch oben über der Start- und Ziellinie zeigt die Ste-Dévote-Kurve links und weiter über den Abschnitt von der Tabac-Kurve bis zur Piscine-Schikane hinaus bis zum Hafen.

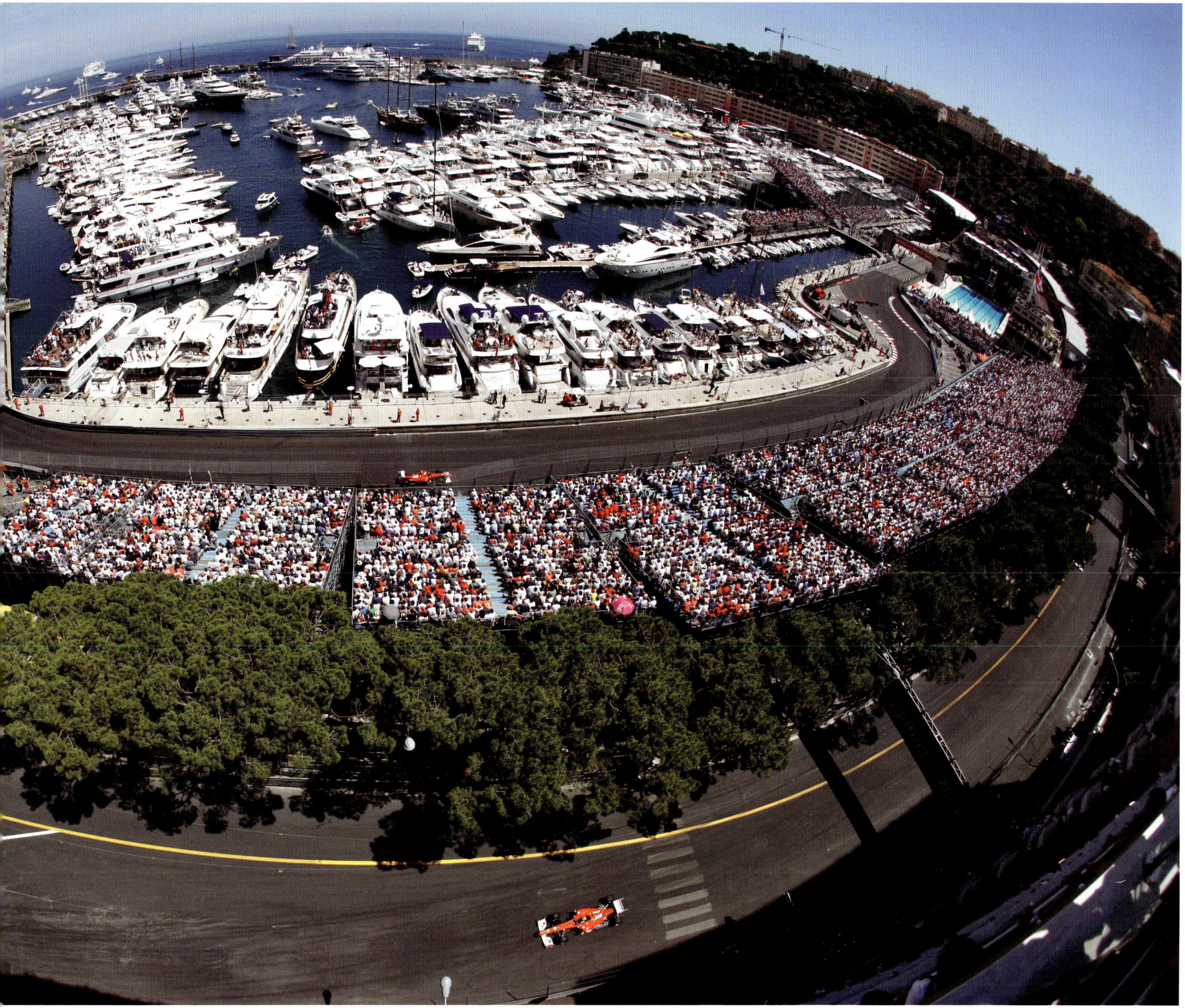

- **STE DEVOTE – 135 KM/H**
- **ANFAHRT – 275 KM/H**
- **ANTONY NOGHES – 110 KM/H**
- **TABAC – 161 KM/H**
- **PISCINE I – 208 KM/H**
- **PISCINE II – 95 KM/H**
- **NOUVELLE CHICANE – 66 KM/H**
- **170 KM/H**
- **LA RASCASSE – 81 KM/H**

Monaco

PORTIER – 81 KM/H

MIRABEAU BAS – 81 KM/H

CASINO – 166 KM/H

MIRABEAU – 79 KM/H

BEAU RIVAGE – 253 KM/H

MASSENET – 158 KM/H

GRAND-HOTEL-HAARNADEL – 63 KM/H

ANFAHRT – 289 KM/H

TUNNEL – 264 KM/H

Strecken-Porträt

Der Circuit de Monaco ist so ganz anders als jeder andere Straßenkurs. Die Kurven dieser hügeligen Rundstrecke sind eine Mischung aus langsamen und mittelschnellen Abschnitten mit nur kurzen Geraden und einem gebogenen Tunnel dazwischen.

Kurve 1 • Ste Dévote
Gang: **3**
Speed: **135 km/h**

Auf jedem anderen F1-Kurs würde eine 135 km/h-Kurve als langsam gelten, doch diese Rechtskurve gehört zu den schnelleren in Monaco. Die vielen Gebäude, die hinter den Absperrungen hoch gen Himmel ragen, sowie der flammende Wunsch, hier nach der Startrunde als Erster wieder auf die leicht gebogene Start- und Zielgerade einzufahren, machen die abschüssige Fahrt umso tückischer. Zum Glück gibt es eine Run-Off-Area für den Fall, dass diese verzweifelten Versuche misslingen.

Kurve 3 • Massenet
Gang: **4**
Speed: **158 km/h**

Der schnelle Abschnitt nach der Ste Dévote bergauf ist eigentlich eine Gerade. Eigentlich. Denn da wir in Monaco sind, macht selbst diese einen Schlenker. Die Fahrer kommen mit 273 Sachen am Scheitelpunkt an, vor sich das Casino von Monte Carlo, und schon schalten sie in den vierten Gang herunter, um in diese Linkskurve hineinzulenken. Die Fahrbahn ist eng, der Kurveneingang blind, und sofort dahinter gilt, sich richtig zu positionieren für die nächste Kurve.

Kurve 4 • Casino
Gang: **4**
Speed: **166 km/h**

Eine der berühmtesten Kurven auf dem Kurs, die vorbeiführt am namengebenden Casino und exquisiten Gartenanlagen. Doch die Fahrer haben keine Zeit für einen Blick auf die Schönheit des Kurses. Sie müssen in der Anfahrt die Bodenwellen meistern und eine möglichst enge Linie in diese leicht abfallende Linkskurve erwischen, damit sie nicht in die Leitschienen rutschen. Am Kurvenausgang bleiben sie weit links, bevor es dann vom höchsten Punkt des Kurses wieder bergab geht.

Kurve 6 • Grand-Hôtel-Haarnadel
Gang: **2**
Speed: **63 km/h**

Nachdem sie die Mirabeau, eine rechte Haarnadel, hinter sich haben, erreichen die Fahrer eine weitere Bergab-Haarnadel. Die berühmte Links-Haarnadel am Grand Hotel ist die mit dem engsten Radius. Einige Fahrer wagen hier ein Überholmanöver, insbesondere wenn der verfolgte Rivale nicht sauber aus der Mirabeau kommt. Platz haben sie dabei aber kaum. Zuschauer auf den Dachterrassen des Grand Hotels können hier etliche Kollisionen hautnah miterleben.

Monaco

Linke Seite: Vom hellen Licht ins Dunkel rasen die Autos hier nach der Portier in den Tunnel, der zum Glück gut ausgeleuchtet ist. *Oben links:* Felipe Massa in der Bergab-Haarnadel vor dem Grand Hotel.
Oben rechts: Der Blick von den Balkonen der Häuser hinunter auf die Start-/Zielgerade, die Anfahrt auf die Piscine und den dahinterliegenden Hafen ist unübertroffen.

Kurve 8 • **Portier**
Gang: **2**
Speed: **81 km/h**

Unmittelbar nach einer Unterführung macht die Strecke einen scharfen Rechtsknick und führt zum ersten Mal in der Runde auf die Uferstraße. Hier ist allergrößte Vorsicht geboten, um nicht in die Kaimauer zu schießen – wie es beispielsweise Ayrton Senna 1988 passiert ist, der zu diesem Zeitpunkt fast uneinholbar in Führung lag. Entscheidend ist vor allem, früh aus der Kurve herauszubeschleunigen, um viel Tempo für den anschließenden Tunnel mitzunehmen.

Kurve 10/11 • **Nouvelle Chicane**
Gang: **2**
Speed: **66 km/h**

Mit bis zu 281 km/h schießen die Rennwagen aus dem Tunnel zurück ins meist grelle Sonnenlicht, bevor die Fahrer dann hart herunterbremsen müssen, um den abschüssigen und immer flacher werdenden Hang optimal zu nehmen, bevor es zuerst nach links und dann schlagartig nach rechts geht. Die Kerbs sind hier recht flach, trotzdem versuchen die Fahrer, nicht zu hart aufzutreffen, um kein Tempo auf die kurze Gerade in Richtung Tabac zu verlieren.

Kurve 12 • **Tabac**
Gang: **4**
Speed: **161 km/h**

Diese Vierte-Gang-Linkskurve, mit den vielen Yachten zur Linken und der Tribüne auf engstem Raum mitten in der Ste Dévote zur Rechten, ist benannt nach einem Tabakkiosk, der hier früher einmal stand. Sie ist extrem schwierig, da sie nicht einsehbar ist. Bis 1972 war sie die letzte Kurve der Runde, da die Start-/Ziellinie damals noch an der Hafenfront lag. 1984 verunglückte Martin Brundle mit seinem Tyrrell im Bereich der Tabac-Kurve schwer, blieb jedoch unverletzt.

Kurve 13/14 • **Piscine**
Gang: **6**
Speed: **203 km/h**

Der Bau eines öffentlichen Schwimmbads an der Hafenfront 1972 machte es notwendig, eine Doppelschikane um das Schwimmbad herum in die Strecke einzufügen – eine Links-Rechts-Schikane, gefolgt von einer kurzen Geraden, dahinter eine Rechts-Links-Schikane. Hier kann es schnell gefährlich werden, denn die Autos kommen mit rund 257 Sachen an, lenken praktisch im Blindflug hinein, und Auslaufzonen gibt es nicht. Rasanz und Dynamik pur!

93

Große Fahrer & große Momente

Ein so außergewöhnlicher Kurs wie der von Monaco hat in den vergangenen Jahrzehnten manche mitreißende Rennen und unerwartete Ergebnisse geliefert. Hier eine Auswahl der Fahrer und Grand-Prix-Rennen, die besonders hervorstechen.

Rechte Seite oben: Höhepunkt des Grand Prix von Monaco 1992 war das Duell zwischen Williams-Pilot Nigel Mansell und Ayrton Senna im McLaren, nachdem der Engländer nach einem außerplanmäßigen Boxenstopp wieder auf die Strecke fährt.

Rechte Seite unten links: Der Lancia Ferrari von Alberto Ascari wird nach dem spektakulären Flug von der Strecke ins Wasser aus dem Hafenbecken gehoben. Ascari schwamm unversehrt an Land (1955).

Rechte Seite unten rechts: Renault-Pilot Jarno Trulli fuhr im Qualifying öfter schnelle Rundenzeiten. 1994 holte er seinen ersten und einzigen Grand-Prix-Sieg.

Große Fahrer

Ayrton **Senna** — 6 Siege

Mit sechs Siegen ist der brasilianische Ausnahmefahrer Rekordsieger von Monaco. Dabei hätten es locker acht werden können. Der erste Beinahe-Sieg gelang ihm 1984, als er mit seinem Toleman an McLaren-Pilot Alain Prost vorbeizieht und sich an die Spitze setzt. Doch dann wird das Rennen wegen Nässe abgebrochen. Vier Jahre später dann schoss er in der Portier-Kurve in die Kaimauer und schied aus. Schließlich folgte eine legendäre Siegesserie, und er gewann den GP zwischen 1989 und 1993 jedes Jahr.

Graham **Hill** — 5 Siege

Der Engländer krönte sich in den 1960er-Jahren immer wieder zum Formel-1-König von Monaco. Das erste Mal 1963, als er für BRM gewann, nachdem Jim Clark mit einem Getriebeschaden liegen blieb. 1964 und 1965 gewann er ebenfalls für BRM, 1968 und 1969 dann für Lotus, was ihm den Spitznamen „Mr. Monaco" bescherte. 1975 konnte er sich wegen eines Motorschadens an seinem Hill GH1 nicht qualifizieren und erklärte danach kurzfristig seinen Rücktritt als Rennfahrer.

Stirling **Moss** — 3 Siege

Der Sieg in Monaco 1956 war Moss' erster Grand-Prix-Sieg. Ein weiterer für Maserati folgte 1960. Nach einem unglücklichen Start kämpfte sich Moss an die Spitze. Vom plötzlich einsetzenden Regen konnte Rivale Brabham profitieren und errang die Führung, drehte sich in seinem Cooper dann aber von der Strecke. Moss musste an die Box, um Zündkabel wechseln zu lassen, und fuhr danach in einer spannenden Aufholjagd seinen zweiten Formel-1-Sieg ein. Den dritten holt er 1961 für Rob Walker.

Juan Manuel **Fangio** — 2 Siege

Der Große Preis von Monaco war 1950 erstmals Bestandteil der Formel-1-Weltmeisterschaft. Der unbeirrbare Argentinier Juan Manuel Fangio ging mit seinem Alfa Romeo sofort nach dem Start von der Pole-Position in Führung, die er behaupten konnte, nachdem es hinter ihm zu einem Massencrash gekommen war. Seinen zweiten Sieg in Monaco fuhr er 1957 für Maserati ein, nachdem Stirling Moss in die Leitplanken der Hafen-Schikane gekracht war.

Große Momente

1955 — **Ascari** überlebt Tauchbad im Hafenbecken

Alberto Ascari, der Weltmeister von 1952 und 1953, sorgte für eine der wohl dramatischsten Szenen von Monaco, als er 1955 mit seinem Lancia Ferrari ins Hafenbecken flog, nachdem er vom qualmenden Mercedes des Konkurrenten Stirling Moss an der Schikane irritiert und abgelenkt wurde. Er überlebte das unfreiwillige Tauchbad mit ein paar kleineren Blessuren. Vier Tage später verließ ihn das Glück. Er starb bei einer Testfahrt in einem Ferrari-Sportwagen in Monza.

1970 — **Brabham** vergeigt den Sieg in der Schlussrunde

March-Ford-Pilot Jackie Stewart nutzte seine Pole-Position und ging vom Start weg in Führung vor Teamkollege Chris Amon. Doch er fiel durch technische Probleme zurück, und Jack Brabham ging in Führung. Dann schob sich Jochen Rindt mit seinem Lotus vier Runden vor Schluss mit neun Sekunden hinter Brabham und rückte ihm bis zur Schlussrunde immer dichter auf die Pelle; der Druck wuchs, Brabham verbremste sich und rutschte in die Strohballen. Rindt zog vorbei und siegte.

1992 — **Mansell** kommt nicht an **Senna** vorbei

Nigel Mansell hatte bereits die ersten fünf Grands Prix der Saison gewonnen. Klar, dass er von der Pole-Position auch den sechsten Sieg in Folge für Williams holen würde. Sieben Runden vor Schluss hatte er seinen Vorsprung auf Ayrton Senna im McLaren komfortabel ausgebaut und fuhr wegen Problemen am Heck an die Box. Bis er wieder auf die Strecke konnte, lag Senna in Führung. Mansell versuchte alles, kam aber einfach nicht an McLaren-Pilot Senna vorbei!

2004 — **Trulli** holt Überraschungssieg für Renault

Im Qualifying erreichte Jarno Trulli mit seinem Renault die Pole-Position. Schumacher startete auf Platz 4 hinter Jenson Button und Fernando Alonso. Nach einer ersten Safety-Car-Phase übernahm Schumacher die Führung, doch er musste einen Boxenstopp einlegen – die Führung war futsch, denn Juan Pablo Montoya im McLaren fuhr in das Heck des Ferrari-Piloten. Die Chance für Trulli, der daraufhin seinen ersten und einzigen Grand-Prix-Sieg für Renault einfuhr.

Monaco

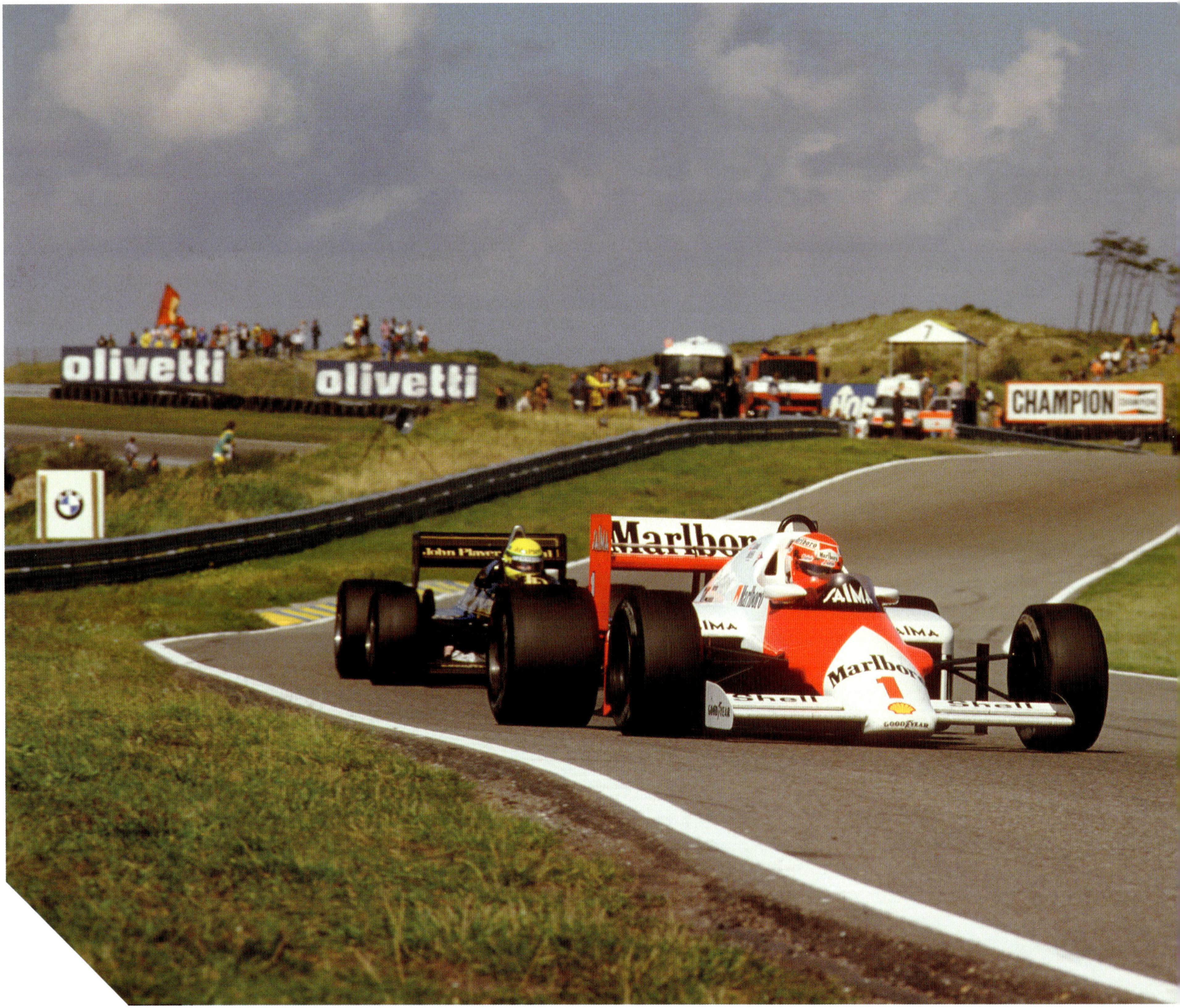
olivetti
olivetti
CHAMPION
Marlboro
1
Shell
GOODYEAR

Zandvoort

Der Circuit Park Zandvoort ist ein Kurs, der heute noch befahren wird, wenn auch in einer verkürzten Variante. Was von einst geblieben ist, ist eine Erinnerung an diese so grandiose Rennstrecke, die sich durch die Sanddünen der Nordseeküste schlängelt und einmal eine der meistbesuchten Grand-Prix-Rennstrecken war.

> Auf der Rückseite gab es eine Reihe von schnellen Kurven, die wir in unseren Autos mit 160 km/h nahmen, und Sicherheitsvorkehrungen gab es kaum.
> *John Watson*

Manche Grand-Prix-Kurse ähneln sich in Teilen, doch keine einzige Kurve in Zandvoort könnte mit irgendeiner anderen sonst wo verwechselt werden. Und das ist kein Wunder: Keine der anderen Top-Rennstrecken der Formel 1 schlängelt sich durch Sanddünen. Wann immer Sie also ein Foto von einem Sand umwehten Ferrari, Vanwall oder Lotus zwischen mit Grasbüscheln bewachsenen Sanddünen sehen, können Sie sicher sein, dass es auf diesem unmittelbar an der Nordseeküste gelegenen, niederländischen Formel-1-Rundkurs der Spitzenklasse aufgenommen wurde.

Der ehemalige Formel-1-Kurs in Zandvoort bot eine fantastische Kulisse. Selbst heute, in seiner verkürzten Form, hat der Dünenkurs immer noch einen ganz besonderen Charakter und atmet den Ruhm vergangener Zeiten, auch wenn die Formel-1-Weltmeisterschaft seit inzwischen fast drei Jahrzehnten nicht mehr dort gastiert.

Der Kurs wurde 1948 als permanente Rennstrecke in Betrieb genommen. Man hatte dafür Verbindungsstraßen zusammengeführt, die von der deutschen Armee zwischen ihren Geschützstellungen an der Küste westlich von Amsterdam im Zweiten Weltkrieg angelegt worden waren. Charakteristisch für Zandvoort sind die vielen Highspeed-Kurven auf welliger Piste. Die letzte Kurve, Bos Uit, war eine herrlich lang geschwungene Kurve, die auf die lange Start-/Zielgerade mündete, ideal für Windschattenfahrten hinunter in die Doppelrechts namens Tarzan.

1950 und 1951 wurden auf dem Kurs etliche Nicht-Formel-1-Rennmeisterschaften ausgetragen. Die Formel-1-WM gastierte erstmals 1952 in Zandvoort. Alberto Ascari holte damals für Ferrari den ersten von zwei Siegen in Folge. Der Kurs war bei Fahrern und Zuschauern sofort beliebt, erlebte aber auch traurige Momente. So etwa, als Piers Courage 1970 hier auf tragische Weise zu Tode kam, ebenso Roger Williamson 1973, der in seinem brennenden Auto starb, weil keiner der offiziellen Ordner ihm zu Hilfe eilte. Einzig March-Teamkollege David Purley stoppte seinen Wagen, eilte zu Hilfe und versuchte, den umgekippten March wieder auf die Räder zu stellen und den eingeklemmten Williamson aus dem brennenden Fahrzeug zu retten. Doch es gab auch Sternstunden, mit denen Zandvoort Geschichte schrieb. So etwa, als Jim Clark im Rennen 1967 im neu eingeführten Lotus 49 mit dem ebenso neuartigen Triebwerk Ford-Cosworth DFV V8 einen erfolgreichen Start hinlegte und seinem Team einen ruhmreichen Sieg bescherte.

Zandvoort war auch ein Kurs der Prestigeduelle und der zweifelhaften Siege. Ein Beispiel dafür ist das Rennen 1976 mit James Hunt im McLaren und John Watson im Penske. Doch mit zunehmenden finanziellen Problemen kam das Aus, und so fand 1985 der letzte Große Preis der Niederlande statt, der Niki Lauda den letzten Sieg seiner erfolgreichen F1-Karriere brachte. Der Kurs wurde daraufhin von der Kommune übernommen, was sich als finanzieller Glücksfall erwies, denn die Strecke blieb somit weiterbestehen und wurde aus Lärmschutzgründen verkürzt. Zu diesem Zweck errichtete man 1989 eine Düne zwischen Rennkurs und Stadt, was die Streckenlänge um über 1,6 Kilometer minimierte; an der Hunserug bog die Strecke nun nach rechts über eine neue Schleife, die unmittelbar nach dem Ausgang der letzten Kurve zurück auf den ursprünglichen Kurs mündete. Zehn Jahre später erhielt der Kurs mit einer letzten Korrektur sein aktuelles Layout und seine alte Würde zurück – der ursprüngliche Abschnitt von der Hunserug zur Scheivlak und weiter zur Marlborobocht wurde wieder eingesetzt, bevor die Strecke nach rechts auf eine neue Schleife führt und sich dann zurück auf die 1989 eingebaute Schleife windet. Das alte Streckenprofil wiederherzustellen, war nicht möglich, denn seit den Umbauten 1989 stehen heute an der Peripherie Häuser. ∎

Links: Niki Lauda im McLaren hält sich an der Spitze vor Ayrton Senna im Lotus und fährt seinen 25. und letzten Grand-Prix-Sieg ein (1985).

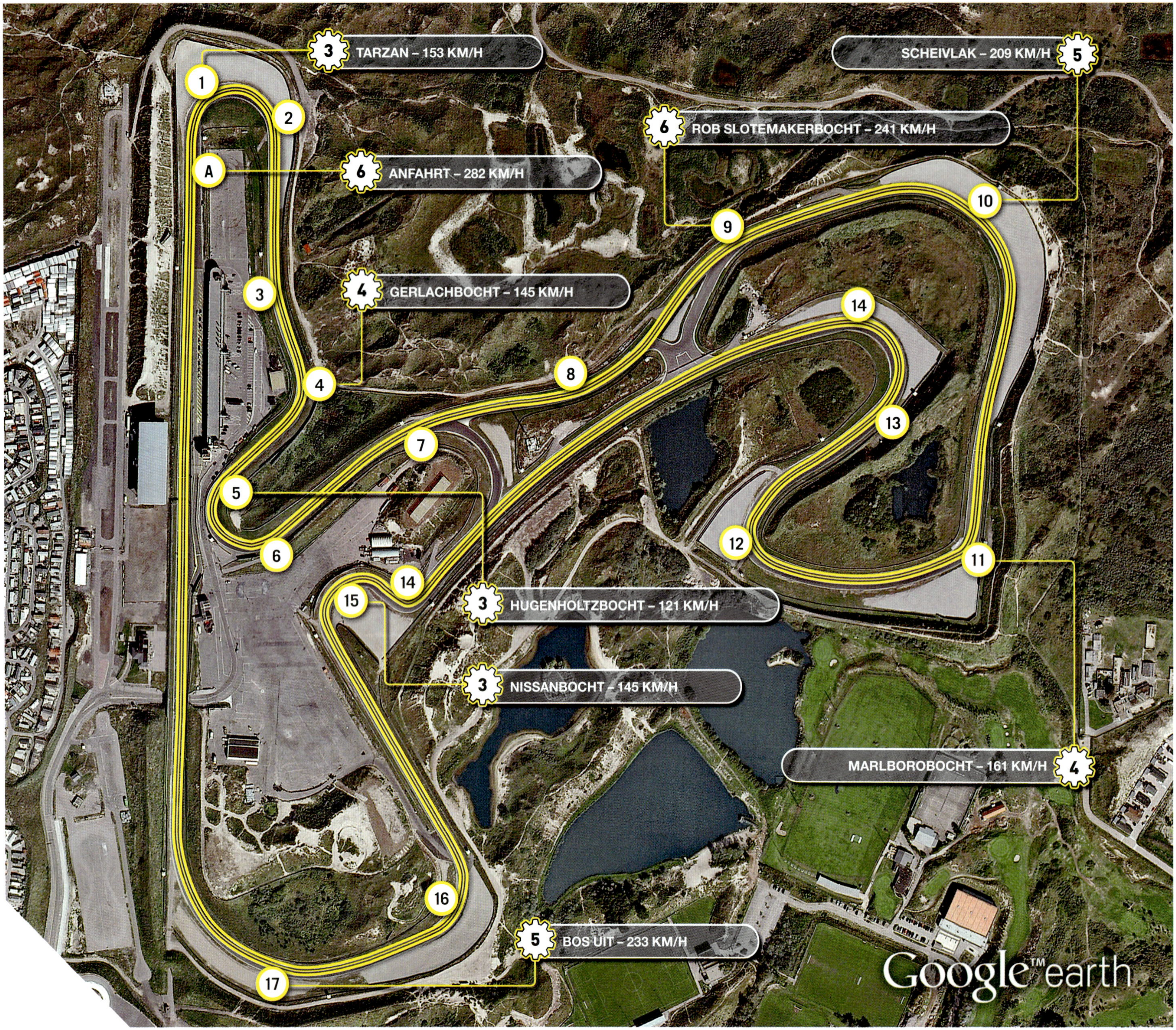

Foto © Data SIO, NOAA, U.S. Navy, NGA, GEBCO © Google 2014

Zandvoort – Niederlande

Mit Vollgas in die Gerlachbocht: Renault-Piloten Alain Prost und René Arnoux vor Alan Jones im Williams und Nelson Piquet im Brabham (1981).

Strecken-Porträt

Die Vollgas-Passage zur Tarzan, die schnellen Kurven hinter den Boxen, die wellige Schleife durch die Dünen – die Fahrer liebten den Kurs in Zandvoort. Dazu leidenschaftliche Fans und eine quirlige Stadt. Mit dem Aus für Zandvoort ging der Formel 1 eine großartige Rennstrecke verloren.

Kurve 1 • **Tarzan**
Gang: **3**
Speed: **153 km/h**

Die wohl berühmteste Kurve in Zandvoort wird über die Gerade angefahren. Sie liegt mitten in den Dünen, und es geht in einem weit offenen Bogen hinein. Da sie einen doppelten Scheitel hat, überholen die Fahrer hier meist über die Innenlinie, obwohl besonders Wagemutige es auch über außen versuchen – wie beispielsweise Gilles Villeneuve 1979. Die Kurve steigt nach dem ersten Scheitel an, was es dem Fahrer erleichtert, sein Auto in der Spur zu halten.

Kurve 4 • **Gerlachbocht**
Gang: **4**
Speed: **145 km/h**

Eine schwierige Kurve. Sie folgt nach einer scharfen Linkskehre hinter dem Fahrerlager und führt über eine leichte Kuppe. Zum Ausgang hin wird sie enger, und die Strecke fällt leicht nach außen ab. Die Fahrer müssen hier die Balance hinbekommen und einen Schlenker zur rechten Fahrbahnseite machen, um ihre Ideallinie für die nächste Kurve zu finden. In der Startrunde geht es hier mitunter heiß zur Sache, denn es gibt kaum Platz, Abweichungen von der gewählten Linie zu korrigieren.

Kurve 5/6 • **Hugenholtzbocht**
Gang: **3**
Speed: **121 km/h**

Diese Doppelscheitel-Linkskurve, benannt nach dem langjährigem Streckendirektor von Zandvoort, Hans Hugenholtz, führt am Fuße des Kontrollturms hinein in eine Senke. Es gibt keinerlei Auslaufzone auf der rechten Seite, was Überholmanöver hier äußerst riskant und unfallträchtig macht. Die Kurve hat etwas Kesselförmiges und wird auf halber Strecke abrupt steiler, sodass es die Fahrer in die Sitze drückt, während sie aus der Kurve auf den Vollgas-Abschnitt zur Scheivlak herausbeschleunigen.

Kurve 9 • **Rob Slotemakerbocht**
Gang: **6**
Speed: **241 km/h**

Nach dem Anstieg hinter der Hugenholtzbocht, der Kuppe bei Hunserug und der schnellen Links Zijn Veld steigt die Strecke in der Anfahrt auf diese lang gezogene Rechtskurve erneut an. Der flüssige Abschnitt führt mitten hinein in die Dünen und vermittelt den Eindruck, die Autos seien rasend schnell, da von den niedrig platzierten Leitschienen kaum etwas zu sehen ist. Die Kurve ist benannt nach dem Rennfahrer und Gründer der Rennfahrerschule Rob Slotemaker, der hier 1979 tödlich verunglückte.

Zandvoort – Niederlande

Linke Seite: Jo Siffert im privat eingesetzten Lotus jagt aus der Hugenholtzbucht als Zweiter hinter Jackie Stewart im Matra (1969). *Oben links:* Diese Aufnahme von 1963 mit Surtees im Ferrari zeigt die kurvige Anfahrt auf die Gerlachbocht. *Oben rechts:* Die Dünenschneise zwischen Hunserug und Rob Slotemakerbocht (1970).

Kurve 10 • **Scheivlak**
Gang: **5**
Speed: **209 km/h**

Viel Mut benötigten die Fahrer bei der Anfahrt zur Scheivlak-Kurve, die vielen als die anspruchsvollste und schwierigste der ganzen Strecke galt. Denn die Fahrer kamen hier mit Vollgas im höchsten Gang an und jagten auf eine riesige Sanddüne zu. Die Kurve hängt nach rechts außen und fällt am Ausgang steil hinunter in eine Dünenschneise. Es galt, sie mit möglichst viel Tempo zu durchfahren – ein heikles und leider oft auch rutschiges Unterfangen im stetig wehenden Dünensand.

Kurve 11 • **Marlborobocht**
Gang: **4**
Speed: **161 km/h**

Am Fuße der Senke nach der Scheivlak ging es hier durch einen schnellen Linksknick auf den ursprünglichen Streckenabschnitt. 1999 jedoch wurde die Kurve auf eine ebene Fläche um etwa 100 Meter vorverlegt und verläuft seither in einer engen Rechtskehre. Ab hier beginnt der „Rückweg", denn es geht wieder zurück in Richtung Boxen. Doch die Strecke bleibt weiterhin anspruchsvoll, war sie bislang schnell und weit, wird sie nun vergleichsweise eng und winklig.

Kurve 15 • **Nissanbocht**
Gang: **3**
Speed: **145 km/h**

An die 1999 eingebaute Kehre schloss sich eine flüssige Gerade, die in eine immer enger werdende Rechtskurve mündete und im unmittelbaren Verlauf in eine Doppelscheitel-Links überging. Im ersten Teil der Kurve war es kein Problem, die Kerbs zu schneiden, im engeren, zweiten Teil jedoch war es kaum möglich, auf die Ideallinie zu ziehen, ohne langsamer zu werden. Es galt also, die Kurve früh anzubremsen, um dann möglichst früh auf die Gerade hinausbeschleunigen zu können.

Kurve 17 • **Bos Uit**
Gang: **5**
Speed: **233 km/h**

Die einst gefürchtete Kurve (die über eine lange Gerade nach der längst aufgegebenen Kurve namens Pulleveld angefahren wurde) gibt es in ihrem ursprünglichen Format so nicht mehr. Sie wurde im Zuge von Baumaßnahmen für einen Ferienhauskomplex verlegt und liegt nun etliche Hundert Meter näher an den Boxen. Tückisch ist sie immer noch: Sie wird über einen kurzen Vollgas-Abschnitt angefahren und verläuft wie auch zuvor in einem nicht einsehbaren Rechtsbogen.

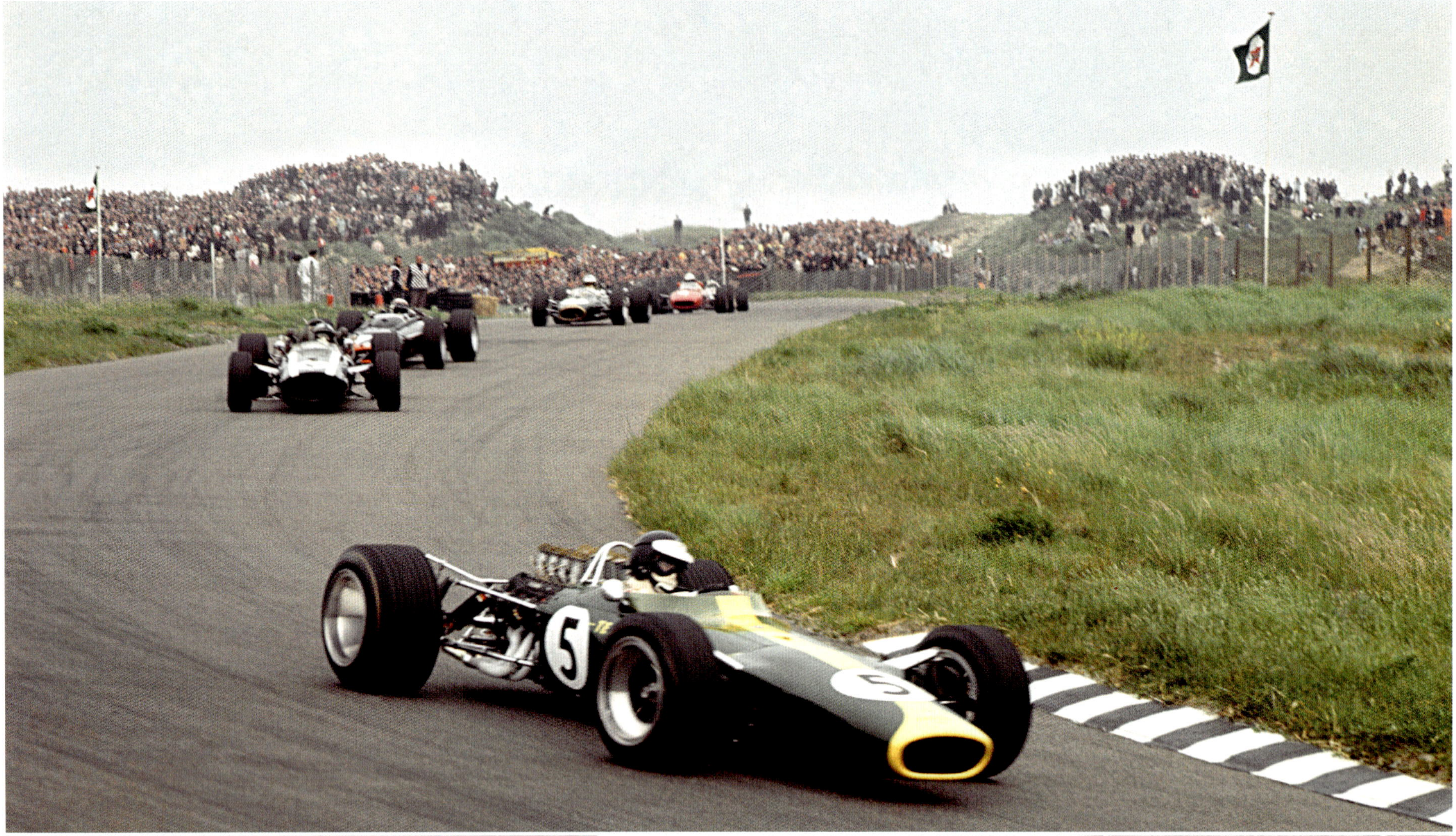

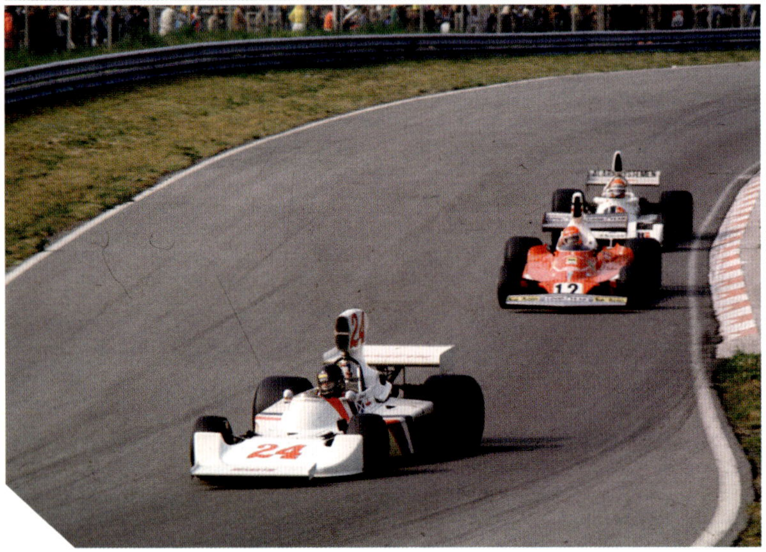

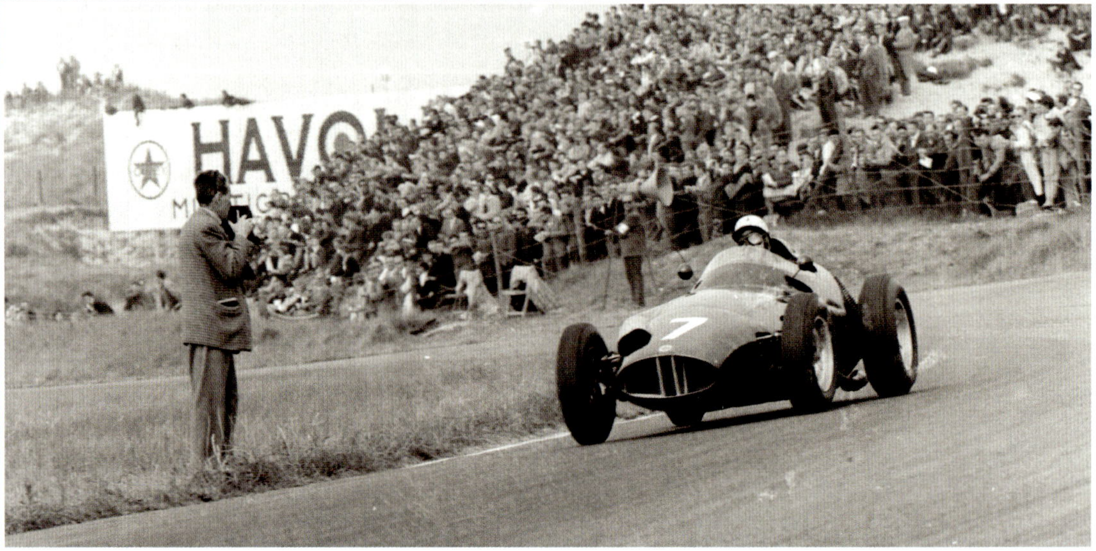
HAVO

Große Fahrer & große Momente

Zandvoort war von 1952 bis 1985 Gastgeber der Formel 1. Seine Blütezeit aber hatte es in den 1960er- und 1970er-Jahren, als Stars wie Jim Clark und Jackie Stewart regelmäßig das Feld anführten, angefeuert von Tausenden Fans in den Dünen am Streckenrand.

Linke Seite oben: Der Große Preis der Niederlande 1967 brachte die Überraschung: Jim Clark beschert Ford Cosworth DFV den Premieren-Sieg, als er in seinem Lotus mit 23 Sekunden Vorsprung auf Jack Brabham als Erster ins Ziel geht.

Linke Seite unten links: James Hunt lässt Ferrari-Pilot Niki Lauda hinter sich und fährt seinen ersten GP-Sieg ein, den einzigen für das Hesketh-Team (1975).

Linke Seite unten rechts: BRM hatte lange auf einen Sieg gewartet. Der kam mit Jo Bonnier im BRM P25, der sich für die Pole qualifizierte und gewann, während andere aufgeben mussten.

Große Fahrer

🇬🇧 Jim **Clark** — 4 Siege

Der Schotte Jim Clark dominierte so gut wie jedes Rennen, das er fuhr, doch mit vier Siegen erzielte er in Zandvoort einen besonders großen Erfolg. Den ersten Sieg holte er im Jahr 1963 im Lotus 25, als er vom Start weg durchgängig vorne lag und sich seinen ersten Fahrertitel sicherte. 1964 war es nicht anders, als er Ferrari-Pilot John Surtees um eine Runde abhängte. Im Folgejahr dann machte er den Hattrick perfekt. Der vierte Sieg erfolgte 1967 (s. u.).

🇬🇧 Jackie **Stewart** — 3 Siege

Den Schotten scheint die holländische Rennstrecke zu liegen. Den ersten Sieg holte er 1968, als er an Graham Hill im Lotus vorbei und vor Matra-Teamkollege Jean-Pierre Beltoise ins Ziel ging. 1969 gewann er erneut für Matra, nachdem zunächst Hill vorn lag, dann Lotus-Teamkollege Jochen Rindt, der aber wegen technischer Probleme ausschied. 1973, im letzten Jahr seiner Karriere, holte Stewart seinen dritten Sieg – und damit einen Doppelsieg für Tyrrell.

🇮🇹 Alberto **Ascari** — 2 Siege

Als Ferrari-Pilot Ascari 1952 in Zandvoort eintraf, hatte er bereits jeden WM-Lauf der Saison, ganze vier an der Zahl, gewonnen. Kein Wunder also, dass er sich für die Pole qualifizierte und vom Start weg über 90 Runden führte. Hinter ihm zogen die Teamkollegen Giuseppe Farina und Luigi Villoresi ins Ziel. 1953 stand der Italiener erneut ganz oben auf dem Siegerpodest, nachdem er sich wieder für die Pole qualifiziert und das Rennen vom Start weg bis zum Ziel durchgängig angeführt hatte.

🇬🇧 Jack **Brabham** — 2 Siege

1959 wurde Jack Brabham Zweiter hinter Jo Bonnier, gewann aber zum ersten Mal die Fahrerweltmeisterschaft. Ein Jahr später dann klappte es, und der Australier feierte in Zandvoort seinen ersten Saisonsieg. Er gewann das Startduell gegen Stirling Moss im Lotus und zog ungefochten davon, als Moss nach einer Reifenpanne liegen blieb. Sechs Jahre später, im ersten Jahr, da man auf die 3-Liter-Motoren gewechselt hatte, gewann er noch einmal in Zandvoort.

Große Momente

1959 — **Bonnier** landet Premieren-Sieg für BRM

BRM hatte ein Vermögen ausgegeben, um ein Grand-Prix-Rennen zu gewinnen. Der Sieg kam mit Jo Bonnier. Masten Gregory kam früh an ihm vorbei, doch Bonnier kämpfte sich zurück an die Spitze, als Gregorys Cooper mit Kupplungsproblemen zurückfiel. Danach überholte ihn Gregorys Teamkollege Jack Brabham, ehe ihn das gleiche Problem ereilte. Nun übernahm Stirling Moss aus dem Privatteam von Rob Walker die Führung, doch er musste wegen Getriebeschaden aufgeben.

1967 — **Clark** beschert Ford Cosworth DFV Premieren-Sieg

Als Lotus 1967 zu Beginn der Saison wieder auf Motoren von BRM setzte, waren die Erfolge bescheiden, doch das änderte sich im dritten Saisonlauf mit dem neuartigen Lotus 49 und dem erstmals eingesetzten Cosworth-DFV-Motor. Graham Hill startete von der Pole und führte, bis er mit Problemen an der Nockenwelle ausschied und Jack Brabham die Führung übernahm. Teamkollege Jim Clark, der von Startplatz 8 gestartet war, zog in der 16. Runde an Brabham vorbei und fuhr den Sieg ein.

1975 — **Hunt** bezwingt Favorit Lauda

James Hunt hatte 1974 die BRDC International Trophy gewonnen und belegte beim Auftaktrennen in Argentinien den zweiten Platz. Hier in Zandvoort belegte er den dritten Startplatz hinter Ferrari-Pilot Niki Lauda und Clay Regazzoni. Lauda ging auf Regenreifen in Führung. Hunt jedoch wechselte bei abtrocknender Piste frühzeitig auf Trockenreifen und setzte sich an die Spitze. Hunt und Lauda duellierten sich in den letzten 15 Runden um den Sieg, und Hunt machte das Rennen!

1985 — **Lauda** Erster im McLaren-Doppelsieg

Nachdem Lauda seinen Rücktritt aus der Formel-1 zum Ende der Saison 1985 verkündet hatte, gelang ihm beim GP in Zandvoort ein Meisterstück. Von Platz 10 stürmte er nach vorn in die Spitze und setzte sich zuletzt auch gegen seinen meist schnelleren Teamkollegen Alain Prost durch: Zunächst ging Keke Rosberg in Führung, schied aber mit Motorschaden aus. Dann führte Prost. Als der dann die Box ansteuerte, lag Lauda vorn, ging knapp vor Prost ins Ziel und feierte seinen 25. Grand-Prix-Sieg.

Estoril

Hier im Autódromo do Estoril, gelegen auf einem felsigen Plateau in Küstennähe, machte der Formel-1-Zirkus von 1984 bis 1996 regelmäßig Station. Doch portugiesische Formel-1-Piloten waren kaum vertreten, und so wurde Estoril zum europäischen Lieblingsreiseziel brasilianischer Fans, die kamen, um insbesondere Ayrton Senna anzufeuern.

> Estoril ist ein recht anspruchsvoller Kurs, insbesondere in der lang gezogenen, schnellen Kurve vor Start und Ziel, und der unebene Belag überall macht ihn noch anstrengender.
>
> *Damon Hill*

In Portugal wurden bereits 1958 und 1960 auf einem Stadtkurs in Oporto, dazwischen, 1959, auf dem Monsanto Park Circuit nahe Lissabon Grand-Prix-Rennen ausgetragen. Dann verschwand das Land aus der Formel-1-Szene, und auf dem Kurs wurden nur noch nationale Rennen ausgetragen.

Dennoch wurde 1972 eine permanente Rennstrecke erbaut, das Autódromo do Estoril. Es liegt auf einem felsigen Plateau zwischen dem Seebad Cascais und der Casino-Stadt Estoril an der Atlantikküste westlich von Lissabon. Das Streckenlayout besteht aus einer ungewöhnlich langen Start- und Zielgeraden, die bergab und hinein in die erste Kurve führt, im weiteren in der dritten Kurve, am Tiefpunkt der Strecke, durch eine Spitzkehre auf eine innere Gegengerade geht, bevor die Runde dann mit einer rückführenden Geraden an der Orelha, dem zweiten Tiefpunkt der Strecke, ihren Abschluss findet.

Estoril war Gastgeber der Formel-2-Weltmeisterschaft 1973 und noch einmal von 1975 bis 1977. Den Sieg holte damals jeweils ein französischer Fahrer, die auch in der Formel 1 fuhren – Jean-Pierre Jarier, Jacques Laffite, René Arnoux und Didier Pironi. Wenig später fiel der Rennkurs dem finanziellen Ruin zum Opfer und kehrte erst wieder mit dem Startschuss zur Rallye Portugal, einer eigenen Veranstaltung, die Weltmeisterschaftsstatus hatte, auf die internationale Bühne zurück. Dann, als immer mehr Formel-1-Teams nach klimatisch geeigneten Strecken für Wintertestfahrten suchten, da die Südafrika-Rennstrecke Kyalami aufgrund der politischen Lage dort nicht mehr genutzt werden konnte, zog der Kurs endlich die Investoren an, die er so dringend brauchte, um ihn den modernen Standards entsprechend zu sanieren. Und es hat sich gelohnt: 1984 wurde der Circuito do Estoril in den Rennkalender der Formel-1-Weltmeisterschaft wiederaufgenommen.

Was Estoril endgültig zu Bekanntheit verhalf, war Ayrton Sennas beachtlicher Premieren-Sieg für Lotus unter extrem nassen Wetterbedingungen zu Beginn der Saison 1985. Das allein trieb viele brasilianische Fans nach Estoril, in das Land, das viele bis heute als das Mutterland ihrer Vorfahren betrachten. Sie tauchten die Tribünen in ein wahres grüngelbes Farbenmeer und feuerten lautstark vor allem Senna an, aber auch Nelson Piquet und später Rubens Barrichello. Die einheimischen Fans dagegen hatten weniger Grund zum Jubeln: Nachdem sich Pedro Chaves im schwachen italienischen Coloni-Team für keines der Rennen in der Saison 1991 qualifizieren konnte, blieb als einziger portugiesischer Fahrer Pedro Lamy im Rennen – ein vielversprechender Fahrer, der bereits Rennen in der Formel 3000 gewonnen hatte und dem 1993 mit Lotus der Sprung in die Formel 1 gelang. Allerdings musste er 1994 einen Tiefschlag hinnehmen und aussetzen, als er sich bei Testfahrten in Silverstone beide Knie und ein Armgelenk brach. Nach der Erholungsphase wechselte er zu Minardi, konnte an die alten Erfolge aber nie wieder anknüpfen.

Zu den bedeutsamen Ereignissen in Estoril zählt das Rennen von 1989: Der in der Führung liegende Nigel Mansell fährt in der Boxengasse an seiner Crew vorbei, legt den Rückwärtsgang ein und setzt zurück – ein klarer Regelverstoß, der mit Disqualifikation bestraft wird und Ferrari-Teamkollege Gerhard Berger zum Sieg verhilft. Mansell gewinnt das Rennen ein Jahr später, doch schon 1991 läuft es abermals nicht rund (im buchstäblichen Sinne): Sein Williams verliert in der Boxenausfahrt ein Rad, und er wird erneut disqualifiziert. Beim letzten Großen Preis von Portugal 1996 fährt Jacques Villeneuve ein spektakuläres Rennen, das seinen Höhepunkt findet, als er in der gefährlichen letzten Kurve den zweifachen Weltmeister Michael Schumacher von außen überholt und den Sieg einfährt.

Danach waren Estorils Zeiten als GP-Gastgeber vorbei, und die Rennen der Königsklasse verschwanden aus dem Kalender. Internationale Rennserien werden heute nicht mehr dort ausgetragen. ■

Rechts: Jacques Villeneuve im Williams und Gerhard Berger im Benetton jagen Ferrari-Pilot Michael Schumacher hinauf in die Saca-Rolhas (Großer Preis von Portugal, 1996).

105

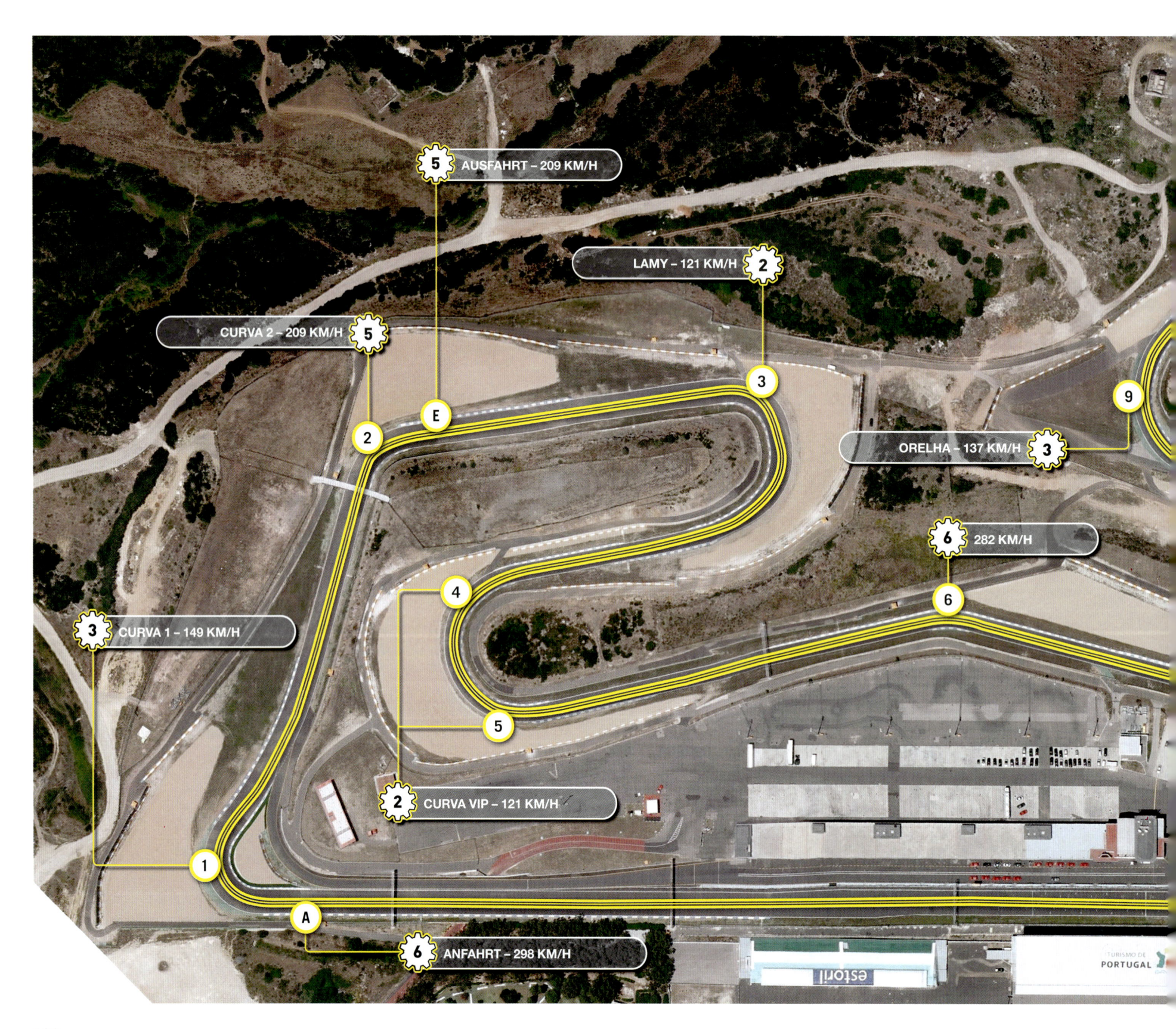

- **5** AUSFAHRT – 209 KM/H
- **2** LAMY – 121 KM/H
- **5** CURVA 2 – 209 KM/H
- **3** ORELHA – 137 KM/H
- **6** 282 KM/H
- **3** CURVA 1 – 149 KM/H
- **2** CURVA VIP – 121 KM/H
- **6** ANFAHRT – 298 KM/H

Estoril – Portugal

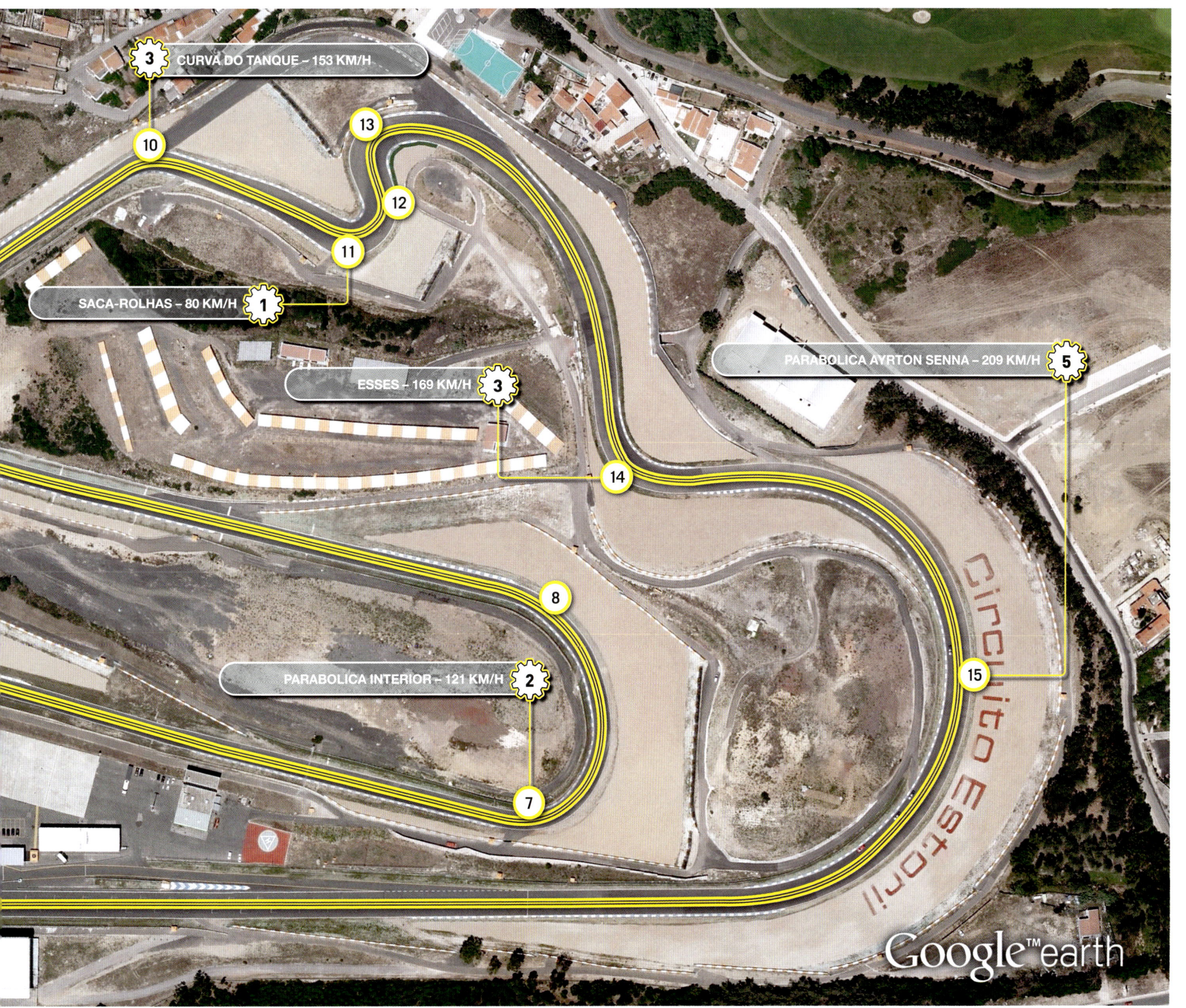

CURVA DO TANQUE – 153 KM/H

SACA-ROLHAS – 80 KM/H

ESSES – 169 KM/H

PARABOLICA AYRTON SENNA – 209 KM/H

PARABOLICA INTERIOR – 121 KM/H

Circuito Estoril

Strecken-Porträt

Der Circuito do Estoril ist voller Abwechslung: Von der Vollgas-Passage hinein in Kurve 1, über den gefürchteten Abschnitt hinunter durch Kurve 2, auf der inneren Geraden entlang, weiter über den gewundenen Aufstieg zurück auf das felsige Plateau und hinein in die endlos scheinende Kurve auf der Start-/Zielgeraden.

Kurve 1 • **Curva 1**
Gang: **3**
Speed: **149 km/h**

Eine wirklich echte Mutkurve, denn die Fahrer kamen hier über eine rasant abfallende Start-/Zielgerade mit bis zu 306 km/h an, die zudem linker Hand von Baumreihen, rechter Hand von einem Felsvorsprung gesäumt war. Die Fahrer wussten, dass sie so viel Tempo wie möglich mitnehmen mussten und konnten dabei nur hoffen, nicht im Kiesbett zu landen. Im Jahr 2000 wurde die Anfahrt dann verlängert, ehe die Strecke über eine enge Spitzkehre geführt wurde.

Kurve 2 • **Curva 2**
Gang: **5**
Speed: **209 km/h**

Da Kurve 1 heute sehr viel enger ist als zu Zeiten, da die Formel-1-Weltmeisterschaft hier ausgetragen wurde, ist die zweite Kurve längst nicht mehr die am meisten gefürchtete: Die Anfahrgeschwindigkeit über die abfallende Piste ist heute deutlich niedriger als in früheren Zeiten. Zudem gibt es am Kurvenausgang heute eine Auslaufzone, ein Luxus, in dessen Genuss die Formel-1-Fahrer damals nicht kamen. Ihre Devise hieß vielmehr: Augen zu und durch.

Kurve 3 • **Lamy**
Gang: **2**
Speed: **121 km/h**

Am Fuße der kurzen Geraden nach Kurve 2 markiert diese zweiteilige Kurve den Beginn der Bergauf-Passage zurück auf das Plateau. Am besten bremst man sie vom äußersten linken Streckenrand an und nimmt sie in einem weiten Bogen. Wer ein Überholmanöver wagt, sollte nicht zu viel Tempo in den ersten Teil der Kurve mit hineinnehmen, denn es gilt, durch den offenen zweiten Teil voll zu beschleunigen und dann auf die rechte Fahrbahnseite zu ziehen, um die nächste Kurve zu erwischen.

Kurve 4/5 • **Curva VIP**
Gang: **2**
Speed: **121 km/h**

Nach der Bergauf-Passage aus der Lamy wird der Kurs kurz vor dieser lang gezogenen, parabolischen Linkskurve wieder flacher, sodass die Fahrer von weit rechts außen hineinstechen müssen. Die Curva VIP ist keine besonders schwierige Kurve, sie kommt allerdings recht schnell nach der Lamy. Eine saubere Linie am Kurvenausgang zu kriegen, ist unerlässlich für eine gute Rundenzeit, denn die Autos werden danach zurück auf die geknickte Innengerade geführt.

Estoril – Portugal

Linke Seite: Keke Rosberg steuert seinen McLaren durch Kurve 1 vor Stefan Johansson im Ferrari (1986). *Oben links:* Rubens Barrichello steuert seinen Jordan durch die Esses (1993).
Oben rechts: Noch einmal Barrichello – hier vor den beiden McLaren-Piloten Mika Häkkinen und Mark Blundell am Kurvenausgang der Saca-Rolhas (1995).

Kurve 7/8 • **Parabolica Interior**
Gang: **2**
Speed: **121 km/h**

Die Innengerade wird unterbrochen von einer tückischen, scharfen Rechtskehre, die leicht bergab hinein in diese parabelförmige Kurve führt. Die Kurve selbst ist eine Bergab-Doppellinks. Die Scheitelpunkte sind allerdings recht unterschiedlich; in der ersten Kurve müssen die Fahrer zwangsläufig im Pulk dicht hintereinander fahren, bis sie am Ende der zweiten Kurve wieder etwas mehr Raum bekommen und auf die abschüssige Gerade dahinter herausbeschleunigen können.

Kurve 9 • **Orelha**
Gang: **3**
Speed: **137 km/h**

Es geht bergab hinein, was es vergleichsweise schwierig macht, beim Anbremsen in die Kurve den nötigen Grip zu finden. Es ist der niedrigste Punkt der Strecke, eine Dritter-Gang-Rechtskurve, die in einer möglichst glatten Linie durchfahren wird. Es gilt, kein Tempo zu verlieren, weshalb die Fahrer besonders darauf achten, nicht über die hohen Randsteine am Kurveneingang und -ausgang zu donnern, bevor sie für die steile Bergauf-Passage dahinter ohnehin wieder langsamer werden.

Kurve 14 • **Esses**
Gang: **3**
Speed: **169 km/h**

Nachdem man im Jahr 1994 in der Anfahrt auf Kurve 9 (Saca Rolhas) die unbeliebte Kehre eingefügt hatte, um den schnellen Bergauf-Bogen zu ersetzen, der absolut keine Auslaufzone hatte, erwies sich diese Rechts-Links-Kombination als weitaus weniger riskant. Doch kaum haben die Fahrer diese Kurve passiert, müssen sie von der rechten Fahrbahnseite bis an den äußersten linken Fahrbahnrand schwenken, um die letzte Kurve sauber zu nehmen.

Kurve 15 • **Parabolica Ayrton Senna**
Gang: **5**
Speed: **209 km/h**

Diese letzte Kurve erscheint den Fahrern endlos. Durch diesen lang gezogenen Rechtsbogen ist ein feines Fahrgefühl gefragt, um das Auto gut auszubalancieren und sauber aus der Kurve herauszubeschleunigen zu können. Die Fahrer versuchen, so früh wie möglich Schwung für die lange Start-/Zielgerade dahinter aufzubauen. Jacques Villeneuve scheute 1996 nicht davor zurück, Michael Schumacher in der Parabolica von außen zu überholen.

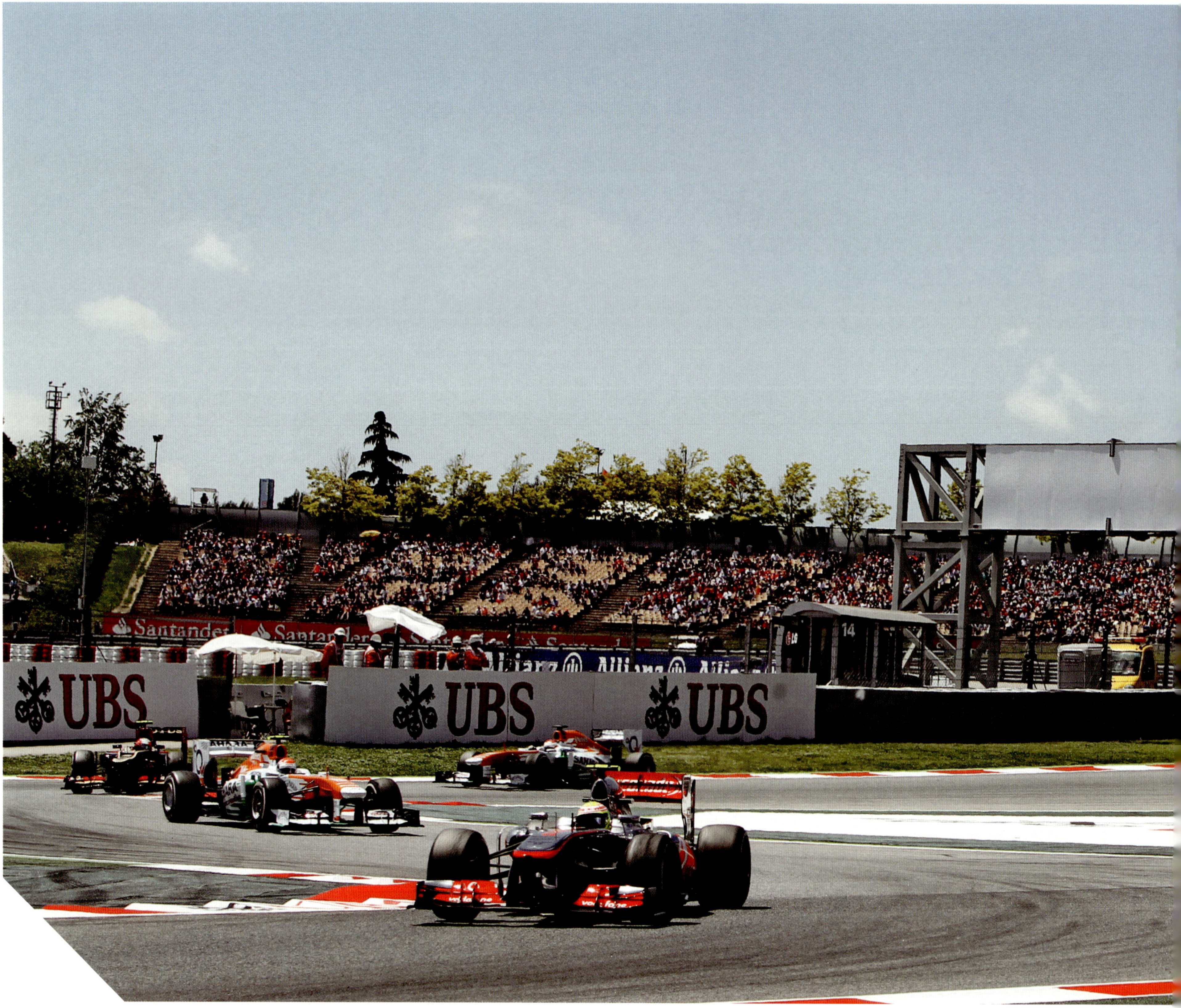
UBS
UBS
UBS
Santander
Allianz
14

🇪🇸 Barcelona

Spanien hatte bereits vier Grand-Prix-Rennen ausgerichtet, bevor der Circuit de Catalunya bei Montmelo unweit von Barcelona erbaut wurde. Doch seit dem Eröffnungsrennen mit dem Großen Preis von Spanien ist der Kurs bis heute die Heimat dieses Rennens geblieben.

> Ein Kurs, der richtig viel Spaß macht, die Kurven 3 und 9 sind ein echter Test, auch eine echte Herausforderung für das Auto, denn es gibt superschnelle, mittelschnelle und langsame Kurven.
>
> *Pastor Maldonado*

Die Formel 1 war in Spanien nicht immer so populär wie heute, seit Fernando Alonso ein Nationalheld ist Doch die älteren Fans werden sich noch gut daran erinnern, dass es durchaus Grand-Prix-Rennen gab, die ohne einen spanischen Teilnehmer bei nur spärlich besetzten Tribünen gefahren wurden.

Wer weiß, vielleicht wäre alles anders gekommen, wäre Alfonso de Portago 1957 nicht bei der Mille Miglia in einem Ferrari-Sportwagen ums Leben gekommen (die Mille Miglia war ein Straßenrennen im Norden von Italien von 1927 bis 1957). Vielleicht hätte er den Großen Preis von Spanien für Ferrari gewonnen und Spanien mehr Grund gegeben, die Formel 1 zu lieben und zu fördern. Doch traurigerweise fand er einen frühen Tod, und nach ihm gab es lange Zeit keine spanischen Fahrer mehr in der Königsklasse der Formel 1.

Trotz dieser mangelnden Popularität kehrte der Große Preis von Spanien nach den ersten Austragungen 1951 und 1954 auf dem Circuit de Pedralbes (am westlichen Stadtrand von Barcelona) 1968 schließlich in das Land zurück. Der erste Große Preis von Spanien fand auf dem Jarama Circuit außerhalb von Madrid statt, danach bis 1975 im Wechsel mit dem Circuit de Montjuïc in Barcelona. Infolge magerer Zuschauerzahlen (denn die Fans hatten keinen Nationalhelden, dem sie hätten zujubeln können) blieben auch Investitionen aus, und so gastierte die Formel 1 zum letzten Mal 1981 in Jarama. Zum Glück für die spanischen Fans startete der Bürgermeister von Jerez de la Frontera im Südwesten des Landes gerade einen Werbefeldzug für seine Stadt und finanzierte den Bau eines Rennkurses, um den spanischen Formel-1-Grand-Prix von 1986 bis 1990 dort auszurichten.

Doch Barcelona zog mit einer eigenen maßgeschneiderten Strecke nach: dem Circuit de Catalunya. Finanziert aus lokalen und staatlichen Mitteln wartete der Kurs mit modernsten Gebäuden und einem interessanten Layout auf. Besser noch, er war für den Großteil der spanischen Bevölkerung sehr viel einfacher erreichbar und bot einen ausgezeichneten Blick. Und damit holte sich Barcelona den Großen Preis von Spanien zurück. Gleich im Eröffnungsrennen 1991 lieferten sich Nigel Mansell und Ayrton Senna ein heißes Rad-an-Rad-Duell.

Wie zuvor der Kurs in Estoril im benachbarten Portugal wurde auch der Circuit de Catalunya schnell zu einem gefragten Ort für Wintertestfahrten. Doch im Unterschied zu Estoril ist das Wetter hier wesentlich vorhersagbarer, obgleich der Wind sich häufig dreht (morgens gibt es auf der Start-/Zielgeraden oft Gegenwind, nachmittags oft Rückenwind), was den Ingenieuren der Teams die technischen Abstimmungsarbeiten erschwert, um für jedes Rennen die optimalen Einstellungen an Fahrwerk und aerodynamischen Komponenten zu finden.

Den ersten und zweiten Großen Preis von Spanien auf dieser Strecke gewann Nigel Mansell. Michael Schumacher holte 1995 und 1996 den Sieg, und Mika Häkkinen gewann hier sogar dreimal in Folge für McLaren, erstmals 1998. Einen Landsmann an der Spitze des Fahrerfelds hatten die spanischen Fans aber noch immer nicht, obgleich Pedro de la Rosa, gebürtig aus Barcelona, im gemischten Mittelfeld sein Bestes gab und unter anderem in den Teams Arrows und Jaguar Racing fuhr.

Doch dann betrat Fernando Alonso die Bühne der Formel-Meisterschaften, und zum ersten Mal schöpften die spanischen Fans Hoffnung. Alonso fuhr derart souverän, dass er bereits keine drei Jahre später zum Formel-1-Fahrer aufstieg. 2003 lief er zur absoluten Höchstform auf, als er etliche Rennen für Renault gewann. Die Zuschauerzahlen explodierten. Und dann, 2006, versetzte er die halbe Nation in einen Glücksrausch, als er der erste spanische Grand-Prix-Sieger und Weltmeister der Formel-1-Geschichte wurde und einen Triumph feierte, den er 2013 für Ferrari wiederholte. ∎

Links: Sergio Perez im McLaren am Ausgang der Schikane 14/15 vor Adrian Sutil, Romain Grosjean, Paul di Resta und Mark Webber (2013).

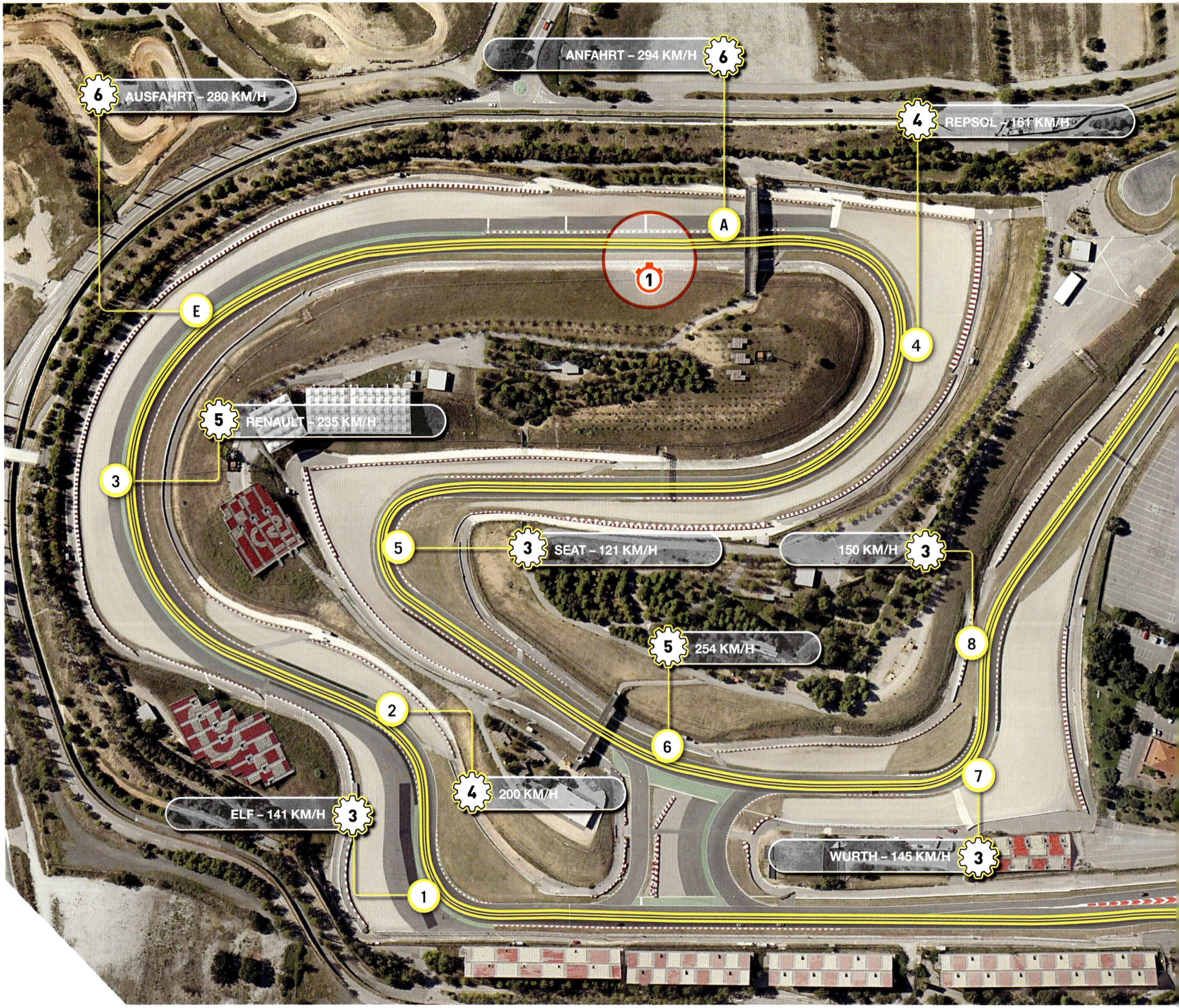
ANFAHRT – 294 KM/H
6
AUSFAHRT – 280 KM/H
6
REPSOL – 161 KM/H
4
A
1
E
4
RENAULT – 235 KM/H
5
3
5
SEAT – 121 KM/H
3
150 KM/H
3
8
254 KM/H
5
2
6
7
4
200 KM/H
ELF – 141 KM/H
3
WURTH – 145 KM/H
3
1

Barcelona – Spanien

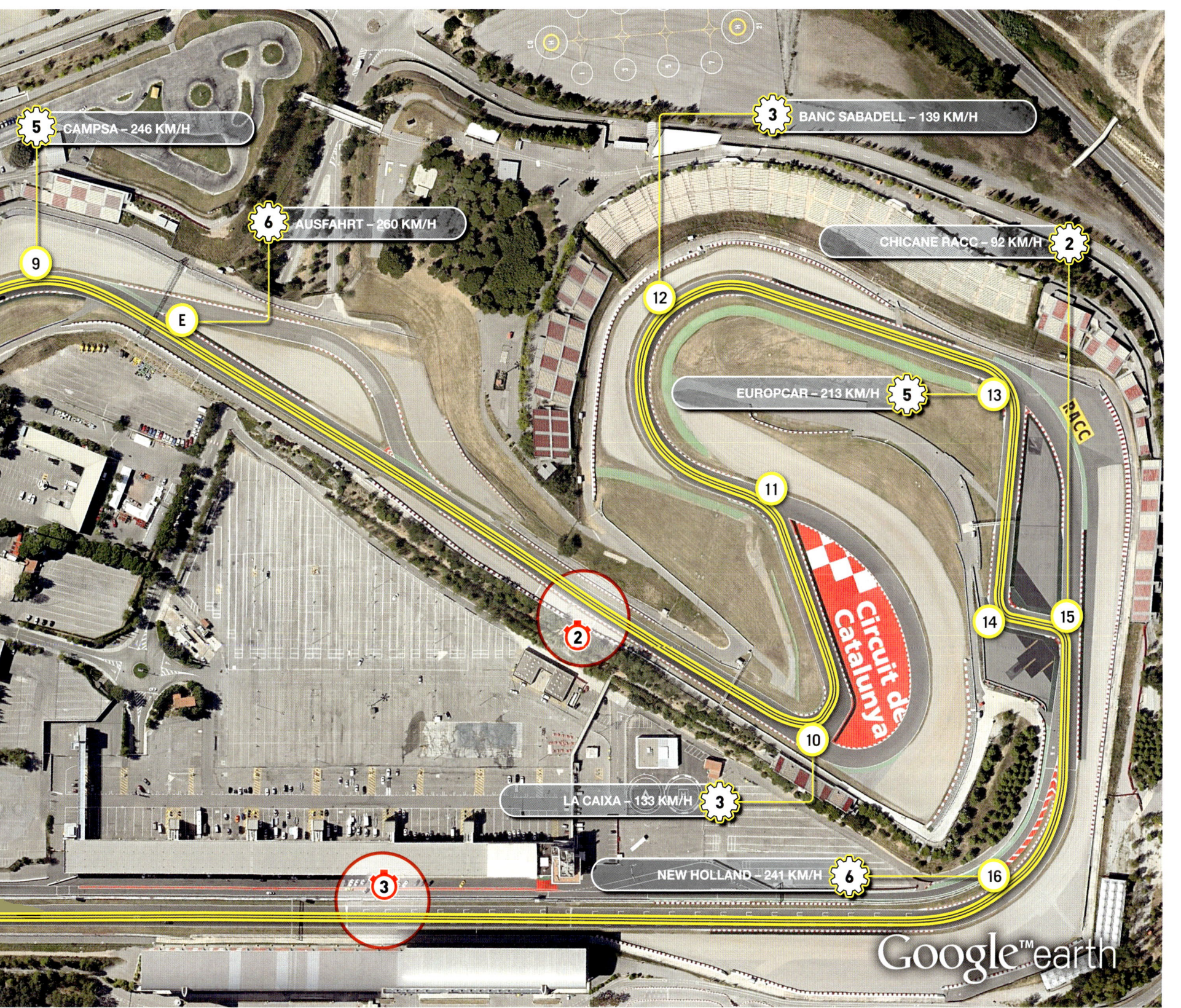

Strecken-Porträt

Der Circuit de Catalunya ist ein sehr technischer Kurs, denn es gibt alle Arten von Kurven, langsame ebenso wie schnelle, dazu Steigungen und Gefälle. Das ist Fahrspaß pur, auch wenn Überholmanöver fast unmöglich sind.

Kurve 1 • **Elf**
Gang: **3**
Speed: **141 km/h**

Eine aufregende Kurve. Sie wird mit 306 km/h über die abfallende Start-/Zielgerade angefahren, bis die Fahrer kurz vor dem Einlenken in diese fast 90-Grad-Rechts hart herunterbremsen. Da diese Stelle eine gute Überholmöglichkeit bietet, kommt es hier zu heißen Duellen – nicht nur in der Startrunde. Kollisionen sind hier nicht selten. Wer es schafft, in der Einfahrt eine enge Linie zu finden, hat gute Chancen auf einen flüssigen Bogen für die anschließende Kurve 2.

Kurve 3 • **Renault**
Gang: **5**
Speed: **235 km/h**

Diese Kurve geht extrem auf die Reifen, denn sie führt in einem schnellen Rechtsbogen stark bergauf. Wer hier zu viel „Gummi" gibt, riskiert einen übermäßigen Abrieb der Reifen. Zudem brauchen die Fahrer gut trainierte Nackenmuskeln. Wer zu langsam aus Kurve 2 kommt, fällt hier schnell zurück. Es hilft, die Kurve sauber zu erwischen, um diese lange, gleichmäßig gebogene Kurve flüssig zu durchfahren und viel Tempo für die kurze Gerade dahinter auf die nächste Kurve zu aufzubauen.

Kurve 5 • **Seat**
Gang: **3**
Speed: **121 km/h**

Nach Kurve 4, einer Doppelrechts, steigt die Strecke zu Kurve 5 hin wieder leicht an. Wie in Kurve 3 müssen die Fahrer auch hier mit starken Windstößen rechnen. Daher gilt es, möglichst spät in diese enge Linkskurve einzulenken, um anschließend eine möglichst weite Linie in der Kurvenausfahrt zu finden. Dort fällt die Strecke dann nach außen ab und führt auf eine kurze, geknickte Gerade, auf der im fünften Gang bis zu 254 km/h gefahren werden können.

Kurve 7 • **Wurth**
Gang: **3**
Speed: **145 km/h**

Kaum haben die Fahrer den Knick passiert, schiebt sich ein hoher Erdwall in ihr Blickfeld. Hier ist höchste Konzentration gefragt, um den richtigen Bremspunkt in diese 90-Grad-Links zu finden. Um diese Stelle zu entschärfen, hat man den Erdwall unlängst zurückversetzt und Kiesfänge eingefügt. Die Fahrer müssen in den dritten Gang herunterschalten und eine gute Balance finden, um möglichst schnell auf den Anstieg dahinter beschleunigen zu können.

Barcelona – Spanien

Linke Seite: Ferrari-Pilot Felipe Massa vor Kimi Räikkönen im McLaren und den beiden Honda-Piloten Rubens Barrichello und Jenson Button in der Ausfahrt von Kurve 2 (2006). *Oben links:* Mika Häkkinen vor McLaren-Teamkollege David Coulthard, Giancarlo Fisichella im Benetton und Michael Schumacher im Ferrari vor Kurve 1, der „Elf" (1998). *Oben rechts:* Fernando Alonso erkämpft sich den Sieg, der ihm am meisten bedeutet (2013).

Kurve 9 • **Campsa**
Gang: **5**
Speed: **246 km/h**

Hier geht es wieder bergauf, und die Kurve scheint auf der Streckenkarte nicht sonderlich schwierig. Doch das ist sie. Sie ist die schwierigste der ganzen Runde, denn weder Scheitel noch Kurvenausgang sind einsehbar. Hier sind fahrerisches Können und Erfahrung gefragt. Wer hier einen Fahrfehler macht, schießt in die weite Auslaufzone (oder auch darüber hinaus, wie McLaren-Pilot Heikki Kovalainen, der nach einem Felgenbruch hier ungebremst geradeaus raste).

Kurve 10 • **La Caixa**
Gang: **4**
Speed: **133 km/h**

Am Ende der Innengerade geht es mit 298 km/h bergab auf diese Kurve zu. Die Fahrer ziehen ihr Auto an den äußeren rechten Fahrbahnrand, um eine möglichst gute Linie in diese Linkskurve zu bekommen, während sie vom höchsten in den dritten Gang herunterschalten. Zudem ist die Windrichtung zu beachten, die den optimalen Bremspunkt beeinflussen kann, insbesondere bei Rückenwind. Hin und wieder sind durchaus auch Überholmanöver möglich.

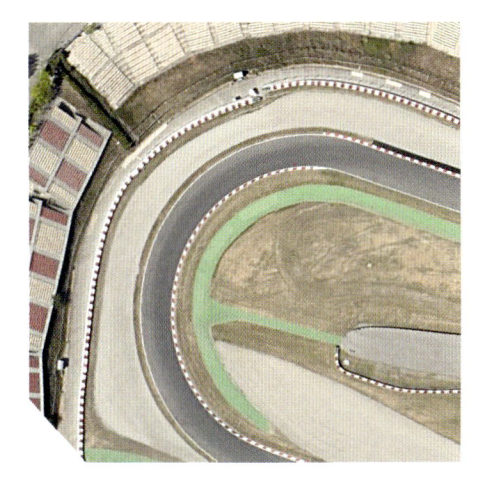

Kurve 12 • **Banc Sabadell**
Gang: **3**
Speed: **139 km/h**

Diese Kurve ist zwar enger als Kurve 3, ähnelt ihr aber insofern, als dass sie in einem Rechtsbogen bergauf führt. In etwa auf Höhe der Campsa führt der Kurs wieder zurück und macht den zweiten Scheitelpunkt in der Kurve einsehbar. Früher heizten die Fahrer hier gerne aggressiv durch, denn unmittelbar dahinter folgten die beiden letzten schnellen Kurven. Seit 2007 jedoch mündet sie in eine eher kurze Gerade, auf die eine scharfe Rechtskehre folgt.

Kurve 14/15 • **Chicane RACC**
Gang: **2**
Speed: **92 km/h**

Die Änderungen im hinteren Teil der Strecke 2007 waren die größten in der Geschichte des Kurses. Statt eines Gefälles durch eine schnelle Rechtskurve wurde eine Links-Rechts-Schikane zwischen die beiden letzten Kurven eingefügt, die zuerst nach rechts knickt und sich dann bergab windet. Dies sollte den Vorteil haben, dass die Fahrer in der letzten Kurve dichter auffahren und aus dem Windschatten heraus auf die Start-/Zielgerade überholen können, doch es hat das Gegenteil bewirkt.

116

Große Fahrer & große Momente

Der Circuit de Catalunya war von jeher ein Kurs, auf dem das Überholen extrem schwierig war. Insofern entscheidet oft schon das Qualifying über Siege, seltener das Rennen selbst. Trotzdem gab es in der 24-jährigen Geschichte des Kurses immer wieder herausragende Momente und fahrerische Glanzleistungen.

Linke Seite oben: Michael Schumacher bei sintflutartigen Regenfällen 1996. Er fährt praktisch über Wasser, während seine Rivalen untergehen.

Linke Seite unten links: Benetton-Teamchef Flavio Briatore applaudiert, als Alonso seinen ersten Heimsieg holt (2006).

Linke Seite unten rechts: Nervenzerreißendes Kopf-an-Kopf-Rennen zwischen Nigel Mansell im Williams und Ayrton Senna (1991).

Große Fahrer

Michael **Schumacher** — 6 Siege

Sechs seiner insgesamt 91 Grand-Prix-Siege errang Michael Schumacher beim Großen Preis von Spanien, und sie machten ihn zum Rekordsieger auf dem Circuit de Catalunya. Eine wahre Meisterleistung gelang ihm jedoch im Jahr 1996, als er auf nasser Piste souverän und uneinholbar den ersten Sieg für Ferrari nach Hause fuhr (s. u.). 1995 hatte er hier bereits für Benetton gewonnen. Für Ferrari holte er dann zwischen 2001 und 2004 vier weitere Siege in Folge.

Mika **Häkkinen** — 3 Siege

Der zweifache Weltmeister feierte auf dem Circuit de Catalunya großartige Triumphe. Auf einen souveränen Sieg 1998 folgten zwei weitere, 1999 und 2000, jeweils vor seinem Teamkollegen David Coulthard. 2001 sah es ganz so aus, als würde der Finne hier seinen vierten Sieg in Folge einfahren, als er in der letzten Runde mit Kupplungsschaden ausfiel und Erzrivale Michael Schumacher für Ferrari an ihm vorbeizog und mit deutlichem Abstand vor Montoya ins Ziel ging.

Fernando **Alonso** — 2 Siege

2006 gelang Alonso ein triumphaler Sieg, auf den die spanischen Fans eine Ewigkeit gewartet hatten: Renault-Pilot Alonso qualifizierte sich für die Pole-Position, leistete sich keinen Fehler und konnte die Attacken von Michael Schumacher immer wieder parieren. Die 130 000 Zuschauer waren außer sich vor Freude. 2003 und 2005 startete Alonso jeweils aus der zweiten Startreihe. 2013 holte er sich hier den zweiten Sieg für Ferrari (2012 gewann er den Großen Preis von Europa in Valencia).

Kimi **Räikkönen** — 2 Siege

Seinen ersten Sieg fuhr Räikkönen im McLaren 2005 ein. Er fuhr allen davon. Der zweite Sieger, Fernando Alonso, ging ganze 27,6 Sekunden nach ihm über die Ziellinie. 2008 gewann der Finne hier erneut, als das Duell zwischen ihm und Renault-Pilot Fernando Alonso, dem Helden des Spanischen GP, ein jähes Ende fand, als dieser aufgrund eines Motorschadens ausscheiden musste; Räikkönen fuhr von der Pole-Position zum Sieg und gewann souverän vor Teamkollege Felipe Massa.

Große Momente

1991 — **Mansell** vs. **Senna**

Wer bei Eröffnung des Kurses 1991 noch zweifelte, dass dieser Kurs spektakuläre Rennen bieten würde, war spätestens nach dem GP von Spanien am Ende der Saison in jenem Jahr vom Gegenteil überzeugt. Es war ein hochspannendes, emotionales Rennen, als sich Nigel Mansell im Williams und Ayrton Senna im McLaren ein Kopf-an-Kopf-Rennen über die Zielgerade lieferten, bis Senna sich wegen falscher Reifenwahl bei wechselnden Wetterbedingungen von der Piste drehte und Mansell gewann.

1993 — Sieg für **Prost** – Motorschaden für **Hill**

1993 wollte Damon Hill nichts mehr als seinen weitaus erfahreneren Williams-Teamkollegen Alain Prost auszustechen, und setzte ihn mehr unter Druck als je zuvor. Prost hatte sich für die Pole qualifiziert, doch Hill zog bereits am Start an ihm vorbei, lief zu Hochform auf und sah seinen lang ersehnten ersten Sieg in greifbarer Nähe. Doch der Motor an seinem Renault versagte. Prost fuhr komfortabel an der Spitze und ließ auch Ayrton Senna im McLaren entspannt hinter sich.

1996 — Schumacher „schwimmt" zum Sieg

Manchmal kommt es vor, dass ein Fahrer unter widrigen Bedingungen über sich hinauswächst. So wie Michael Schumacher in seinem ersten Jahr bei Ferrari 1996. Der F310 war leistungstechnisch nicht sonderlich stark, doch der Deutsche schien gefeit gegen den immer stärker werdenden Regen, überholte den führenden Jacques Villeneuve im Williams, zog davon, während andere von der nassen Piste rutschten, und siegte mit sagenhaften 45,3 Sekunden Vorsprung auf Jean Alesi im Benetton.

2012 — **Maldonado** erkämpft den Sieg für Williams

Der Venezolaner Pastor Maldonado stand im Ruf, ein echter Tempofahrer zu sein – wild, bissig und leider auch mit häufigen Fahrfehlern. 2012 jedoch kam sein Freudentag, als Williams ihm ein technisch überlegenes Fahrzeug bot (was selten gelang). Er hatte sich die Pole-Position gesichert und ging vom Start weg in Führung. Dem nicht genug, er hängte sogar Lokalheld Fernando Alonso ab und errang einen deutlichen Sieg, den ersten seit 2004 für Williams.

Kapitel 2
Asien und Naher Osten

Ferrari-Pilot Felipe Massa in Kurve 22 auf der Marina Bay, Singapur. Im Hintergrund das berühmte Riesenrad Ferris Wheel.

🇦🇪 Yas Marina

Mit viel Geld, keine Frage, hat das ölreiche Abu Dhabi beschlossen, eine Formel-1-Weltmeisterschaft auszurichten, und eigens dafür eine Rennstrecke entworfen, die an prunkvollem Glanz kaum zu überbieten ist. Die Teams zeigten sich beeindruckt, als die Strecke 2009 eingeweiht wurde.

> „Die Strecke hat ein bisschen von allem. Es gibt schnelle und langsame Kurven, und die Leitplanken sind sehr nahe."
>
> *Jenson Button*

Als führendes Mitglied der Vereinigten Arabischen Emirate und dasjenige mit den größten Ölreserven hatte Abu Dhabi es nie nötig, seinen Reichtum zur Schau zu stellen. Doch das aufstrebende, sehr viel heller glitzernde und jüngere Emirat Dubai scheint Abu Dhabis Haltung geändert zu haben, was der erste Große Preis von Abu Dhabi auf dem Yas Marina Circuit zu belegen scheint.

Wie alle anderen Länder auf der Arabischen Halbinsel hat auch Abu Dhabi keine Motorsportgeschichte, nichts, auf das es aufbauen und auch keine Fan-Base, auf die man zählen könnte. Doch das sah man nicht als Hindernis, denn man setzte von Anfang an auf die Abertausende von ausländischen Arbeitnehmern in der Golfregion, die sich in Scharen als Zuschauer einfinden würden. Und in der Tat ging es nicht zuletzt darum, aus dem Schatten Dubais zu treten und mit der Ausrichtung eines F1-Grand-Prix die Touristen nach Abu Dhabi zu holen. Um das zu schaffen, erbaute man den Yas Marina Ciruit. Neben der Formel-1-Rennstrecke finden sich hier Golfplätze, Luxushotels und sogar ein Ferrari-Themenpark.

Und so erhielt der deutsche Rennstrecken-Designer und Bauingenieur Hermann Tilke den Auftrag mit der Vorgabe, etwas Dramatisches zu erschaffen. Und das tat er. Er schuf eine Asphaltstrecke mit 21 Kurven, die alles vereint, was ein kurzweiliger und anspruchsvoller Kurs bieten sollte – von einer engen ersten Kurve bis hin zu einer schnellen Kurvenabfolge, einer Schikane und einer Haarnadel, und das alles, bevor die Autos auf die erste Gerade gelangen. Der Abschnitt von Kurve 7 zu Kurve 8 ist lang genug, um Spitzengeschwindigkeiten von gut 320 km/h zu erreichen, ehe die Fahrer dann hart in die Haarnadel-Schikane-Kombination vor der riesigen Zuschauertribüne hineinbremsen müssen. Dahinter folgt eine lange, leicht gebogene Gerade in eine weitere enge Kurve, die für Überholmanöver ideal geeignet ist. Im letzten Abschnitt der Strecke folgen langsame bis schnelle Kurven direkt aufeinander, was noch einmal eine ganz andere fahrerische Herausforderung bietet. Und die Boxenausfahrt, die durch einen Tunnel unter der Strecke verläuft, der die Autos bis auf die andere Seite und unmittelbar nach Kurve 2 wieder sicher auf die Piste führt, ist gewiss ein weltweites Novum.

Man muss schon einiges an Fantasie aufbieten, um den Yas Marina Ciruit mit dem Rennkurs in Monaco zu vergleichen, doch zwei der Schlüsselkomponenten, die sich im Fürstentum finden, finden sich auch hier: Die Rennstrecke führt ebenfalls an einem Yachthafen vorbei und teilweise unter einem Hotel hindurch, das über zwei Gebäudeteile verfügt, die durch eine Brücke miteinander verbunden sind. Eine Kulisse wie in Monaco, wo der Rennkurs mit der Stadt verschmilzt und der Glamour echt ist, lässt sich allerdings nicht aus dem Hut zaubern. Aber etwas gibt es, das den Yas Marina Circuit einmalig macht: Die Rennen werden bei Sonnenuntergang ausgetragen, wenn der Tag zur Nacht wird und die Kulisse noch spektakulärer erscheint. Sobald die Dämmerung hereinbricht, lassen die Lichter den Rennkurs rundum hell erstrahlen, und das Luxushotel, unter dem der Tunnel hindurchführt, leuchtet in wechselnden Farben.

Den ersten Großen Preis von Abu Dhabi 2009 gewann Red-Bull-Pilot Sebastian Vettel, nachdem Lewis Hamilton, der von der Pole gestartet war, wegen Bremsproblemen an seinem McLaren aufgeben musste. Das ganz große Rennen, das alle erwartet hatten, war es aber nicht. Es war zwar spannend, das ja, aber Überholmanöver erwiesen sich als schwieriger als gedacht. Dies zeigte sich überaus deutlich in der letzten Runde der F1-Weltmeisterschaft 2010, als sich Fernando Alonsos Titelhoffnungen in Luft auflösten: Nach einem Boxenstopp klebte er mit seinem Ferrari hinter Vitaly Petrovs Renault und kam einfach nicht vorbei – es war die Enttäuschung des Abends. ■

Rechts: Toro-Rosso-Fahrer Jean-Eric Vergne bremst hart in Kurve 1 hinein (2013) – keine Zeit für einen Blick auf die großartige Kulisse.

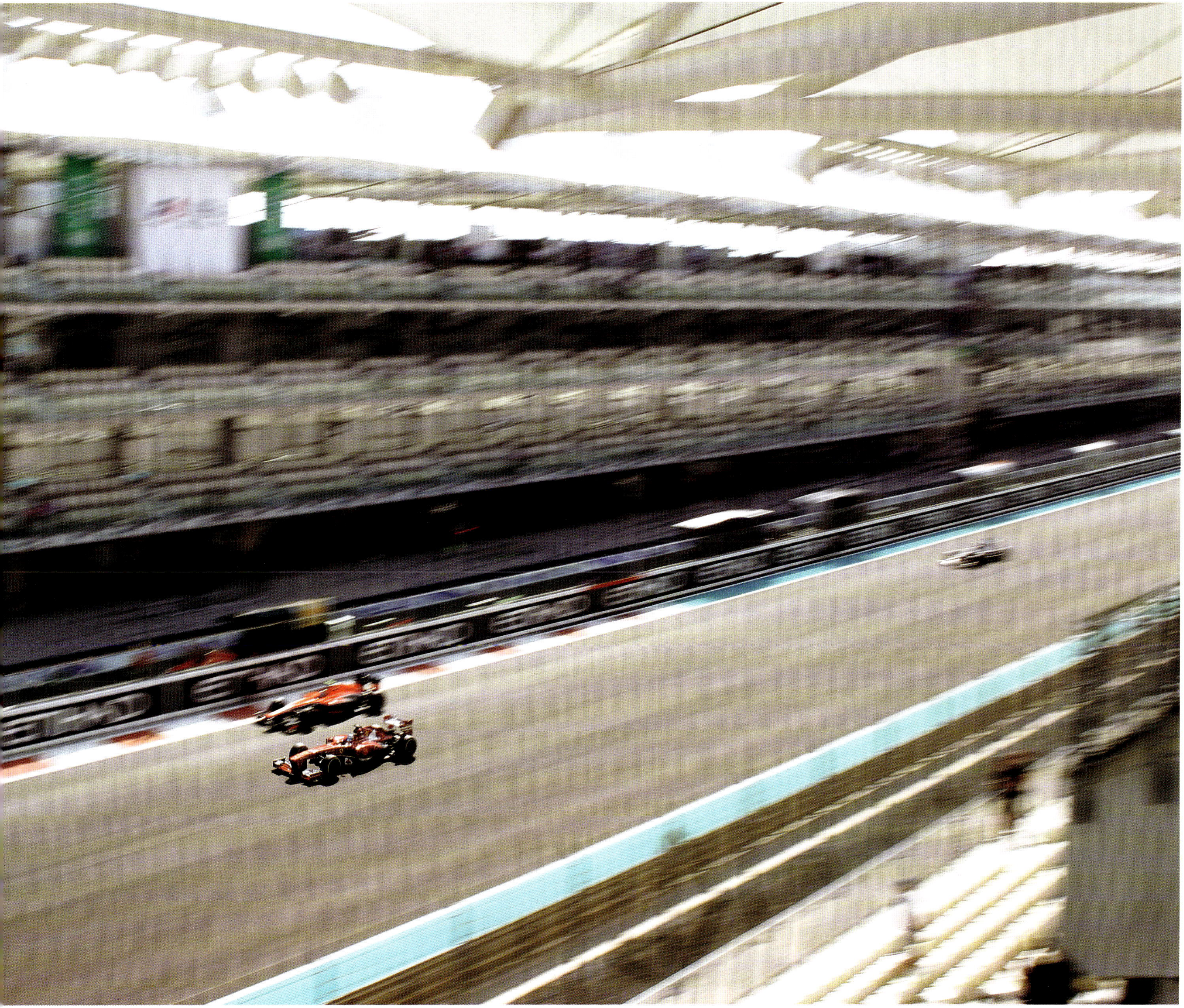

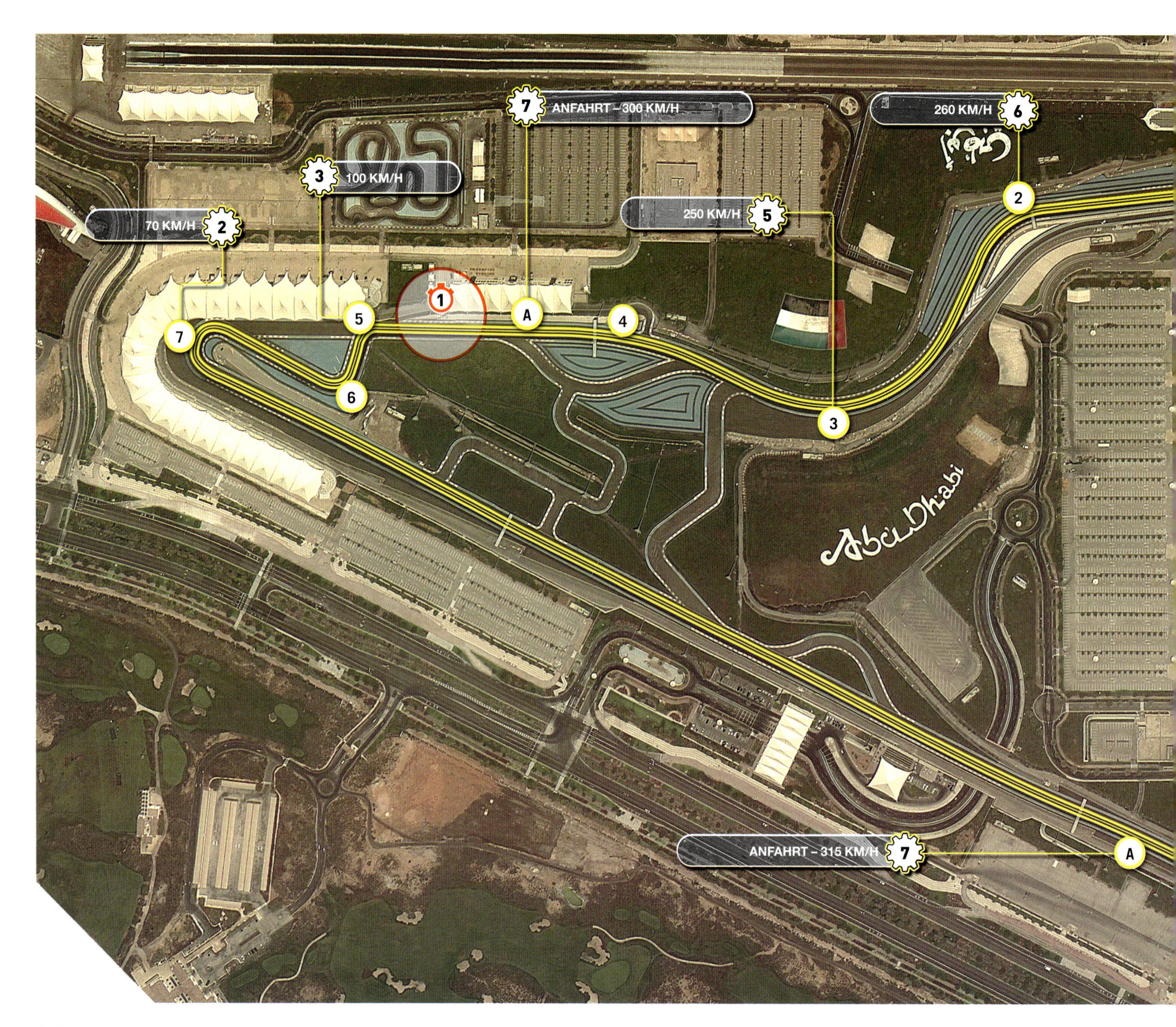

ANFAHRT – 300 KM/H 7
260 KM/H 6
3 100 KM/H
250 KM/H 5
2 70 KM/H
ANFAHRT – 315 KM/H 7   A

Yas Marina – Abu Dhabi

Strecken-Porträt

Der Yas Marina Circuit ist für die Fahrer eine echte Herausforderung. Die äußerst unterschiedlichen Abschnitte bieten alles, superschnelle Passagen ebenso wie langsame, dazu die ungewöhnliche Erfahrung, im abendlichen Dämmerlicht über eine durch Flutlicht erhellte Piste zu fahren.

Kurve 1 •
Gang: **3**
Speed: **127 km/h**

Der Vollgas-Abschnitt gleich nach dem Starterfeld in die erste Kurve ist eine der kürzesten auf dem gesamten Kurs. Am Eingang dieser Dritte-Gang-90-Grad-Linkskurve kommt es meist zu Drängeleien, und mit viel Glück gelingen hier erste Überholmanöver, nicht immer ohne Risiko, wie Rubens Barrichello beim GP-Eröffnungsrennen 2009 erfahren musste, als er bei einer Kollision mit Mark Webbers Red Bull den Frontflügel an seinem Brawn beschädigte.

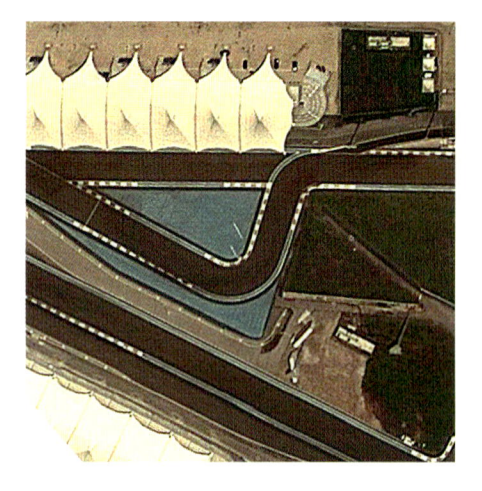

Kurve 5 •
Gang: **3**
Speed: **100 km/h**

Nach der schnellen Serpentinenfolge durch die Kurven 2, 3 und 4 müssen die Fahrer vor Kurve 5, einer Linkskurve, hart herunterbremsen. Manch einer mag hier ein schnelles Überholmanöver erwägen, doch wer hier zu schnell in die Kurve sticht, kann in der Anfahrt auf Kurve 6, die unmittelbar dahinter folgt, leicht scheitern. Es kommt vielmehr darauf an, optimal aus der Kurve herauszukommen, um eine gute Linie für Kurve 7, eine Haarnadel, zu haben.

Kurve 8 •
Gang: **2**
Speed: **80 km/h**

Je früher der Fahrer es schafft, das Tempo aus der Haarnadel 7 zu drosseln, desto mehr Tempo kann er für die nachfolgende Gerade aufbauen. Und wenn alles gut läuft und er sich in den Windschatten des Vordermanns klemmen kann, dann ist am Eingang zu dieser engen Linkskurve ein guter Überholpunkt. Die Fahrer sehen kaum mehr als eine riesige Tribüne vor sich, Bremsung und Geschwindigkeit am Kurvenausgang müssen also gut bemessen werden, denn unmittelbar dahinter geht es in eine Schikane.

Kurve 10 •
Gang: **6**
Speed: **230 km/h**

Nachdem die Fahrer aus der Rechtskurve im zweiten Teil der Schikane 8/9 herausbeschleunigt haben, können sie Vollgas durchziehen, während die Strecke nur leicht nach links biegt. Sie schalten hinauf bis in den sechsten Gang und schließen möglichst dicht auf den Vordermann auf, um sich bis kurz vor Kurve 11 im Windschatten zu halten. In das Sichtfeld des Fahrers schieben sich rechter Hand Tribünen sowie weiter vorn das Hotel und der ausgedehnte Freizeitkomplex.

Yas Marina – Abu Dhabi

Linke Seite: Jenson Button im McLaren schießt mit Vollgas vorbei am Yachthafen auf Kurve 15 zu (2011). **Oben links:** Der Sonnenuntergang ist Teil der spektakulären Kulisse (2013).
Oben rechts: Lewis Hamilton im Mercedes bei nächtlichem Flutlicht im Bogen zur Einfahrt in Kurve 4 (2013).

Kurve 11 •
Gang: **2**
Speed: **80 km/h**

Kurve 11 ist Kurve 8 nicht unähnlich insofern, dass sie eine enge Linkskurve am Ende einer langen Geraden ist. Doch sie unterscheidet sich darin, dass sich die Tribüne rechts der Fahrbahn befindet und nicht dominant im vorderen Blickfeld der Fahrer. Die Kurveneinfahrt jedoch gestaltet sich alles andere als einfach: Die Kurve führt direkt in eine andere hinein. Wer also zum Überholen ansetzt, muss sich im Klaren sein, dass ihm am Kurvenausgang eventuell der Platz ausgeht.

Kurve 13 •
Gang: **3**
Speed: **125 km/h**

Diese scharfe Linkskurve im Anschluss an die dritte Schikane vermittelt den Eindruck, als gehe der Kurs hier in einen völlig neuen Abschnitt über. Die weit geschwungenen und schnellen Passagen münden in langsame, enge Kurven. Die Fahrer müssen hier in Reih und Glied hintereinander fahren, da es kaum Überholmöglichkeiten gibt. Optimale Beschleunigungen, gute Balanceakte über die Randsteine sowie präzise Bremsungen sind die Schlüsselelemente auf dem letzten Abschnitt der Runde.

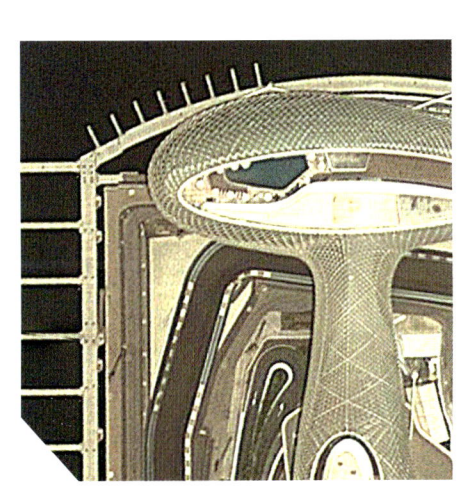

Kurve 19 •
Gang: **3**
Speed: **133 km/h**

Diese 80-Grad-Links gibt den Fahrern das Gefühl, wieder mehr Raum zu haben. Sie liegt prompt hinter der langsameren Passage, die unter dem baulich dominanten Bogen hindurchführt, der die Gebäudeteile des Yas-Viceroy-Hotel überspannt. Wieder zurück im hellen Tageslicht (zumindest solange es noch nicht dämmert), gilt es, am Kurvenausgang möglichst weit nach außen zu ziehen, um dann für die Anfahrt auf die nächste Kurve sofort wieder auf die andere Seite nach links zu schwenken.

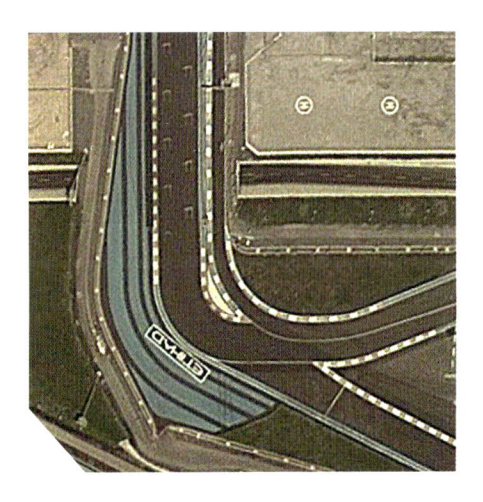

Kurve 21 •
Gang: **3**
Speed: **125 km/h**

Nach einer schnellen Durchfahrt durch Kurve 20 müssen die Fahrer scharf bremsen und für die letzte Kurve der Runde in den dritten Gang herunterschalten. Es ist eine etwa 100-Grad-Rechtskurve, relativ nahe am Kurvenkomplex 8/9 am Ende der Gegengeraden. Hier werden die Autos auf die Start-/Zielgerade zurückgeführt, vorbei an den Tribünen mit jubelnden Fans. Im Qualifying ist diese Kurve wichtiger als im Rennen selbst, denn sie bietet keine Möglichkeit zum Überholen.

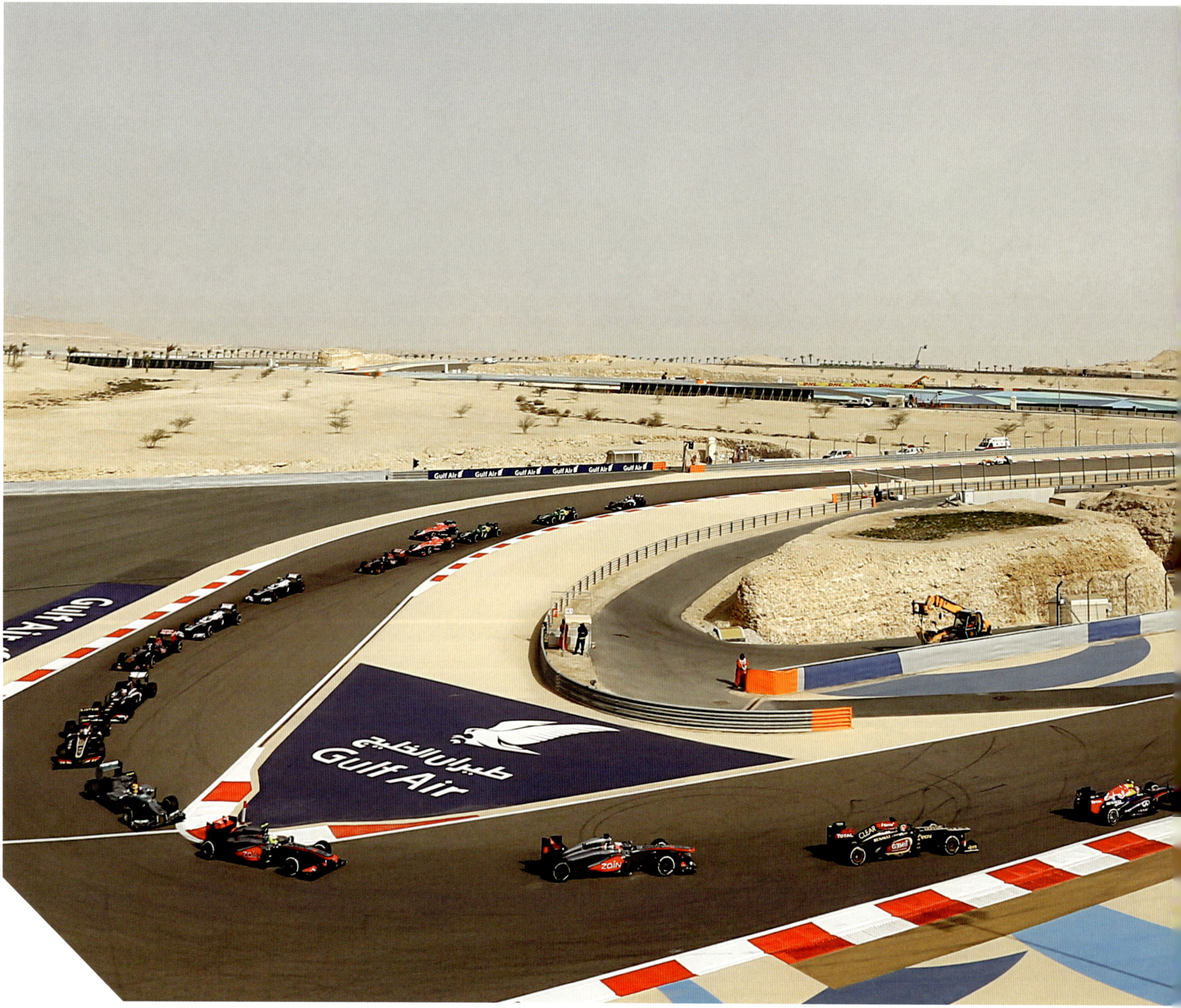
طيران الخليج
Gulf Air
zain

Sakhir

Die Länder im Nahen Osten buhlten lange schon um eine Aufnahme in den Formel-1-Kalender. Bahrain hat dieses Rennen gewonnen und baute einen Rennkurs mitten in der Wüste. Die Formel 1 gastierte hier 2004 zum ersten Mal, allerdings blieben die Tribünen verwaist.

> Das Layout ist knifflig, es gibt einige interessante Kurven mit guten Kombinationen, die man zeitlich gut abschätzen muss, um sie ideal zu erwischen.
> *Juan Pablo Montoya*

Mit immenser Unterstützung der königlichen Familie von Bahrain wurde der Bahrain International Circuit auf dem Gelände einer Oase und ehemaligen Kamelfarm bei Sakhir, etwa 32 Kilometer südlich der Hauptstadt Manama, 2004 eröffnet. Mit diesem Kurs, entworfen von Hermann Tilke, hatte die F1-WM plötzlich ein völlig anderes Flair, bot ein völlig anderes Bild als alles, was man bisher kannte.

Um dem Kurs optische Attraktivität zu verleihen, was in dieser Geröllwüste nicht einfach ist, entschied Tilke, den Kurs in zwei Sektoren aufzuteilen. Den Bereich um Boxen und Fahrerlager legte er als „Oase" mit üppigen Grünflächen an. Dahinter schließt sich der „Wüsten"-Sektor an. Das auffälligste Element im ganzen Rennkurs aber ist der sogenannte VIP-Tower, ein zehnstöckiges Gebäude im unverwechselbar arabischen Stil, der hoch über die erste und zweite Kurve sowie über Kurve 10 ragt und den glücklichen VIPs eine fabelhafte Sicht über die gesamte Rennstrecke bietet. Am anderen Ende des Fahrerlagers gibt es ein weiteres Element im typisch arabischen Baustil – das dreigeschossige Kontrollgebäude im Stil eines Wüstenpavillons.

Das Layout des Bahrain International Circuit ist geprägt durch eine enge Passage im ersten Abschnitt, die die Fahrzeuge zusammenpfercht und Überholmanöver unmöglich macht, und zwar nicht nur in der Startrunde. Dahinter schließt sich eine sehr lange Gerade an, die in eine Haarnadel mündet, bevor sich im mittleren Abschnitt der Strecke schikanenartige und enge Kurven anschließen; am Ende der Runde gibt es wieder eine lange Vollgas-Passage. Die natürlich vorhandenen Gefälle ausnutzend, legte Tilke die Kurven 4 und 13 als die höchsten Punkte der Strecke an.

Beim ersten Grand Prix in Bahrain bot sich den Besuchern ein moderner Kurs mit erstklassigen, gut ausgestatteten Anlagen, der allseits Bewunderung erfuhr und sämtliche Erwartungen übertraf. Ebenso bemerkenswert war, dass es den Projektmanagern mit Bravour gelungen war, die Strecke bis zum Eröffnungstermin 2004 fertigzustellen, denn der wurde auf Betreiben des britischen Formel-1-Bosses Bernie Ecclestone um sechs Monate vorverlegt, was Planung und Bauzeit von ursprünglich zwei Jahren auf 18 Monate verkürzte.

Bedenken, die Wüstenautorennen würden beeinträchtigt, wenn nicht gar unmöglich durch feinen Wüstensand, der permanent auf die Piste weht und den Fahrern die Sicht nimmt, wurden ausgeräumt, indem man eine Art Klebstoff auf die umliegende Landschaft sprühte, damit der Sand quasi am Boden haften bleibt.

Im Versuch, mehr Überholmöglichkeiten zu schaffen, wurde der Kurs 2010 um eine zusätzliche Schleife erweitert. Sie zweigte hinter Kurve 4 nach links von der Geraden ab, bog dann nach rechts und wieder nach links in eine enge Kurve, bevor sie über drei weitere Kurven am Beginn der Kurvenfolge 5/6 wieder zurück auf die Gerade führte. Dieser Umbau stellte sich als wenig glücklich heraus, zumal die Autos nun seltener an den Tribünen vorbeikamen.

Ein Faktor, von dem die Organisatoren heute hoffen, dass er hinter ihnen liegt, sind die politischen Unruhen, die etliche Jahre lang dunkle Schatten über das Rennereignis warfen und die dazu führten, dass das Auftaktrennen 2011 wegen schwerer Straßenschlachten abgesagt wurde. Inzwischen scheint die Lage beruhigt, und auch die Befürchtungen der Teams haben sich mit den erfolgreichen Rennen 2012 und 2014 gelegt. Doch auch in den friedlicheren Jahren waren die Tribünen, die Platz bieten für 70 000 Zuschauer, nicht ausgelastet. Bleibt zu hoffen, dass sie sich irgendwann füllen werden. Doch das Problem mag auch damit zusammenhängen, dass der Grand Prix alljährlich am Sonntag ausgetragen wird, einem Arbeitstag in islamischen Ländern. Obendrein, und zum Leidwesen der Organisatoren, hat Abu Dhabi mit seinem sehr viel attraktiveren Yas Marina Circuit und den zahlreichen Touristenattraktionen die Rennstrecke im Wüstenstaat Bahrain in den Schatten gestellt. ■

Links: Nico Rosberg zieht davon, dahinter der Fünftplatzierte Felipe Massa vor Mark Webber, Kimi Räikkönen, Jenson Button, Sergio Perez u.a. aus Kurve 10 kommend (2013).

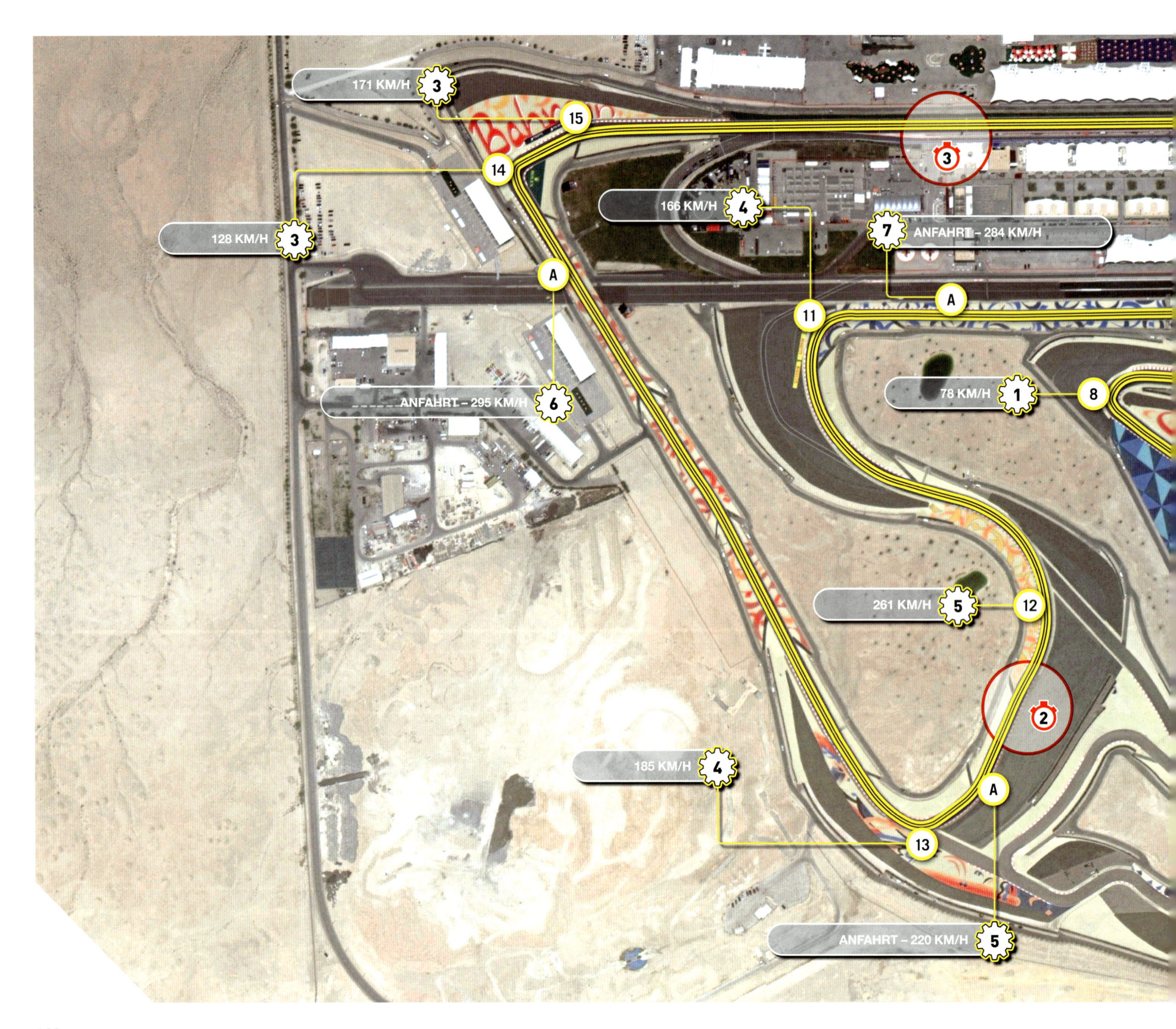

171 KM/H 3
15
128 KM/H 3
14
166 KM/H 4
7 ANFAHRT – 284 KM/H
A
11
A
ANFAHRT – 295 KM/H 6
78 KM/H 1
8
261 KM/H 5
12
2
185 KM/H 4
A
13
ANFAHRT – 220 KM/H 5

Sakhir – Bahrain

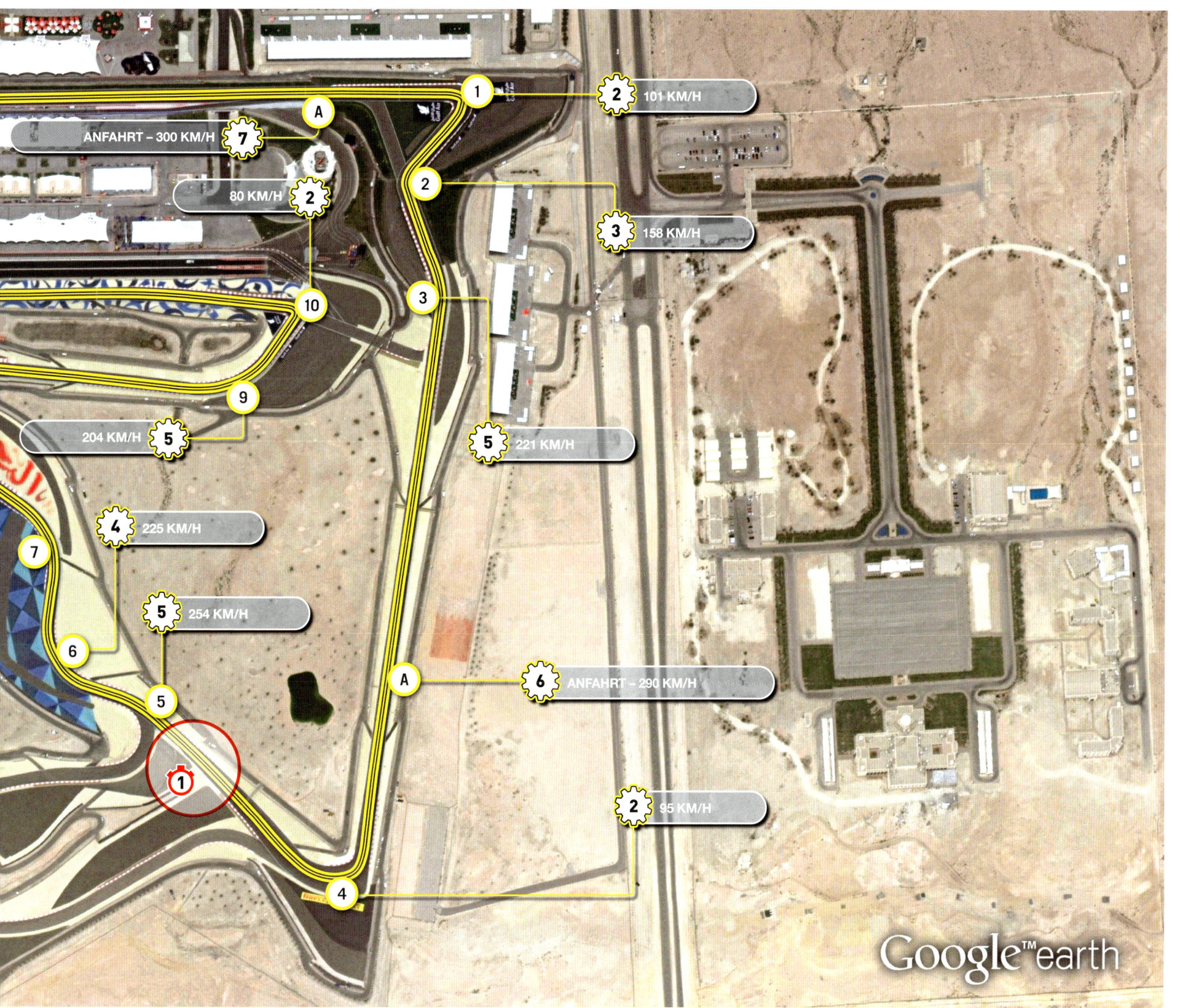

Strecken-Porträt

Die Rennstrecke von Sakhir ist in zwei unterschiedliche Sektoren geteilt, die „Oase" und die „Wüste": Der Bereich rund um Boxen und Fahrerlager ist als grüne „Oase" gestaltet, der sich abhebt von der sandigen und steinigen „Wüste" dahinter.

Kurve 1 •
Gang: **2**
Speed: **101 km/h**

Eine klasse Kurve gleich nach dem Start, eine enge Rechts, die über die längste Gerade des Kurses angefahren wird. Mit ihrem weiten Kurveneingang bietet sie Verfolgern gute Überholchancen. Sie ähnelt der ersten Kurve in Sepang, ist aber nicht ganz so scharf und führt in einer spitzen Kehre direkt hinein in Kurve 2. Die Fahrer müssen hier darauf achten, nicht mit allzu viel Schwung einzuscheren, damit sie nicht zu weit nach außen getragen werden und die richtige Linie für Kurve 2 verfehlen.

Kurve 2 •
Gang: **3**
Speed: **158 km/h**

Sie wird einen Gang höher als die erste Kurve genommen, und das heißt, dass die Fahrer, denen es geglückt ist, die erste Kurve von innen anzufahren, und die damit die kürzere Anfahrt hatten, in der zweiten Kurve nun an der Außenlinie fahren. Wichtig ist, sich am Kurvenausgang dieser Links nicht zu weit nach außen und auf die Randsteine drängen zu lassen, denn das kostet Schwung und Tempo, um auf die zweite Gerade hinauszubeschleunigen. Kurve 3, eine scharfe Rechtskurve, folgt unmittelbar.

Kurve 4 •
Gang: **2**
Speed: **95 km/h**

Nach einer weiteren Vollgas-Geraden bietet sich den Fahrern eine nahezu unverbaute Sicht in die weite Geröllwüste. Mit Kurve 4 folgt die nächste Herausforderung. Für die Fahrer gilt, den richtigen Bremspunkt zu finden, während sie hart herunterbremsen und in den zweiten Gang schalten, bevor es in die spitze Rechtskehre geht. Zum Glück gibt es eine breite Auslaufzone, und die Kerbs sind nicht allzu brutal, weshalb die Kurve nicht ganz so eng angefahren werden kann.

Kurve 5 •
Gang: **5**
Speed: **254 km/h**

Den vermutlich spektakulärsten Abschnitt bietet ein Trio aus hintereinanderfolgenden Vollgas-Kurven in etwa der Mitte eines langen Beschleunigungsstücks, das bergauf auf Kurve 8 zuführt. Quasi im Zickzack werden die Autos in Kurve 5 weit nach links gepeitscht, in Kurve 6 nach rechts und in Kurve 7 wieder zurück nach links. Die Autos kommen nicht selten ins Schlingern, während die Fahrer alle Mühe haben, mit dem geringen Grip fertig zu werden und dabei nicht vom Gas zu gehen.

Sakhir – Bahrain

Linke Seite: Ferrari-Pilot Felipe Massa hängt in der Einfahrt zu Kurve 13 einen Pulk von Punktejägern ab, Großer Preis von Bahrain (2013). *Oben links:* Ein paar Palmen und ein künstlicher Teich im Infield bei Kurve 12 machen noch keine Oase, schmeicheln aber dem Auge. *Oben rechts:* Fernando Alonso sticht aus Kurve 1 in Kurve 2 und liegt an der Spitze des Führungsfelds vor Nico Rosberg, Paul di Resta, Felipe Massa, Mark Wenner und Jenson Button (2013).

Kurve 8 •
Gang: **1**
Speed: **78 km/h**

Mit Tempo schießen die Autos an der Rückseite des Fahrerlagers auf diese extrem enge Rechtskurve zu, bevor sie abrupt in die Eisen steigen und bis in den ersten Gang auf unter 80 km/h herunterschalten müssen. Für die ideale Angriffslinie ziehen sie bis an den äußersten linken Fahrbahnrand, um im weitesten Winkel einzulenken und den größtmöglichen Schwung in die Kurve mitzunehmen. Wer hier von einem Verfolger attackiert wird, bleibt auf der Mittellinie, um seine Position zu verteidigen.

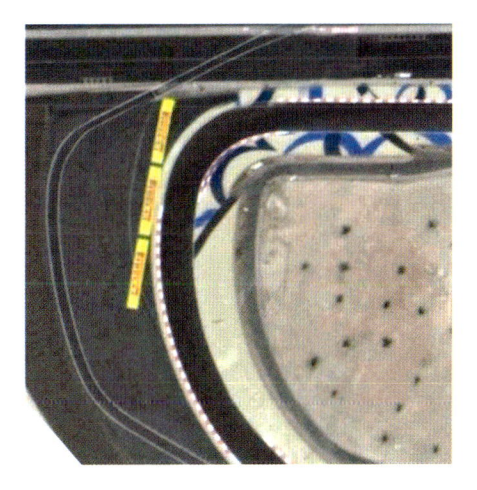

Kurve 11 •
Gang: **4**
Speed: **166 km/h**

Diese Kurve, eine Links, markiert den Wendepunkt zurück zur „Wüsten"-Sektion. Die Anfahrt erfolgt über die grasgesäumte Gerade hinter dem Fahrerlager. Es ist eine weite Kurve, die sich im Kurvenverlauf aber zuzieht, während die Fahrer das Gas durchtreten, um das Fahrzeug über den leichten Anstieg hinauf in Richtung Kurve 13 zu treiben. Eine leichte Bodenwölbung soll helfen, die Autos in Balance zu halten, sodass die Fahrer mit Vollgas durchbrettern können, ohne aus der Kurve zu fliegen.

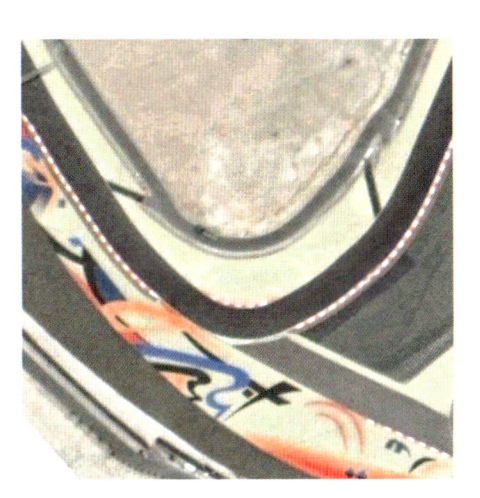

Kurve 13 •
Gang: **4**
Speed: **185 km/h**

Wie Kurve 4 macht sie eine spitze Kehre, die die Boliden wieder zurück zum „Oase"-Sektor führt. Die Anfahrt erfolgt über eine kurvige, leicht bergauf führende Passage, an die sich eine Rechtskurve anschließt. Am Kurvenausgang gibt es viel Raum, um nötigenfalls leicht nach außen zu ziehen. Doch eigentlich gilt, frühestmöglich Gas zu geben, denn die Strecke fällt danach nach außen ab, während es über eine Gerade bergab in die letzten beiden Kurven geht.

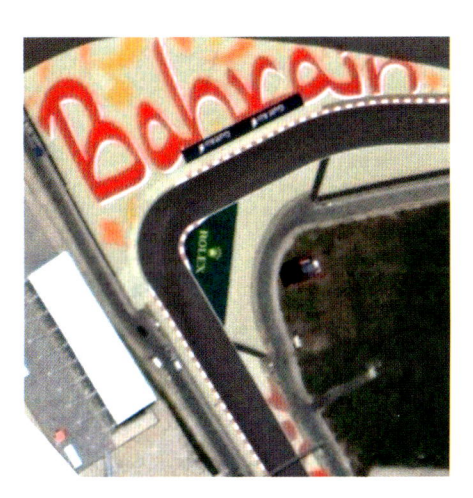

Kurve 14 •
Gang: **3**
Speed: **128 km/h**

Kurve 14 und 15 bilden eigentlich einen Kurvenkomplex, der auf die zweitlängste Gerade der Runde folgt. Er bietet die Möglichkeit zum Überholen, allerdings nur für einen in Führung liegenden Fahrer, der auf das Schlusslicht aufschließt. Alle anderen konzentrieren sich darauf, den Ausgang von Kurve 14 perfekt zu erwischen, um auf der anschließenden Start-/Zielgeraden hinter den Boxen vorbei entlangzuschießen und den Überholvorgang dann in der Einfahrt zu Kurve 1 abzuschließen.

Shanghai

Auf Sumpfgebiet erbaut, nördlich der rasant wachsenden Metropole Shanghai, versetzt der Shanghai International Circuit seit seiner Eröffnung 2004 alle Welt in Begeisterung. Alles dort ist riesig, bis auf die Zuschauermengen, die nicht in Scharen strömen, was daran liegen mag, dass es (noch) keinen chinesischen Formel-1-Rennstar gibt.

> Es gibt schnelle und langsame Kurven, einen guten Rhythmus, sogar so etwas wie eine überhöhte Kurve. Vom Layout her ist die Strecke eigentlich mehr wie aus den alten Tagen, nur dass die Wände weiter nach hinten versetzt sind.
>
> *Jacques Villeneuve*

Die Idee, ein Grand-Prix-Rennen in China zu veranstalten, versetzte den Formel-1-Zirkus von Anfang an in Hochstimmung, denn damit würde sich für Teams und Sponsoren ein Weg in den riesigen, rasant expandierenden Wachstumsmarkt China öffnen. Geschäftsführer wie Teams träumten von enorm wachsenden Profiten im bevölkerungsreichsten Land der Welt. Eine garantierte Sache. Und diese Rechnung ging mit der Eröffnung des Shanghai International Circuit 2004 auf.

Und so hatte China auf einen Schlag eine Rennsportanlage von Weltklasse, wo es zuvor nur wenig Berührung mit dem Motorrennsport hatte. Das heißt, es gab seit Mitte der 1950er-Jahre einen Straßenkurs in der portugiesischen Enklave Macau, seit 1993 einen Straßenkurs im nahen Zhuhai, gefolgt von Chinas erster permanenter Formel-1-Rennstrecke außerhalb von Zhuhai 1996. Mit Letzterer bemühte sich China jahrelang um einen Grand Prix, schaffte es sogar auf den provisorischen WM-Kalender für 1998, wurde dann aber wegen „Infrastruktur-Problemen" wieder gestrichen, war aber für weniger hochklassige Rennveranstaltungen betriebsfähig. Danach konzentrierten sich die Chinesen verstärkt auf ihre Bewerbung als Gastgeber der Olympischen Spiele 2008. Shanghai aber wollte den Spielen in Peking etwas entgegensetzen, erteilte 2001 die Baugenehmigung und erhielt im darauffolgenden Jahr den Zuschlag als Austragungsort für den Großen Preis von China ab 2004. Streckendesigner Hermann Tilke beschrieb diesen Kurs als sein „schwierigstes Projekt", da er ihn samt aller Einrichtungen auf „300 Meter tiefem Sumpfland" errichten musste.

Der Rundkurs beginnt mit einer spannenden Rechtskurve bergauf, die am höchsten Punkt des Anstiegs direkt in eine weitere Rechtskurve mündet; diese wiederum führt direkt in eine scharfe Links, die auf dem Weg bergab wieder flacher wird. Unten angekommen geht es direkt weiter in Kurve 4, wo die Fahrer versuchen, so früh wie möglich Tempo für die Gerade aufzubauen, die unmittelbar dahinter folgt. Die Strecke öffnet sich nun, und nach einer Haarnadel bei Kurve 6 geht es schlangenförmig weiter bis Kurve 11, an die sich eine Folge aus engen Kurven anschließt, ähnlich wie im Abschnitt Kurve 1 bis Kurve 3, nur dass die Strecke hier in der Ebene verläuft. Danach öffnet sich die Strecke auf eine lange Gerade hin, die bergab in eine Haarnadel läuft, bevor eine weite Kehre die Autos wieder zurück auf die Start-/Zielgerade führt.

Abgesehen von der schieren Größe der gigantischen Zuschauertribüne vor der langen Gegengeraden mit Blick auf die Boxengasse befindet sich hinter dem riesigen Fahrerlager ein seltenes Element nationaler Identität. Mitten in der endlosen Betonwüste stehen jedem Team individuelle zweigeschossige Villen im chinesischen Stil zur Verfügung, die über Brücken zugänglich und von Seen und Gärten umgeben sind.

Seit dem ersten Großen Preis von China 2004, den Rubens Barrichello für Ferrari gewonnen hat, fanden hier etliche spannende Rennen mit mehrfachen Führungswechseln statt. Eine heimelige Atmosphäre jedoch hat der Kurs nie verströmt, denn er ist so groß, dass die Menschen klein und der Kurs leer erscheinen. ∎

Rechts: Der Blick von der riesigen Tribüne gegenüber den Boxen auf Kurve 6 ist fantastisch, solange der Smog ihn nicht trübt.

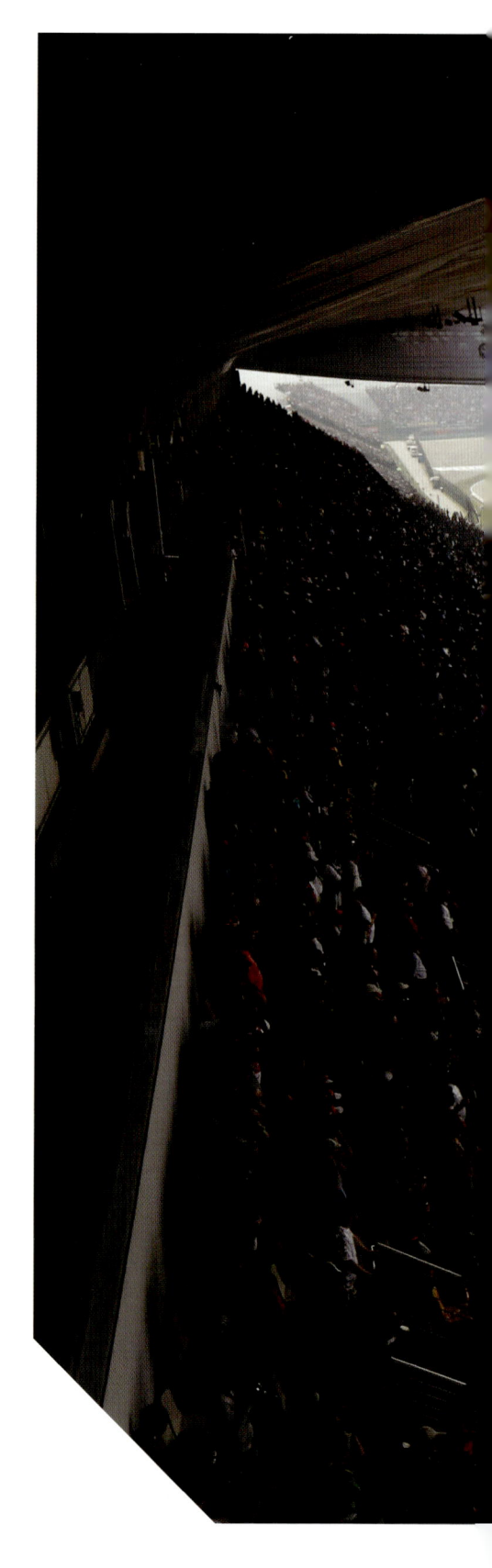

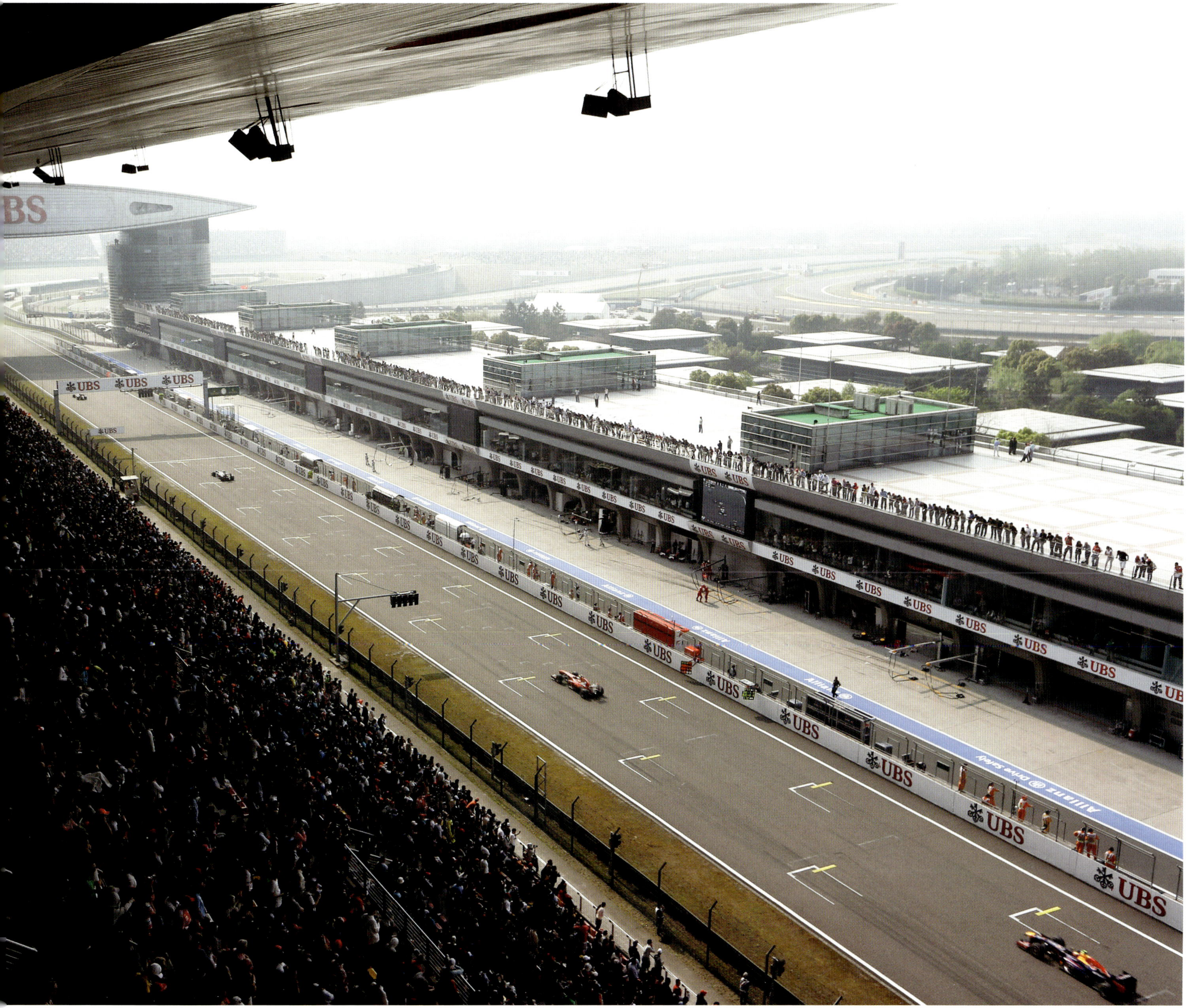
UBS
UBS
UBS
UBS

159 KM/H **4**

192 KM/H **3**

72 KM/H **2**

15

14

16

A

7 ANFAHRT – 319 KM/H

Shanghai – China

Strecken-Porträt

Die scheinbar nie enden wollenden ersten vier Kurven bergauf, die über einen Kamm hinunter zu den mörderischen Kehren hinter dem Fahrerlager herum führen und weiter über die breite, übersichtliche Gegengerade in eine Haarnadel, machen diese Strecke zu einem echten Höllenritt für die Fahrer.

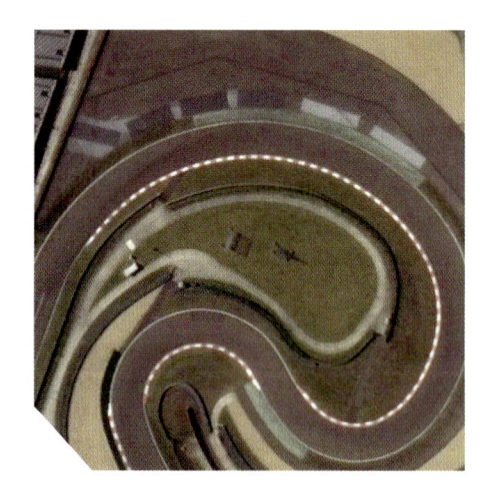

Kurve 1 •
Gang: **4**
Speed: **175 km/h**

Sobald die Fahrer den zweiten „Trakt" der Start-/Zielgeraden passiert haben und in die Anbremszone der ersten Kurve gelangen, wird die Piste breiter. Trotzdem ist sie nicht einfach, weil sie zum Ausgang hin immer enger wird und nach rechts hin ansteigt. Die Fahrer müssen vom höchsten Gang in den vierten herunterschalten und ihre Linie wählen, entweder um anzugreifen oder ihre Position zu verteidigen. Wer überholen will, greift am besten über außen an.

Kurve 3 •
Gang: **2**
Speed: **85 km/h**

Die Fahrer spüren die Kompression, während es wieder bergab auf gleiche Höhe der Start-/Ziellinie geht, sie in den zweiten Gang herunterschalten und, insbesondere in der Startrunde, Attacken von beiden Seiten fürchten müssen, denn mit flexiblen Flügeln geht es an dieser Engstelle dicht an dicht und hart zur Sache. Es ist die erste wirklich scharfe Kurve der Runde und wegen der gleichzeitigen Richtungs- und Gefällewechsel eine technisch sehr anspruchsvolle dazu.

Kurve 6 •
Gang: **2**
Speed: **76 km/h**

Über die gebogene Gerade nach Kurve 4 kommen die Fahrer den Berg hinab mit hohem Tempo an dieser Kehre an. Aus Tempo 298 km/h müssen sie vom sechsten Gang in den zweiten herunterschalten. Zurückgesetzte, niedrige Grünstreifen zu beiden Seiten am Streckenrand vermitteln eine optische Weite, die Rechtskehre selbst aber ist relativ eng, obgleich sie nach ihrem Scheitelpunkt wieder aufmacht; in der Kurvenausfahrt kürzen die Fahrer über die Randsteine ab, um früh zu beschleunigen.

Kurve 7 •
Gang: **6**
Speed: **270 km/h**

Dieser kurze Abschnitt hinter dem Fahrerlager vorbei, der von einer schnellen Links in eine schnelle Rechts mündet, ist definitiv einer der spannendsten und eine Herausforderung für Auto und Fahrer gleichermaßen. Für einen Blick auf die imposante Tribüne im vorderen Blickfeld bleibt definitiv keine Zeit, während sie in einem möglichst weichen Bogen in diese Sechste-Gang-Links einlenken und das Auto für die nachfolgende Kurve 8 gut ausbalancieren müssen.

Shanghai – China

Linke Seite: Die Boxeneinfahrt kann ganz schön heikel sein, wie Lewis Hamilton 2007 erfuhr, als er im Kiesbett strandete … *Oben links:* Sebastian Vettel, vor Romain Grosjean und Jenson Button, bremst hart hinein in Kurve 14 (2013).
Oben rechts: Jean-Eric Vergne im Toro Rosso in Kurve 4 vor der riesigen Haupttribüne (2013).

Kurve 10 •
Gang: **3**
Speed: **185 km/h**

Aus der langsamen Dritte-Gang-Kurve 9 heraus beschleunigen die Fahrer in die unmittelbar dahinter folgende Linkskurve hinein. Um möglichst viel Tempo auf die dahinterliegende Gerade mitzunehmen, schneiden sie die Kurve meist über die Randsteine an der Innenseite, um zum Ausgang hin Tempo zu machen. McLaren-Pilot Juan Pablo Montoya überfuhr 2005 hier einen auf den Randsteinen liegenden Gullideckel, löste damit eine Saftey-Car-Phase aus und musste das Rennen vorzeitig beenden.

Kurve 13 •
Gang: **4**
Speed: **187 km/h**

Die scharfe Linkskurve 11 mit der lang gezogenen Rechts unmittelbar danach liegt hinter ihnen, wenn die Fahrer vorbei an den riesigen, aber leeren Tribünen schießen und wieder Vollgas geben. Diese Kurve ist zwar offener als Kurve 12, entscheidend aber ist die Geschwindigkeit am Ausgang dieser gleichmäßig gebogenen Rechtskurve, die auf eine endlos lange Gegengerade führt. Für den Zuschauer wirken die Autos hier wesentlich langsamer, als sie tatsächlich sind.

Kurve 14 •
Gang: **2**
Speed: **72 km/h**

In der Einfahrt zu dieser rechten Haarnadel gibt es kaum einen Fahrer, der nicht versucht, seinen Vordermann zu attackieren. Am Ende der langen Geraden bietet sich hier viel Platz und die beste Gelegenheit zum Überholen. Mit über 320 Sachen schießen die Fahrer an den Tribünen vorbei, bremsen hart in diese Haarnadel hinein, schalten in den zweiten oder gar in den ersten Gang und hoffen dabei, nicht aus der Kurve zu fliegen und in der Auslaufzone zu landen.

Kurve 16 •
Gang: **4**
Speed: **159 km/h**

Die letzte Kurve wird über eine leichte Kehre mit einem leichten Anstieg dahinter angefahren. Links erhebt sich eine riesige Tribüne, rechts erstreckt sich eine freie Fläche. Naturgemäß ziehen die Fahrer eher nach rechts zur offenen Seite der Piste hin; und das ist auch gut so, denn genau diese Linie brauchen sie für die letzte Vierte-Gang-Linkskurve. Und die wird für immer als die Kurve in Erinnerung bleiben, in der Lewis Hamilton sich 2007 verbremste und im Kiesbett landete.

Große Fahrer & große Momente

In China zu gewinnen, bedeutet den Teams viel, denn für ihre Sponsoren stellt China einen wichtigen Absatzmarkt dar, aber auch die Fahrer sind überglücklich, hier einen Sieg zu holen. Seit die Formel 1 hier 2004 ihr Debüt feierte, hat es einige heiße Rennen gegeben.

Rechte Seite oben: Fernando Alonso schießt an der karierten Flagge vorbei (2013), holt seinen zweiten Sieg in Shanghai und damit eine frühe Chance auf den WM-Titel.

Rechte Seite unten links: Rubens Barrichello auf dem Weg zum Sieg beim ersten Großen Preis von China 2004, nachdem er Kimi Räikkönen und Jenson Button abgehängt hat.

Rechte Seite unten rechts: In der Startrunde 2012 hat Mercedes die Nase vorn. Nico Rosberg führt das Fahrerfeld und sticht vor Michael Schumacher in Kurve 3.

Große Fahrer

Fernando Alonso — 2 Siege

Der Große Preis von China war das letzte Rennen der Weltmeisterschaft 2005. Fernando Alonso im Renault schlug McLaren-Pilot Kimi Räikkönen um vier Sekunden, nachdem ein Safety Car auf die Strecke musste, um einen Deckel zu beseitigen, der sich von den Drainagesteinen gelöst hatte. Erst 2013 für Ferrari gewann er das Rennen erneut, das mit einer Art „Schach auf Rädern" oder „Reifenschach" verglichen wurde, da der Reifenverschleiß dramatisch war.

Lewis Hamilton — 2 Siege

2008 holte Hamilton einen nahezu perfekten Start-Ziel-Sieg. Er startete von der Pole-Position, hinter ihm die beiden Ferrari-Piloten Kimi Räikkönen und Felipe Massa. Kurz vor Schluss setzte sich der mögliche Titelherausforderer Massa vor seinen Teamkollegen und wurde Zweiter. Seinen zweiten Sieg in Shanghai holte Hamilton 2011, wo er von den besseren Reifen und einer Drei-Stopp-Strategie profitierte im Gegensatz zu Red-Bull-Pilot Vettel, der nur zwei Boxenstopps absolvierte.

Kimi Räikkönen — 1 Sieg

Ferrari fuhr den dritten Sieg in Shanghai 2007 ein, als die Formel 1 dort zum vierten Mal gastierte. Und diesmal holte Kimi Räikkönen den Sieg. Es war ein Hin und Her zwischen ihm und Hamilton, dazu wechselhaftes Schauerwetter, doch dann rutschte Hamilton ins Kiesbett. Der Finne zog vorbei und steuerte ungehindert auf den Sieg zu. Da Räikkönen damit sieben Punkte Rückstand hatte, war die WM-Entscheidung auf das letzte Saisonrennen in Brasilien vertagt.

Nico Rosberg — 1 Sieg

Einen Formel-1-Weltmeister zum Vater zu haben, kann das Rennsportleben des Sohnes ganz schön schwierig machen. Nicht so im Falle von Kekes Sohn Nico, denn der Weltmeister von 1982 hält sich im Hintergrund. Und Grund zur Freude hatte er allemal, als es für Nico hier 2012 einfach nur perfekt lief. Der junge Rosberg erlaubte sich nicht den kleinsten Fahrfehler und holte sich souverän seinen ersten Sieg. Der Sieg war der erste eines Silberpfeils seit dem Großen Preis von Italien 1955 in Monza.

Große Momente

2004 Barrichello gewinnt den Eröffnungs-GP für Ferrari

Michael Schumacher war der große Favorit für Ferrari beim ersten Grand Prix in Shanghai. Doch letztendlich machte Rubens Barrichello das Rennen, denn Weltmeister Schumacher verlor im Qualifying die Kontrolle über seinen Ferrari, rutschte von der Strecke und landete ohne Zeit auf Rang 18. Nach einem Motorenwechsel nahm er das Rennen aus der Boxengasse wieder auf, konnte sich aber nur auf Rang 12 verbessern, während Barrichello BAR-Honda-Pilot Jenson Button auf Abstand hielt.

2007 Hamilton rutscht am Titel vorbei

McLaren-Neuling Lewis Hamilton hatte den Sieg schon so gut wie in der Tasche. Er startete das Rennen mit 12 Punkten Vorsprung auf Fernando Alonso und führte vor Ferrari-Pilot Kimi Räikkönen. Doch dann scheiterte er an seinen Regenreifen, denn McLaren rechnete damit, dass weitere Schauer aufziehen würden, während Räikkönen in Führung ging. Als Hamilton dann schließlich die Reifen wechseln wollte, rutschte er in der Boxeneinfahrt ins Kiesbett – und Räikkönen trug den Sieg davon.

2010 Button gewinnt beim Regenpoker

Button fuhr 2009 eine klasse Saison, in der er für Brawn GP den ersten und einzigen F1-Weltmeistertitel holte. Zu Beginn der Saison 2010 bei McLaren siegte er erst im zweiten Formel-1-Rennen des Jahres in Australien. Als er zum vierten Rennen nach Shanghai kam, siegte er erneut, gefolgt von seinem höher bewerteten Teamkollegen Lewis Hamilton; Button profitierte von der frühen Entscheidung, bei einsetzendem Regen erst einmal auf Trockenreifen zu bleiben und abzuwarten.

2012 Rosberg holt ersten Sieg für Mercedes

Als der britische Formel-1-Manager Ross Brawn den Rennstall Brawn GP übernahm, dauerte es einige Zeit, bis das Team wieder Tritt fand. Erst im dritten Jahr, als Brawn Teamchef beim neuen Team Mercedes GP war, gab es Grund zum Jubeln. Der Durchbruch kam in Shanghai, als Nico Rosberg von der Pole-Position startete. Danach sah es so aus, als habe Jenson Button mit seiner Drei-Stopp-Strategie gute Chancen, Rosberg zu schlagen. Doch dann hatte Button Probleme an der Box. Rosberg gewann.

Shanghai – China

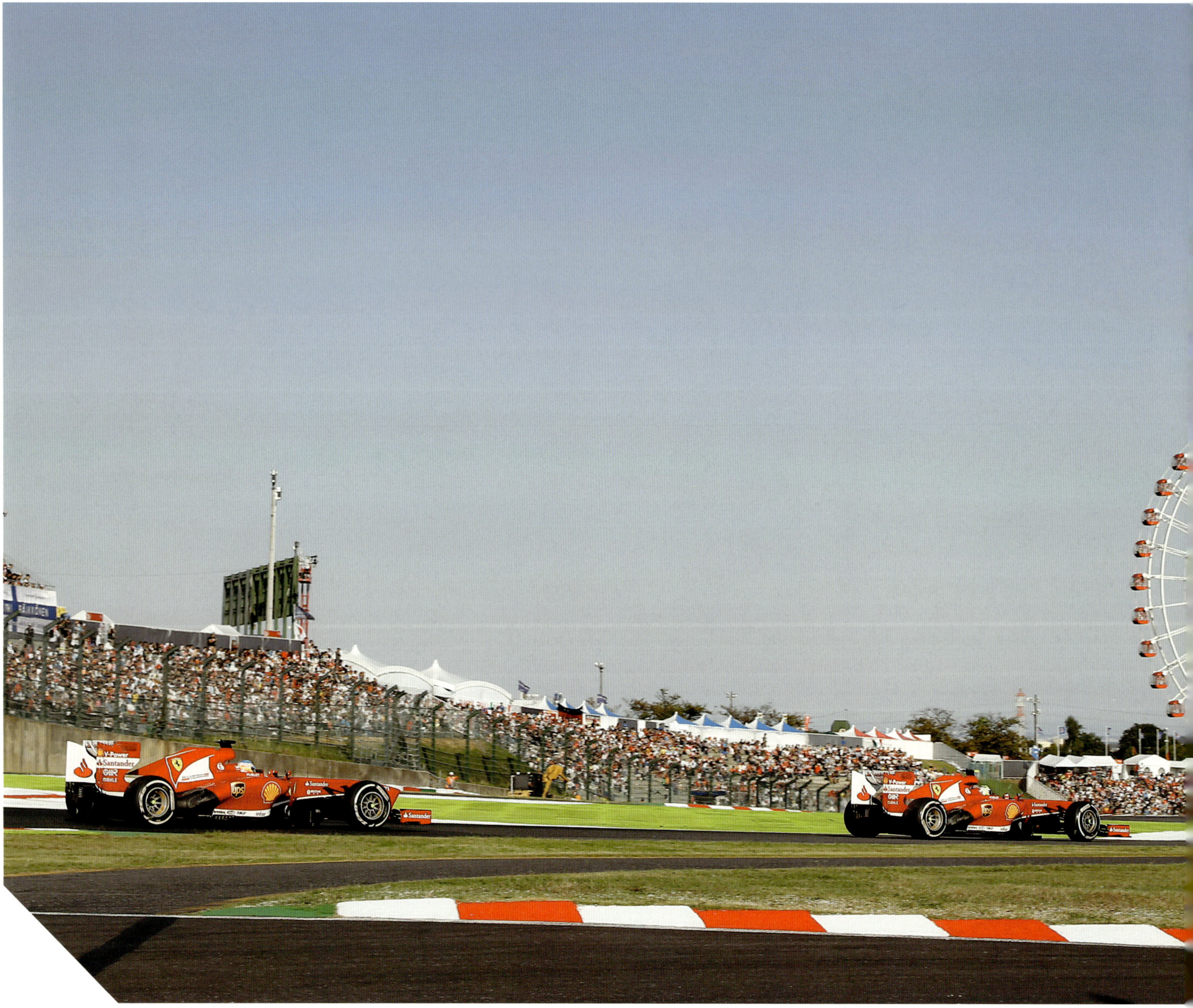
V-Power
Santander
Santander
V-Power
Santander
Santander

🔴 Suzuka

Bereits 1962 gebaut, gilt dieser Kurs als große Herausforderung, und kaum ein anderer Ort peitscht ein Formel-1-Auto derart an seine Grenzen. Er bietet eine aufregende Kombination aus ultraschnellen Kurven, wechselnden Gefällen und Bodenwölbungen – ein höllischer Kampf für die Fahrer.

> Suzuka gehört zu einer meiner absoluten Lieblingsstrecken. Es ist einfach die schönste Rennstrecke neben der Nordschleife und Macau – ein Traum, dort zu fahren. Das Überholen ist hier schwieriger, als es aussieht.
>
> *Sebastian Vettel*

Viele der schönsten Rennstrecken der Welt sind weniger das Ergebnis cleverer Konstruktionen als vielmehr lokaler Topografien. In Suzuka ist dies nicht anders. Die Gegend ist von Hügeln und Bergen durchzogen, was großartige Ausgangsbedingungen für eine Rennstrecke sind.

Dieser fantastische Rundkurs entstand 1962 im Auftrag von Honda nach Plänen des niederländischen Rennstreckendesigners Hans Hugenholtz. Für das Layout nahm er dafür Ideen des amerikanischen Rennfahrers Sammy Davis auf, seines Zeichens Sieger in Le Mans 1927, der Ende der 1940er auch den Formel-1-Kurs im holländischen Zandvoort entworfen hatte. Heraus kam ein Glanzstück, der Suzuka International Racing Course, der bis heute, mehr als 50 Jahre später, unverändert blieb.

Das Layout der Strecke ist in der Form der Zahl Acht angelegt und macht den Kurs damit zu einem der wenigen, die überkreuz gehen. Suzuka war zunächst gedacht als hauseigene Teststrecke des Automobilherstellers Honda. Doch die Strecke war zu gut, um auf Dauer nur diesem einen Zweck zu dienen. Und so wurden kurze Zeit später erste Rennen dort ausgetragen mit Größen wie Peter Warr, dem späteren Team-Manager bei Lotus, der 1963 den ersten GP von Japan gewann, der damals allerdings nicht für die Formel 1 ausgeschrieben war – bis dahin sollte es noch 24 Jahre dauern.

Der Rundkurs war nicht nur eine enorme Herausforderung, sondern stand für hochspannende Rennen und Dramatik pur, da hier häufig das vorletzte oder letzte Rennen einer WM ausgetragen wurde. Unvergessen die erbitterten Duelle zwischen den Stallrivalen Ayrton Senna und Alain Prost 1989 und 1990. Oder Michael Schumachers Versuche 1989, McLaren-Pilot Mika Häkkinen im Kampf um den Titel auszustechen, die von etlichen Zwischenfällen begleitet waren, angefangen damit, dass er seinen Ferrari auf der Pole-Position beim Start abwürgte.

Dass die Strecke in Suzuka, die mitten in einem Vergnügungspark gelegen ist, ein Garant für hochspannende Rennen ist, liegt nicht zuletzt daran, dass sie mehr als nur ein paar günstige Überholstellen bietet. Gleich der erste Vollgas-Abschnitt hinunter in die erste Kurve lädt zum Überholen ein. Aber auch die Einfahrt zur Haarnadelkurve oder die Rechtsschikane Casio Triangle am Ende der Runde bieten sich zum Überholen an. Zwischen diesen drei Überholpunkten geht es über Steigungen und Gefälle, wo Fahrer und Autos ganz schön geschunden werden. An sonnigen Tagen haben die Fans eine klare Sicht bis über die erste Kurve hinaus zum Meer. Doch das ist zum traditionellen Grand-Prix-Termin im Herbst alles andere als garantiert. Im Gegenteil, es kam schon oft vor, dass sie kaum bis auf die andere Seite der Piste sehen konnten, denn wenn es einmal regnet, dann heftig. Besonders schlimm kam es 2004, als ein Taifun so stark blies, dass das Rennen um ein Haar abgesagt werden musste.

Aber nicht nur das Streckenlayout ist einzigartig, sondern auch die japanischen Fans, die voller Leidenschaft dabei sind und mit angemalten Gesichtern, Schals und Flaggen ihre Helden den ganzen Tag lang begeistert anfeuern.

Die Voraussetzungen für einen Grand Prix waren von Anfang an gegeben. Trotzdem dauerte es ein Vierteljahrhundert, bis es so weit war und die Formel 1 hier erstmals gastierte. Zuvor hatte es bereits zwei Formel-1-Rennen in den Saisons 1976 und 1977 auf dem Fuji Speedway in Oyama gegeben. 1987 schließlich, nachdem man wenige Jahre zuvor die Casio Triangle eingefügt hatte, um die letzte Kurve zu versteilern, fand die Strecke ihren festen Platz im Kalender der Formel-1-Weltmeisterschaft. Doch die Euphorie beim ersten Rennen wurde sogleich gedämpft, als Nigel Mansell nach einem schweren Unfall im Qualifying ausscheiden musste. Damit war der Weg zum Sieg frei für Williams-Teamkollege Nelson Piquet, der Weltmeister wurde. ■

Links: Felipe Massa (rechts) und Fernando Alonso in der Casio Triangle (2013). Im Hintergrund der Vergnügungspark.

HAARNADEL – 70 KM/H

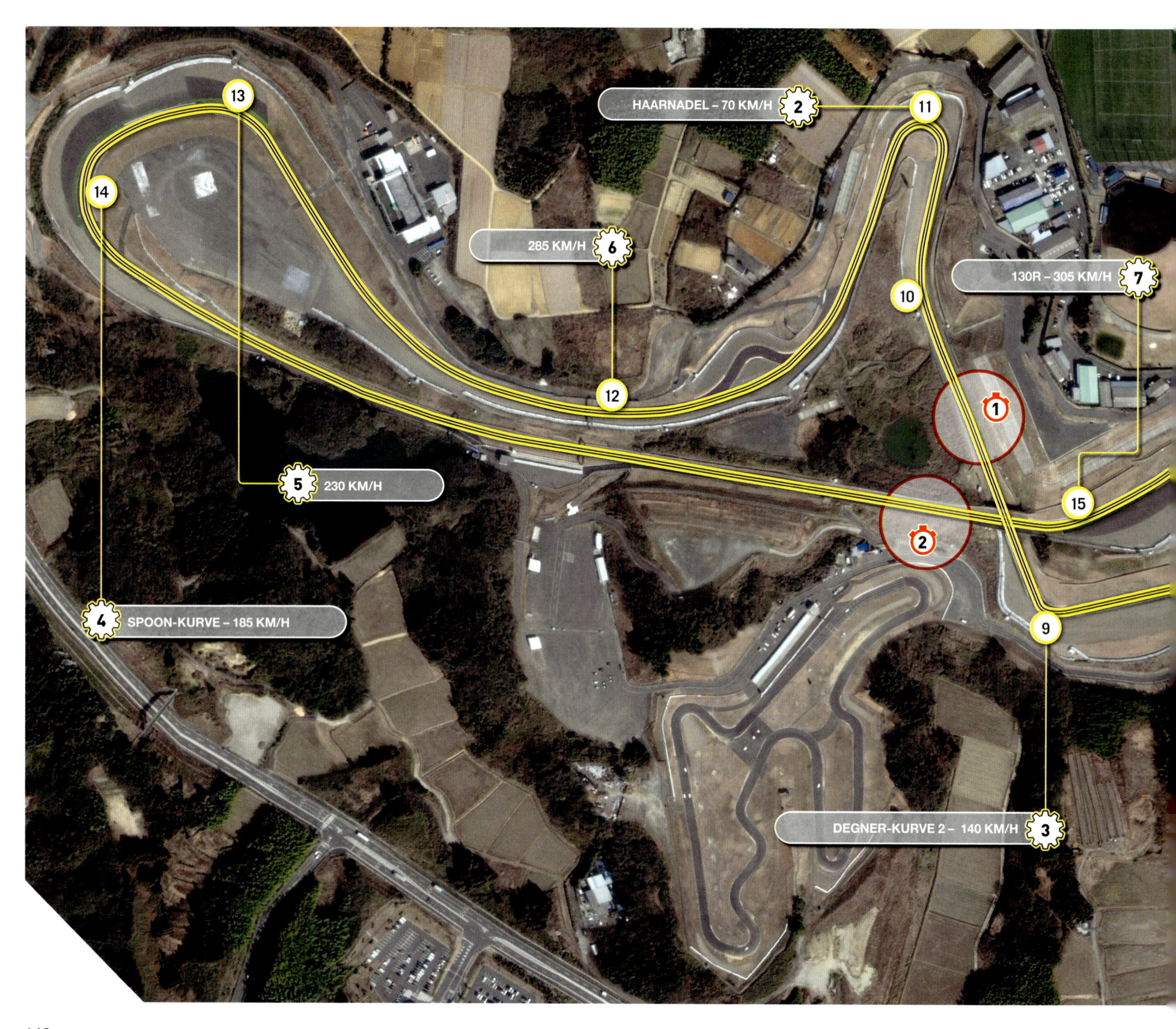

285 KM/H

130R – 305 KM/H

SPOON-KURVE – 185 KM/H

230 KM/H

DEGNER-KURVE 2 – 140 KM/H

Suzuka – Japan

CASIO TRIANGLE – 95 KM/H

260 KM/H

KURVE 1 – 260 KM/H

ANFAHRT – 303 KM/H

DUNLOP-KURVE – 193 KM/H

DEGNER-KEHRE 1 – 260 KM/H

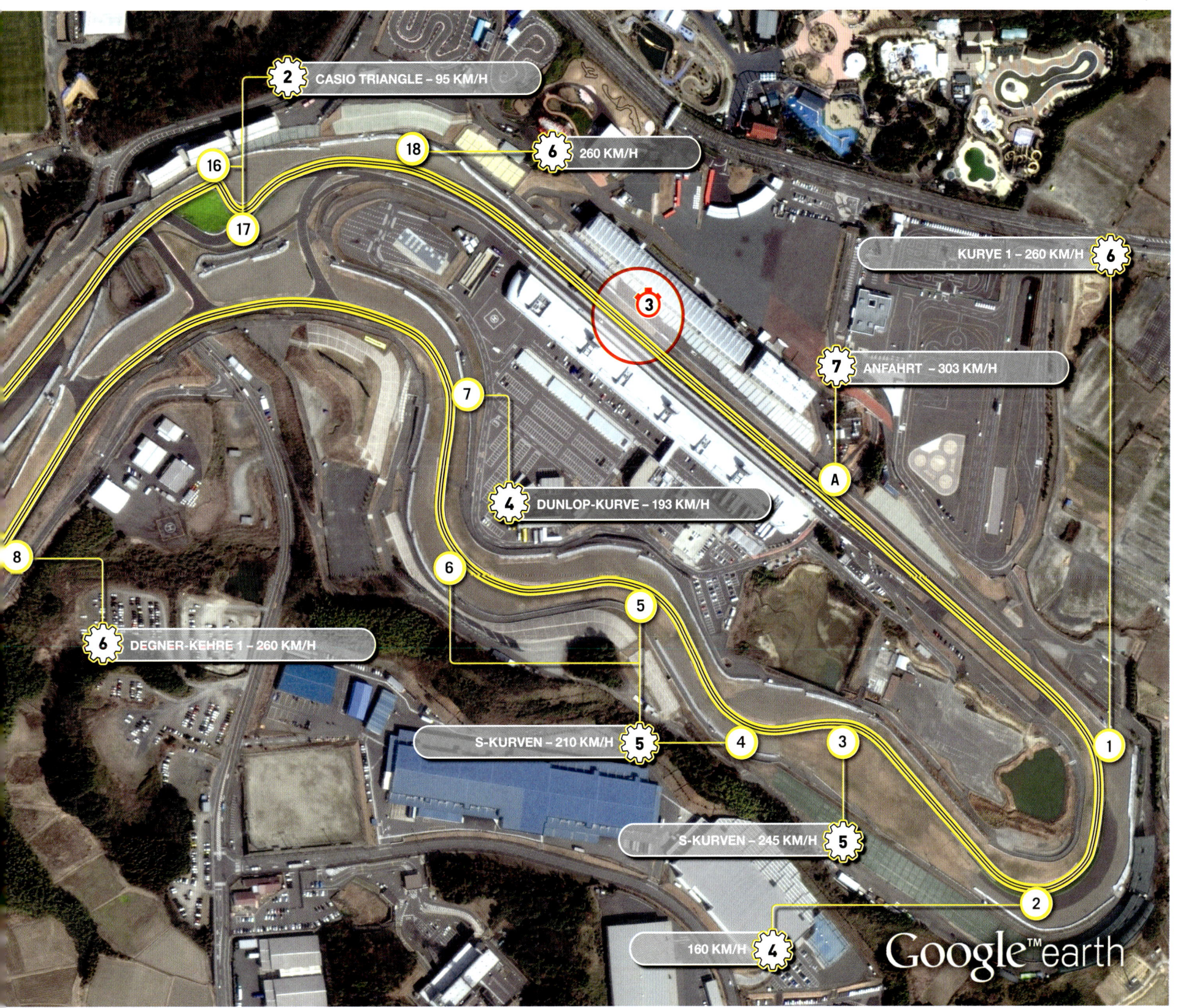

S-KURVEN – 210 KM/H

S-KURVEN – 245 KM/H

160 KM/H

Foto © 2014 DigitalGlobe © Google 2014

143

Strecken-Porträt

In den S-Kurven: attackieren. In den Degner-Kehren: Schwung mitnehmen. In der Spoon-Kurve: Die perfekte Linie am Ausgang finden. Und die 130R ist die Mutkurve schlechthin. Das heißt: Jede Runde ist eine absolute Herausforderung.

Kurve 1 •
Gang: **6**
Speed: **260 km/h**

Die Fahrer kommen mit bis zu 314 km/h bergab auf diese erste Kurve zu, eine scheinbar offene Kurve mit einem breiten Kiesbett davor, das ein Gefühl der Sicherheit vermittelt. Ein kurzes Antippen der Bremse, mehr braucht es nicht, um den Schwung durch diesen leichten Rechtsknick mitzunehmen. Es kommt darauf an, sich möglichst außen zu halten, um die sehr viel engere zweite Kurve danach gut zu erwischen – was im Gedränge der Startrunde nicht immer leicht ist.

Kurve 3–6 • **S-Kurven**
Gang: **5**
Speed: **210 km/h**

Die 130R ist wohl die berühmteste Kurve in Suzuka, doch halten diesen Abschnitt mit dem engen Kurven-Geschlängel bergauf viele für die härteste Herausforderung in der Formel 1, härter noch als die Becketts-Kehre in Silverstone. Die Anfahrt kommt relativ harmlos daher, doch auf die erste Links folgen fast unmittelbar eine Rechts, dann wieder eine Links und eine zweite Rechts (die noch enger und steiler ist als die drei davor), wobei die Drehzahlen mit jeder Kehre fallen.

Kurve 7 • **Dunlop-Kurve**
Gang: **4**
Speed: **193 km/h**

Am Ausgang der letzten S-Kurve sind die Fahrer auf der linken Fahrbahnseite, müssen dann aber unmittelbar auf die andere Seite ziehen, um sich in eine möglichst gute Position zu bringen für den nun folgenden flacheren Abschnitt hinter dem Fahrerlager und einer scheinbar nicht enden wollenden Kurve, wo zudem hohe Seitenkräfte wirken, sodass die Fahrer darauf achten müssen, dass beim Gasgeben am Kurvenausgang kein zeitraubendes Untersteuern eintritt.

Kurve 8 • **Degner-Kehre 1**
Gang: **6**
Speed: **260 km/h**

Es gibt zwei Degner-Kehren, und sie könnten unterschiedlicher nicht sein. Die erste wird im sechsten Gang mit hohem Tempo angefahren. Die Strecke fällt hier leicht ab und macht in der Anfahrt zur zweiten Degner-Kehre unmittelbar dahinter zu. Nach dieser ersten Kehre, auf der Rückgeraden, ragt rechter Hand ein Erdwall empor, und die Fahrer schalten in den dritten Gang, um diese enge Rechts zu erwischen und dann unter der Brücke wieder zu beschleunigen.

Suzuka – Japan

Linke Seite: Gefährlicher Moment: Ayrton Senna setzt an, um Eddie Irvine im Jordan zu überrunden (1993). *Oben links:* Romain Grosjean bedrängt Sebastian Vettel in der letzten Bergauf-S-Kurve Richtung Dunlop-Kehre (2013).
Oben rechts: Mercedes-Pilot Lewis Hamilton beschleunigt aus Kurve 2 hinein in die S-Kurven (2013).

Kurve 11 • **Haarnadel**
Gang: **2**
Speed: **70 km/h**

Nachdem sie unter der Brücke auf die Rückgerade beschleunigt haben, geht es für die Fahrer in einen schnellen Rechtsknick, an den sich prompt dahinter einer der wenigen möglichen Überholpunkte anschließt. Diese Links-Haarnadel ist äußerst eng, und die Fahrer müssen in den zweiten Gang herunterschalten und ihre Linie finden. Da die Kurve zum Ausgang hin langsam steiler wird, können die Fahrer hier früh auf das Gas treten und eine gute Balance halten.

Kurve 13/14 • **Spoon-Kurve**
Gang: **4**
Speed: **185 km/h**

Nach der endlos langen, geschwungenen Rechtskurve, die kurz nach der Haarnadel bergauf führt und in eine lang gezogene Linkskurve mündet, gelangen die Fahrer zur sogenannten Spoon-Curve. Es kommt darauf an, sie sauber zu erwischen, denn sie führt wieder zurück auf die lange Gegengerade. Im zweiten Teil wird die Kurve enger und ist mit Gefällen und Steigungen versehen, sodass ein gelegentliches Antippen des Bremspedals erforderlich ist, um das Auto in der Spur zu halten.

Kurve 15 • **130R**
Gang: **7**
Speed: **305 km/h**

Die Gerade nach der Spoon-Kurve zieht sich, und die Fahrer erreichen 314 km/h, bis sie an die legendäre Kurve kommen, die einst die meistgefürchtete der ganzen Strecke war. Sie wird als Vollgas-Kurve beschrieben, doch nur die Mutigsten brettern mit Vollgas durch die 130R (die nach ihrem Kurvenradius benannt ist). Der Erdwall am Kurvenausgang wurde vor ein paar Jahren zurückversetzt, um mehr Auslauffläche zu haben für alle die, die hier von der Piste schießen.

Kurve 16/17 • **Casio Triangle**
Gang: **2**
Speed: **95 km/h**

Für diese Rechts-Links-Schikane müssen die Fahrer hart in die Eisen steigen. Noch in der Anfahrt verschwindet der zweite Kurvenabschnitt aus dem Blick, was die Situation umso schwieriger macht, denn der zweite Kurvenabschnitt verläuft ungleich schärfer. Am Ausgang fällt die Strecke dann ab, und die Fahrer müssen möglichst rasant durch diese abschüssige Rechtskurve beschleunigen, um den maximalen Schwung auf die Start-/Zielgerade dahinter mitzunehmen.

West McLaren Mercedes
West McLaren Merc
BRIDGESTONE

Marlboro
Shell
HONDA

FUJI-TV

Große Fahrer & große Momente

Dieser fantastische Kurs ist derart anspruchsvoll und schwierig, dass sich ein Sieg hier anfühlt wie zwei Siege andernorts. Suzuka bietet alles, was das Fan- und Fahrerherz begehrt, und sorgt immer wieder für legendäre Rennen.

Linke Seite oben: Mika Häkkinen im McLaren holt den Sieg und seinen ersten Fahrertitel. Er klappt den Helm hoch und jubelt mit der Crew (1998).

Linke Seite unten links: Ayrton Sennas McLaren nach der Kollision mit Alain Prosts Ferrari in der ersten Kurve (1990).

Linke Seite unten rechts: Im sintflutartigen Regen rast Damon Hill an den Boxen vorbei zum Sieg, und der Kampf um den Titel bleibt für das Finale offen (1994).

Große Fahrer

Michael Schumacher
6 Siege

Schumacher wurde 1994 hier nur Zweiter, für Benetton 1995 klappte es dann mit dem ersten Platz. 1996, in seinem ersten Rennen für Ferrari hier, ging er ebenfalls als Zweiter ins Ziel, bevor er sich dann 1997 seinen zweiten Sieg sicherte und die Bewunderung seiner Fans wegen seiner fahrerischen Fähigkeiten. Ferrari lief zur Hochform auf: Schumacher gewann erneut 2001, 2002 und 2004. 2006 wäre es ihm – ohne Motorschaden – beinah noch einmal geglückt.

Sebastian Vettel
4 Siege

Vettel konnte hier bereits etliche Siege für sich verbuchen: 2009, 2010, 2012 und 2013 siegte er für Red Bull mit einer Unterbrechung 2011, als Jenson Button für McLaren den Sieg einfuhr und Vettel mit nur zwei Sekunden Rückstand Dritter wurde. Sein bester Sieg gelang ihm 2012, als er von der Pole-Position startete und das Rennen durchweg anführte und Ferrari-Pilot Felipe Massa um 20 Sekunden schlug, während Titelrivale Fernando Alonso bereits in der ersten Kurve aus dem Rennen schied.

Ayrton Senna
2 Siege

Kein anderer Fahrer aus Übersee wurde in Japan so gefeiert wie Ayrton Senna. Vielleicht, weil er rund um die Welt so viele Siege in Autos mit Honda-Motoren eingefahren hatte. Vielleicht auch, weil sie in Japan in ihm so etwas wie einen „Krieger" sahen. Außerdem hatte Senna hier 1988 die Weltmeisterschaft vor seinem damaligen McLaren-Teamkollegen Alain Prost gewonnen. 1993 gewann er noch einmal sehr eindrucksvoll, als er Prost im technisch überlegenen Williams hinter sich ließ.

Gerhard Berger
2 Siege

Als die Formel-1-WM im Jahr 1987 erstmals in Suzuka gastierte, fuhr Berger sein drittes WM-Rennen und ging als erster Sieger auf diesem Kurs hervor. Berger qualifizierte sich für die Pole-Position und gewann souverän vor Ayrton Senna im Lotus. Vier Jahre später siegte der Österreicher erneut, diesmal für McLaren. Senna, inzwischen Teamkollege von Berger, ließ ihn vorbei, da dem Brasilianer der zweite Platz genügte, um seinen Weltmeistertitel zu behalten.

Große Momente

1990 – Prost trifft auf Senna

Als Teamkollegen bei McLaren waren sie 1989 in Suzuka im Kampf um den Titel kollidiert. 1990 trafen beide abermals aufeinander, nur fuhr Alan Prost inzwischen für Ferrari. Ayrton Senna errang zwar die Pole-Position, war aber sauer, als die von der Rennleitung auf die verschmutzte Fahrbahnseite verlegt wurde. In der Anfahrt zur Kurve 1 fiel er hinter Prost zurück, setzte zum Überholen an, doch da Prost frühzeitig einbog, kollidierten beide Fahrzeuge.

1994 – Hill siegt nach Wasserschlacht

Als das Rennen begann, stand Michael Schumacher bereits so gut wie sicher als Sieger fest. Doch Damon Hill im Williams wollte sich im Kampf um den Titel nicht geschlagen geben. Bei strömendem Regen fuhr er ein spektakuläres Rennen. Doch Aquaplaning führte zum frühen Rennabbruch. Nach dem Neustart setzte Schumacher im Benetton Hill unter Druck, doch der ließ sich nicht beirren und schloss die Lücke zwischen den beiden für das Finale auf nur einen Punkt in der Gesamtwertung.

1998 – Häkkinen holt ersten WM-Titel

Der Sieg im vorletzten Rennen auf dem Nürburgring hatte McLaren-Pilot Mika Häkkinen einen Vorsprung von 4 Punkten auf Ferrari-Pilot Michael Schumacher beschert. Suzuka versprach also ein spannendes Duell. Schumacher startete von der Pole, verlor aber Zeit, weil er den Motor abwürgte, und musste von hinten aufschließen. Er kam dicht an den führenden Häkkinen heran, doch dann zwang ihn ein Reifenplatzer ins Aus. Mika Häkkinen zog davon und holte seinen ersten WM-Titel.

2005 – Räikkönen im Endspurt

Nur wenige Grand-Prix-Rennen werden in der letzten Runde entschieden. Dieses gehörte dazu. Ein spektakuläres Rennen: Giancarlo Fisichella im Renault führte vor Kimi Räikkönen, der von Startplatz 17 ins Rennen ging und ihn schließlich einholte. Zuvor hatte er bereits den amtierenden Weltmeister Michael Schumacher ausgestochen. Jetzt klemmte er sich in den Windschatten des Italieners und zog in der ersten Kurve von außen frech vorbei. Der Sensationssieg war perfekt!

Sepang

Hermann Tilke steht oft in der Kritik, sterile Retortenkurse zu entwerfen. Doch mit diesem frühen Werk gelang ihm ein Meisterstück, denn die Strecke in Sepang in Malaysia bietet den Fahrern nicht nur eine kurvenreiche Runde, sie ist zugleich eine harte Bewährungsprobe der besonderen Art und bietet zudem viel Platz für Überholmanöver.

> „Man fühlt sich auf diesem Kurs sehr sicher, es gibt weite Auslaufzonen und Möglichkeiten zum Überholen. Das einzige Problem ist, mit den Temperaturen und der Luftfeuchtigkeit fertig zu werden."
>
> *Jean Alesi*

Man könnte leicht auf die Idee kommen, dass Malaysias Rennsport-Geschichte 1999 begann, als das Land zum ersten Mal Gastgeber eines Grand-Prix-Rennens war. Weit gefehlt. Organisiert von Gastarbeitern fanden die ersten Motorsport-Ereignisse in Malaysia bereits in den 1960ern statt, auf provisorischen Straßenkursen in Penang und Johore Batu.

Malaysias erster permanenter Rennkurs wurde 1968 in Johor Batu gebaut. Er war auch bekannt unter dem Namen Selangor, dem Namen des nahen Sultanspalasts. Befahren wurde er bis 1977 und geschlossen, nachdem ein Rennwagen sechs Kinder erfasst und getötet hatte. Nach etlichen Umbauten wurde der Kurs unter dem Namen Shah Alam wiedereröffnet, und 1985 wurde hier die World Endurance Championship (Langstrecken-Weltmeisterschaft) gefahren. Allerdings machten den Fahrern die heiß-feuchten Wetterverhältnisse zu schaffen, und die Strecke erwies sich als viel zu holprig – ein Phänomen, das unter Einwirkung tropischer Hitze und extremer Luftfeuchtigkeit nicht selten ist. Noch dazu zog die Weltmeisterschaft damals nur rund 3000 Zuschauer an.

Zeit zum Umdenken also. Doch es dauerte eine Weile, bis Malaysias Pioniere des Motorsports ihre Grand-Prix-Pläne für Asien (außerhalb von Japan) umsetzen konnten. Nach etlichen „Fehlstarts" wurde dann 1999 der Bau für eine ganz neue Rennstrecke freigegeben, die in einem baumumsäumten Tal nahe des internationalen Flughafens von Kuala Lumpur, am Rande der Stadt Sepang, entstehen sollte. Mit dem üppigen Budget, das zur Verfügung stand, setzte Streckendesigner Hermann Tilke neue Maßstäbe. Bereits die Entwürfe, die er zusammen mit dem früheren Formel-1-Rennfahrer Marc Surer ausgearbeitet hatte, zeigten, dass die Strecke von Grund auf als eine dynamische Strecke konzipiert war. Zum Beispiel gab es zwei 900 Meter lange Geraden, die in eine Haarnadel mündeten. Und um den Fahrern die Möglichkeit zu Aufholjagden und Überholmanövern zu bieten, war der Kurveneingang breit angelegt.

Der Kurs begeistert mit herrlich gebogenen Abschnitten, auf denen sich die ganze fahrdynamische Klasse der Rennwagen zeigt, insbesondere in den Kurven 5 und 6 oder 12 und 13, um nur einige hervorzuheben. Gewiss, viele Rennstrecken stellen fahrerisch eine ganz besondere Herausforderung dar, doch diese hier wurde von vornherein entsprechend konzipiert und ist daher regelrecht gemacht für extreme Aufholjagden und spannende Duelle. Dass der Plan buchstäblich aufging, lag nicht zuletzt daran, dass das Planungsteam ihn Michael Schumacher vorgelegt und seine Vorschläge befolgt hatte. Und wie sich im Nachhinein zeigte, war es klug, am Entwurf der ersten Haarnadel sowie dem weiteren Verlauf in Richtung Kurve 2 festzuhalten, denn Schumacher wollte eine verengte Haarnadel. Doch dass der Kurs derart gut funktioniert und solch fantastische Rennen bietet, liegt auch an der ungewöhnlichen Breite der Strecke.

Ein Hauptmerkmal von Sepang ist die doppelseitige Tribüne. Sie bietet 50 000 Zuschauern freie Sicht auf die Boxen und die Start-/Zielgerade sowie auf einen Großteil der Piste von Kurve 1 bis Kurve 6 und für diejenigen Zuschauer auf der rückwärtigen Seite auf die Gegengerade zur letzten Kurve sowie auf einen Großteil der Strecke von Kurve 8 bis Kurve 14.

Der Monsun hat schon viele GP-Rennen auf den Kopf gestellt, vor allem 2009. Aber Tilkes Plan ging am Ende auf: Die Anlage sieht noch immer fantastisch aus und hat seit dem Tag ihrer Eröffnung keine einzige Korrektur gebraucht. Und das ist eher eine Seltenheit: Der Sepang International Circuit ist eine echte Fahrerstrecke und mit seinen flüssigen Vollgas-Passagen eine schöne Abwechslung nach Melbourne, wo für gewöhnlich das Eröffnungsrennen stattfindet. ∎

Rechts: Sebastian Vettel jagt seinen Red Bull RB9 über die lange Gerade, vorbei an den typisch überdachten Tribünen (2013).

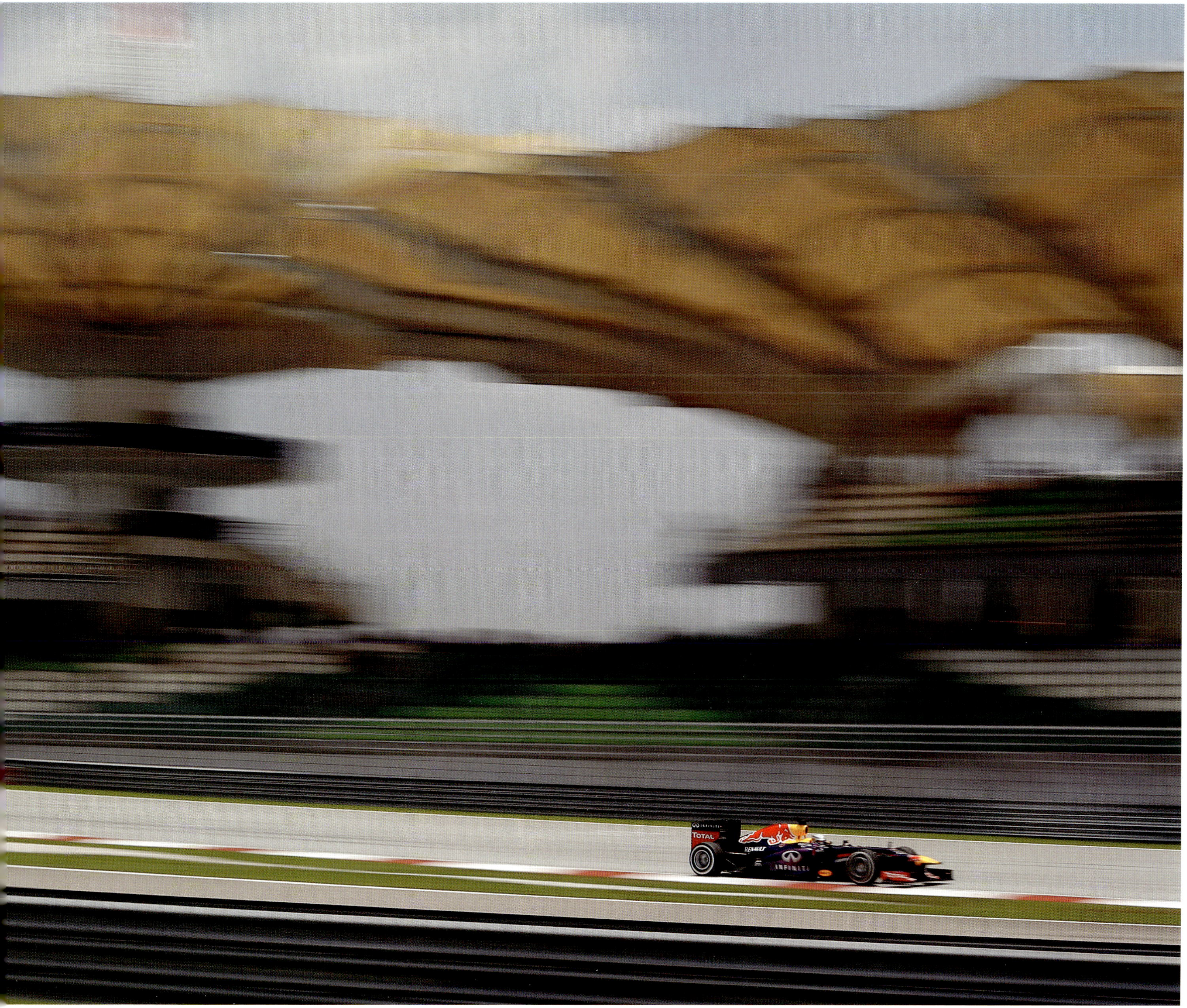

150

Sepang – Malaysia

Fernando Alonso im Ferrari F138 vor Mark Webber im Red Bull und Lewis Hamilton im Mercedes, dahinter das restliche Fahrerfeld in der Einfahrt zu Kurve 9 (Startrunde beim Großen Preis von Malaysia, 2013)

Strecken-Porträt

Von der breiten Geraden hinunter in die erste Haarnadel über die schwungvollen Kurven auf halbem Weg der Rennrunde bis zu den Vollgas-Kurven am Ende der Strecke ist dieser Kurs wunderbar flüssig und bietet viele Überholmöglichkeiten.

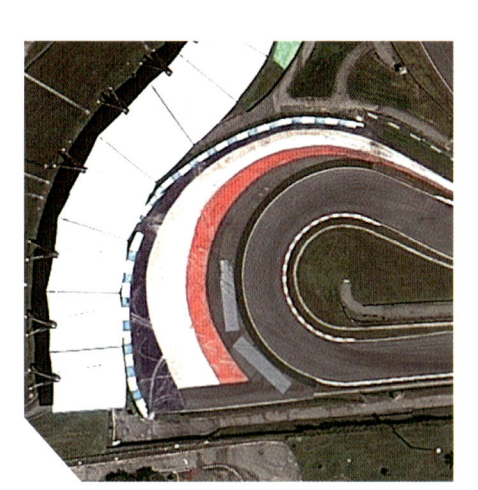

Kurve 1 •
Gang: **2**
Speed: **80 km/h**

Die Strecke ist hier vergleichsweise breit und wirkt umso breiter, da der Zuschauerbereich zur linken Fahrerseite hin etwas zurückversetzt ist; zudem befindet sich die Tribüne unmittelbar hinter der Kurve hinter einem riesigen Kiesbett, was das Gefühl der Fahrer, hier viel Platz zu haben, noch verstärkt. Die Fahrer müssen von 306 km/h auf ca. 80 km/h hart herunterbremsen. Diese Rechtskurve beschreibt einen Bogen von rund 200 Grad, bevor sie fast gerade in Kurve 2 mündet.

Kurve 2 •
Gang: **2**
Speed: **72 km/h**

Hat der Fahrer Kurve 1 ohne Berührungskontakte passiert, muss er rasch aufs Gas treten, bevor es dann in die noch engere Kurve 2 geht. Idealerweise wird sie von rechts außen angefahren, um am abschüssigen Ausgang schneller zu sein, doch das ist nicht immer möglich, wenn der Fahrer in einem weiten Bogen aus Kurve 1 kommt. Auch kühne Überholmanöver sind hier möglich wie etwa das von McLaren-Pilot David Coulthard, der 1999 hier kurzerhand an Michael Schumacher im Ferrari vorbeizog.

Kurve 4 • **Langkawi**
Gang: **3**
Speed: **110 km/h**

Nach einer schnellen Fahrt aus Kurve 2 durch den Bogen von Kurve 3 und weiter bergauf erreichen die Fahrer bis zu 290 km/h, um dann wieder hart in die Eisen zu steigen, denn die Strecke macht im Anstieg vor dem Scheitelpunkt der Kurve noch einmal einen abrupten Schlenker. Hier, im Ausgang der Dritte-Gang-Kurve untersteuert das Auto gerne, was es allerdings zu vermeiden gilt, denn die Kurve macht danach auf und führt in einem flüssigen Bogen bis Kurve 9.

Kurve 6 • **Genting**
Gang: **6**
Speed: **260 km/h**

Hier, nach etwa einem Drittel der Runde, hat der Kurs einen ausgesprochen schönen Fluss. Diese geschwungene Rechtskurve, die im sechsten Gang durchfahren wird, ist das genaue Gegenteil zu der vorangegangenen Linkskurve. Der Fahrer kennt sein Auto und weiß ziemlich genau, wie er es hier richtig ausbalanciert. Er versucht, ein möglichst hohes Tempo zu fahren, das er auf die kurze Gerade dahinter mitnehmen kann, denn jeder Tempoverlust kostet wertvolle Zeit.

Sepang – Malaysia

Linke Seite: Sebastian Vettel führt den Fahrerpulk in die erste Kurve hinein an, während etliche hinter ihm auf nasser Fahrbahn ins Rutschen geraten (2013). *Oben links:* Mercedes-Pilot Lewis Hamilton schießt über die Piste, vorbei an der malaysischen Flagge, die unübersehbar am Streckenrand prangt (2013). *Oben rechts:* Am Ende der Rückgeraden angelangt, steigt Red-Bull-Pilot Mark Webber voll in die Eisen, um Kurve 15 zu kriegen (2013).

Kurve 9 •
Gang: **1**
Speed: **71 km/h**

Diese erste geschwungene Rückgerade, die in die neunte Kurve führt, ist eine Haarnadelkurve, in der die Fahrer aus dem siebten bis hinunter in den ersten Gang schalten. Ein Überholmanöver am Kurveneingang ist hier durchaus möglich. Doch kommt es oft zu Fahrzeugkontakten, denn der Kurveneingang ist zwar sehr breit, macht aber nach hinten hin zu, sodass es am Ausgang dieser Bergauf-Haarnadel richtig eng zugeht. Eine gute Traktion ist hier besonders wichtig, vor allem bei nasser Fahrbahn.

Kurve 12 •
Gang: **6**
Speed: **257 km/h**

Nach Kurve 11, einer Dritte-Gang-Rechtskurve, kommen die Fahrer mit viel Tempo auf Kurve 12 zu, während die Strecke erneut sanft abfällt und einen herrlichen Blick auf die Rückseite der überdachten Tribüne freigibt. Die Fahrer müssen die Sechste-Gang-Linkskurve, die vor ihnen liegt, perfekt erwischen und möglichst viel Schwung mitnehmen. Die Kurve gleicht nämlich fast schon einer Schikane, da sie im Kurvenverlauf abrupt nach rechts abbiegt.

Kurve 14 • **Sunway Lagoon**
Gang: **2**
Speed: **122 km/h**

Auf die Kurven 12 und 13 folgt ein langer, immer enger werdender Bogen, der in diese zweitletzte Kurve der Runde mündet, eine enge Rechtskurve. Die Fahrer müssen hier hart hineinbremsen und in den zweiten Gang herunterschalten. Es kommt vor allem darauf an, sauber einzulenken und den Scheitelpunkt weiter hinten nicht zu schnell anzufahren, um möglichst rasch wieder Gas geben und auf die zweitlängste Gerade dahinter herausbeschleunigen zu können.

Kurve 15 •
Gang: **2**
Speed: **96 km/h**

Unter dem Schatten der riesigen Tribüne rechts der Fahrbahn schießen die Autos hier mit bis zu 306 km/h vorbei und auf die letzte Kurve zu – eine Links-Haarnadel. Am besten lenkt man in einem weiten Bogen ein und fährt am Ausgang auch weit hinaus. Wer überholen will, tut dies möglichst früh, indem er die Kurve weit von innen anfährt und zusieht, am Ausgang nicht zu weit nach außen zu scheren, um den eben überholten Rivalen nicht plötzlich wieder vor der Nase zu haben.

Große Fahrer & große Momente

Mit viel Platz für Windschattenfahrten und Überholmanöver gab es auf dem Sepang International Cirucit seit seiner Eröffnung 1999 etliche Rennklassiker. Extreme Tropenstürme sorgen stets für spannende Highligts und stellen den Grand Prix von Malaysia immer wieder auf den Kopf.

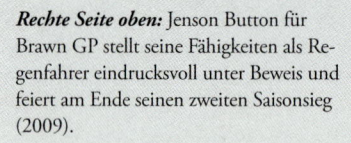

Rechte Seite oben: Jenson Button für Brawn GP stellt seine Fähigkeiten als Regenfahrer eindrucksvoll unter Beweis und feiert am Ende seinen zweiten Saisonsieg (2009).

Rechte Seite unten links: Sauber-Pilot Sergio Perez katapultiert sich 2012 ins Rampenlicht, als er dem in Führung liegenden Fernando Alonso im Ferrari dicht auf den Fersen bleibt.

Rechte Seite unten rechts: Ferrari-Pilot Eddie Irvine muss gewinnen, um seine Titelhoffnungen zu wahren, was ihm gelingt, denn seine Disqualifikation wird wieder aufgehoben (1999).

Große Fahrer

Michael **Schumacher**
3 Siege

Der siebenmalige Weltmeister hätte sich im Eröffnungsrennen in Sepang 1999 durchaus mit dem Siegertitel schmücken können, musste ihn am Ende aber Teamkollege Eddie Irvine überlassen. Und wie zum Beweis triumphierte er hier 2000, als er sich gegen den McLaren-Pilot durchsetzte, der ihn vom Start weg jagte, und noch einmal 2001, als er im Monsunregen vor Teamkollege Rubens Barrichello ins Ziel ging. 2004 gelang ihm sein dritter Sieg gegen Williams-Pilot Juan Pablo Montoya.

Fernando **Alonso**
3 Siege

Alonso hat den GP von Malaysia dreimal gewonnen – für jeweils drei verschiedene Teams. Den ersten Sieg, 2005, holte er für Renault, als er mit 25 Sekunden Vorsprung auf Jarno Trulli über die Ziellinie ging. Danach wechselte er zu McLaren und gewann erneut 2007, nachdem er in der ersten Kurve an Ferraris Pole-Pilot Felipe Massa vorbeigezogen war. Den dritten und jüngsten Sieg errang der Spanier 2012 für Ferrari, als es ihm gelang, sich auf regennasser Fahrbahn vor Sergio Perez zu setzen.

Sebastian **Vettel**
3 Siege

Nach seinem Formel-1-Premieren-Sieg im Jahr 2008 holte Sebastian Vettel vier weitere Siege, nachdem er 2009 zu Red Bull gewechselt war. In Sepang gelang ihm 2010 ein souveräner Start, und er fuhr mit Schwung seinem verdienten ersten Weltmeister-Titel entgegen. 2011 gewann er hier erneut und sicherte sich damit seinen zweiten WM-Titel. 2012 musste er wegen eines Reifenschadens nach einer Kollision ausscheiden, gewann aber noch einmal 2013 im Red Bull.

Kimi **Räikkönen**
2 Siege

Räikkönens zweites Grand-Prix-Rennen überhaupt fand hier statt und endete mit einer Enttäuschung, als sein Sauber in der Startrunde scheiterte. Doch 2003, in seiner zweiten Saison bei McLaren, trug er hier den Sieg davon, seinen ersten in der Formel 1. Nachdem es 2005 nicht zum Titel gereicht hatte, wechselte er 2007 zu Ferrari und siegte hier 2008 zum zweiten Mal in einem Rennen, das dem italienischen Team Auftrieb gab nach einer desaströsen Vorstellung in Australien.

Große Momente

1999 Ferrari stärkt **Irvine** den Rücken

Als die Königsklasse 1999 zum ersten Mal in Sepang gastierte, war es das zweitletzte Rennen der F1-Saison und ein besonders spannendes, da McLaren-Pilot Mika Häkkinen nur zwei Punkte Vorsprung auf Eddie Irvine im Ferrari hatte. Michael Schumacher, der sechs Wochen lang wegen eines gebrochenen Beins ausgefallen war, kehrte zurück, um Irvine zu unterstützen, ging von der Pole-Position in Führung, ließ den Nordiren vorbei und hielt Häkkinen auf Abstand, um Irvine zum Sieg zu verhelfen.

2001 **Ferrari** mit den richtigen Reifen zum Sieg

In diesem Jahr fand der Große Preis von Malaysia erstmals zu Beginn der Saison statt, gleich nach Australien. Es war ein hartes Rennen. Zuerst drehten sich Michael Schumacher und Teamkollege Rubens Barrichello in Kurve 5 ins Kiesbett. Dann setzte heftiger Regen ein, und das Safety Car musste ausrücken. Während der Großteil des Feldes auf Regenreifen wechselte, entschied sich Ferrari für die Intermediates. Zurück auf der Strecke setzte sich Schumacher in Runde 16 an die Spitze und fuhr zum Sieg.

2009 **Button** wird „Regenkönig"

Jenson Button schien 2009 förmlich über sich hinauszuwachsen, denn er hatte bereits fünf der sieben Eröffnungsrennen 2009 gewonnen. Und in Sepang gelang ihm das Unglaubliche: Obwohl Nico Rosberg früh in Führung ging, ließ sich Button von den sintflutartigen Regenfällen nicht aufhalten, setzte sich mit seinem Brawn an die Spitze und hielt sich dort, bis das Rennen wegen immer stärker Schauer abgebrochen werden musste – Button trug den Sieg davon.

2012 **Perez** jagt Alonso

Für Sauber-Pilot Sergio Perez rückte 2012 der Sieg im zweiten Rennen der Formel-1-Saison in greifbare Nähe. Lewis Hamilton im McLaren war bei strömendem Regen allen davongezogen, doch das Rennen musste aufgrund der Wetterbedingungen unterbrochen werden. Danach ging er erneut in Führung, hatte Probleme beim Boxenstopp, und Ferrari-Pilot Fernando Alonso zog an die Spitze. Perez holte Alonso ein, setzte zum Überholen an, rutschte von der Fahrbahn, und seine Titelchance war dahin.

Sepang – Malaysia

JOHNNIE WALKER
JOHNNIE WALKER
JOHNNIE WALKER
JOHNNIE WALKER
JOHNNIE WALKER
JOHNNIE WALKER
JOHNNIE WALKER
JOHNNIE WALKER
UBS
UBS
UBS

Marina Bay

Der Marina Bay Street Circuit brachte frischen Wind in die Weltmeisterschaft, als die Formel 1 2008 erstmals hier in Singapur gastierte. Er war nicht nur der Stadtkurs, nach dem die Formel 1 jahrelang gesucht hatte, er bot zudem eine spektakuläre Attraktion: Das Rennen wird nach Einbruch der Dunkelheit als Nachtrennen ausgetragen!

> Es ist ein körperlich sehr anstrengender Kurs, man muss das Auto richtig schinden, um eine gute Runde zu fahren. Ich würde sagen, es braucht doppelt so viel Anstrengung wie in Monaco.
>
> *Lewis Hamilton*

Erste Pläne für den Großen Preis von Singapur gab es 2006, als die Formel 1 nach neuen Austragungsorten für WM-Rennen außerhalb von Europa suchte. Das Konzept sah eine Kombination aus Straßenkurs und Nachtrennen vor und begeisterte die Fahrer auf Anhieb. Rechtzeitig zum 15. Lauf der Formel-1-WM 2008 konnte er fertiggestellt und eröffnet werden.

Doch das allererste Motorrennsportereignis des Landes war es keineswegs. Seit 1961 gab es den Orient-Grand-Prix für Sportrennwagen, der auf einer temporären Strecke im Stadtbezirk Upper Thomson gefahren wurde. Diese war mit einer recht langsamen, kurvigen Rückgeraden versehen, die den 4,8 Kilometer langen Rundkurs abschloss, auf dem damals Ian Barnwell in einem Aston Martin DB3S gewann. Aus dem Orient-Grand-Prix ging der Große Preis von Malaysia hervor. Und ab 1966, nachdem Singapur 1965 die Unabhängigkeit erlangt hatte, richtete das Land einen eigenen Singapur-GP aus, der zumeist mit einsitzigen, offenen Rennwagen gefahren wurde.

Das letzte formelfreie Rennen auf jenem Kurs, das der Australier Vern Schuppan gewann, fand 1973 statt. Pläne für den Bau einer permanenten Strecke kamen in den 1980ern auf, wurden aber nicht umgesetzt. Bis zu einem nächsten Rennen sollte es noch weitere 35 Jahre dauern.

Inzwischen gab es neue Pläne, die von der Regierung unterstützt wurden: Geplant war ein vorläufiger Rundkurs mit der markanten Skyline der Stadt im Hintergrund. Das würde nicht nur die Fans des Motorsports begeistern, sondern Singapur auch eine globale Plattform bieten. Und der Plan ging auf. Was den Marina Bay Street Circuit so einmalig macht, ist weniger die Tatsache, dass er ein Stadtkurs ist als vielmehr, dass sämtliche Rennen als Nachtrennen gefahren werden.

Und so ist der Große Preis von Singapur ein echter Zuschauermagnet. Alle Bedenken der Fahrer im Vorfeld, die Dunkelheit könnte zu Sichtproblemen führen, wurden zerstreut: 1500 Flutlicht-Scheinwerfer erhellen die Piste und leuchten die Markierungen insbesondere in den Anbremszonen und Kurven hervorragend aus.

Was den Kurs außerdem von anderen Straßenkursen abhebt, ist die Tatsache, dass er wenige Bogen und Kurven, dafür viele lange Geraden aufweist. Die schnellste Runde auf diesem Kurs erzielte Kimi Räikkönen im Ferrari mit 172 km/h, er war damit um 16 km/h schneller als in Monaco.

Der Rundkurs mit insgesamt 23 Kurven weist neben der Kombination aus langen Geraden, engen Kurven, einer Passage über eine Brücke sowie ein paar wenigen schnellen Biegungen ein weiteres Novum auf: Er führt zwischen Kurve 19 und 20 direkt unter einer Tribüne hindurch, bevor es über eine Kehre zurück zum Raffles Boulevard geht.

Die Fahrer zeigten sich vom Konzept und dem Ort des Rennens begeistert, insbesondere von der nächtlichen „Stadtrundfahrt", waren sich aber nach dem ersten Rennen dort einig, dass bezüglich der Bodenwellen etwas getan werden müsse, vor allem auf dem Raffles Boulevard zwischen den Kurven 5 und 7. Was den Teams positiv auffiel, waren die hochmodernen Boxengebäude, die für eine permanente Strecke ausgelegt waren, obwohl der Kurs als vorläufiges Projekt gedacht war.

2011 erwog man, den Grand Prix auf einen Kurs außerhalb der Stadt zu verlegen, doch daraus wurde nichts. Stattdessen hat man Änderungsvorschläge von Sebastian Vettel und anderen Piloten aufgegriffen und umgesetzt und u.a. die Schikane um Kurve 10 (Singapore-Sling) entschärft. ∎

Links: Die Nachtrennen von Singapur sind die Attraktion in der Formel-1-Weltmeisterschaft. Hier: Romain Grosjean an der Spitze.

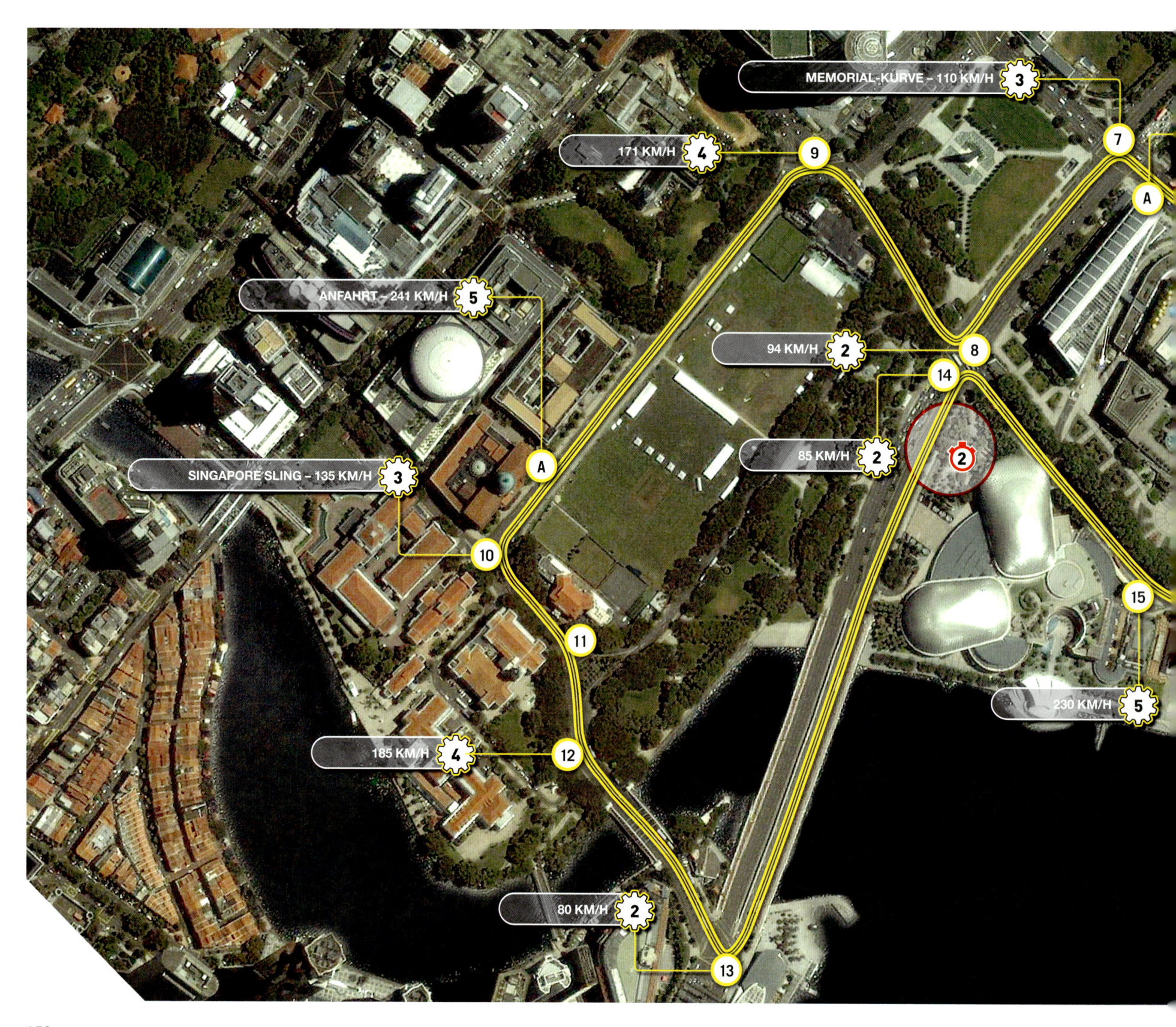

MEMORIAL-KURVE – 110 KM/H
171 KM/H
ANFAHRT – 241 KM/H
94 KM/H
85 KM/H
SINGAPORE SLING – 135 KM/H
185 KM/H
230 KM/H
80 KM/H

Marina Bay – Singapur

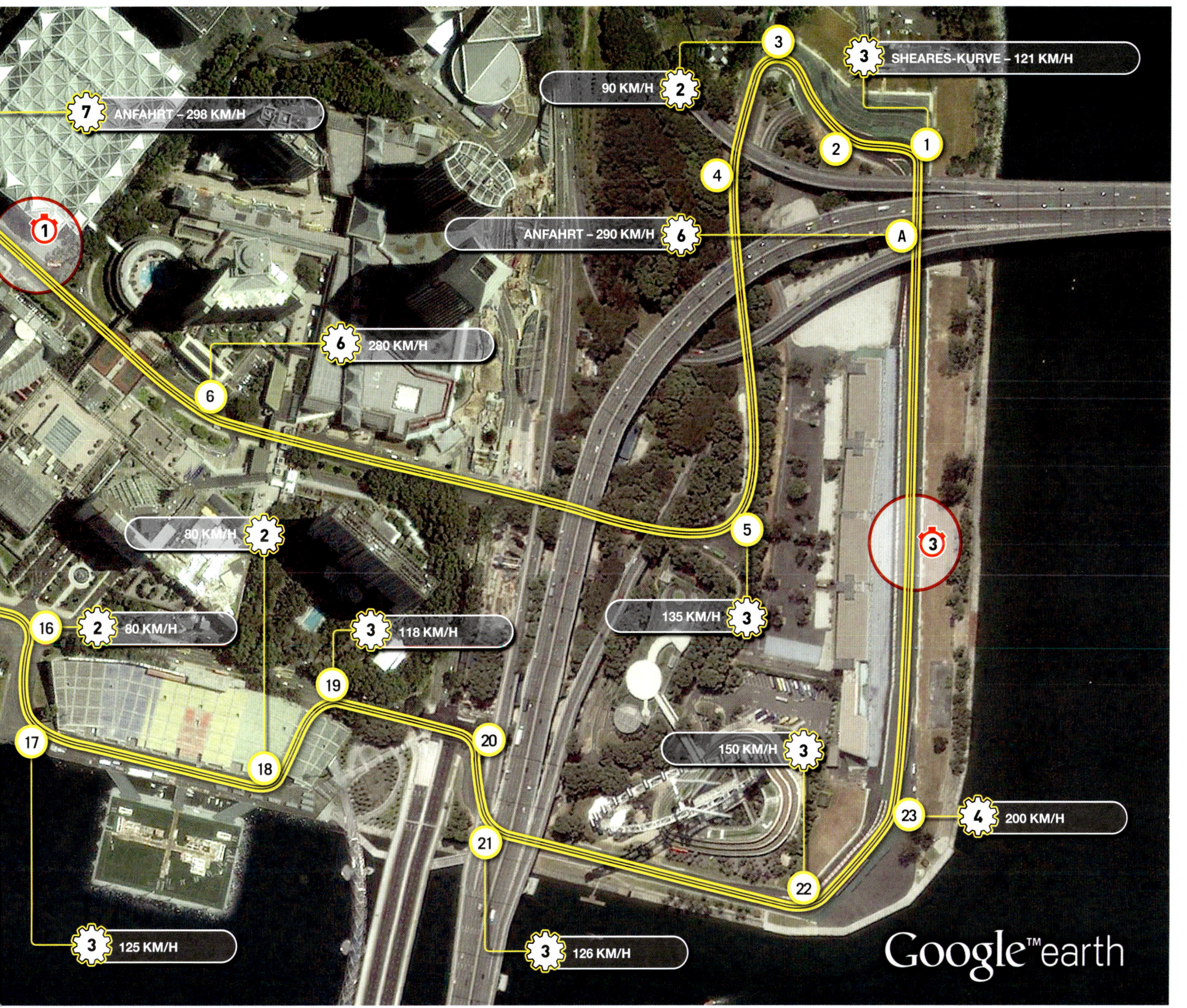

- 7 ANFAHRT – 298 KM/H
- 2 90 KM/H
- 3 SHEARES-KURVE – 121 KM/H
- 6 ANFAHRT – 290 KM/H
- 6 280 KM/H
- 2 80 KM/H
- 2 80 KM/H
- 3 118 KM/H
- 3 135 KM/H
- 3 150 KM/H
- 4 200 KM/H
- 3 125 KM/H
- 3 126 KM/H

Strecken-Porträt

Leitschienen aus Beton, dazu zahlreiche 90-Grad-Kurven und wenige weite Bogen erfordern von den Fahrern die höchste Konzentration. Darüber hinaus macht das Fahren unter Flutlicht das Rennen zu einer besonders harten Prüfung.

Kurve 1 • **Sheares-Kurve**
Gang: **3**
Speed: **121 km/h**

Der erste Abschnitt wurde der Strecke hinzugefügt, führt also nicht über eine öffentliche Straße. Doch Kurve 1 hat es in sich, da sie eine Dreier-Kurvenfolge einleitet: Sie geht direkt in Kurve 2 und diese wiederum direkt in Kurve 3. Mit 290 km/h preschen die Fahrer an den Boxen vorbei, unter einer Straßenbrücke durch, um für diese Linkskurve dann sofort hart in die Eisen zu steigen und zu versuchen, die Randsteine nicht mitzunehmen. Oberstes Gebot beim Start: Fahrzeugkontakte vermeiden!

Kurve 3 •
Gang: **2**
Speed: **90 km/h**

Die erste langsame Kurve auf dem Kurs. Die Fahrer müssen für diese enge Links, die auf den Republic Boulevard geht, in den zweiten Gang herunterschalten. Am Scheitel eine gute Balance zu finden, ist nach den ersten beiden schnellen Kurven nicht gerade einfach, zumal es gleich dahinter auf den Vollgas-Abschnitt hinunter zu Kurve 5 und weiter zu Kurve 7 geht, während sich ringsum die ungewohnte Sicht auf über- und untereinander laufende Brücken bietet, die Singapurs Straßenbild prägen.

Kurve 7 • **Memorial-Kurve**
Gang: **3**
Speed: **110 km/h**

Die geknickte Vollgas-Gerade vor dieser 90-Grad-Linkskurve gönnt den Motoren eine seltene Verschnaufpause, denn es geht ohne Geschlängel mit bis zu 300 Sachen vorbei am Panorama der Stadt, und es dauert, bis die Fahrer wieder schalten müssen. Im dritten Gang biegen sie in den Raffles Boulevard und weiter auf den Nicoll Highway. An dieser Stelle kollidierte 2010 Lewis Hamilton mit Mark Webber, als er versuchte, nach dem Neustart am Red Bull des Australiers vorbeizuziehen.

Kurve 10 • **Singapore Sling**
Gang: **3**
Speed: **135 km/h**

Die Fahrer brettern mit Vollgas über die St. Andrews Road, rechts das Rathaus und der Oberste Gerichtshof, links das Sportgelände Padang, die Heimat des Singapore Cricket Club. Dann müssen sie hart in die Bremsen treten und vom fünften in den dritten Gang schalten, denn mit der plötzlichen Links-Rechts-Links-Schikane wird die Strecke wieder zum Straßenkurs. 2008 verbremste sich Kimi Räikkönen hier in der Anfahrt, kam auf die Randsteine und krachte mit seinem Ferrari in die Mauer.

Marina Bay – Singapur

Linke Seite: Start ins Nachtrennen: Sebastian Vettel und Nico Rosberg vor der ersten Kurve an der Spitze des Fahrerfelds (2013). *Oben links:* Felipe Massa vor Jenson Button in der Einfahrt zur engen Kurve 3 (2013).
Oben rechts: Die Strecke bietet Fotografen zahlreiche Aussichtspunkte für außergewöhnliche Schnappschüsse.

Kurve 13 •
Gang: **2**
Speed: **80 km/h**

Vorbei an den alten Parlamentsgebäuden auf dem Connaught Drive und über die Anderson Bridge geht es in einem scharfen Schlenker nach rechts, und die Fahrer müssen hart in diese enge Linkskurve vor dem Fullerton Hotel hineinbremsen. Wie so oft kommt es auch hier auf das Tempo am Kurvenausgang an, insbesondere da es dahinter über eine lange Vollgas-Passage und die lange und breite Esplanade Bridge geht, die zum Scheitel hin ansteigt und danach auf Kurve 14 zu abfällt.

Kurve 14 •
Gang: **2**
Speed: **85 km/h**

Luftaufnahmen zeigen, wie nahe diese Rechtskurve, die vom Esplanade Drive auf den Raffles Boulevard am Esplanade Theatre führt, an Kurve 8 heranreicht, wo die Boliden ebenfalls scharf nach rechts schwenken, bevor es dann um den Padang Park herum geht. Die beiden Kurven scheinen nur wenige Meter auseinander zu liegen, obgleich sie durch Leitschienen klar voneinander getrennt sind. Und wie immer bei engen Kurven gilt: Am Ende braucht man eine gute Traktion, um Tempo mitzunehmen.

Kurve 17 •
Gang: **3**
Speed: **125 km/h**

Um die schnellste Linie durch sechs mittelschnelle Kurven zu erwischen, die wie in einer Serpentine aufeinanderfolgen und mit Kurve 16 beginnen, müssen die Fahrer die Kerbs mitnehmen. Genau hier soll Nelson Piquet Jr. 2008 seinen Renault absichtlich in die Mauer gefahren haben, um eine Safety-Car-Phase auszulösen, und zwar just in dem Moment, da Teamkollege Fernando Alonso frisch aufgetankt aus der Boxengasse kam, was diesem letztlich zum Sieg verhalf.

Kurve 22 •
Gang: **3**
Speed: **150 km/h**

Zwischen Kurve 19 und 20 geht es für die Piloten direkt unter der Tribüne hindurch. Dahinter wird die Strecke wieder etwas offener. Aber auch hier bleibt den Fahrern keine Sekunde für einen kurzen Blick auf das imposante Riesenrad linker Hand. Hier ist volle Konzentration gefragt, um einen guten Bogen durch die scharfe Links und die Vierte-Gang-Kurve unmittelbar dahinter zu finden, bevor es nach einer letzten langsamen Kurve mit bis zu 290 km/h wieder in Richtung Start-/Zielgerade geht.

Circuit of the Americas – Blick vom Kontrollturm auf Kurve 17.

Kapitel 3
Amerika

Buenos Aires

Argentinien ist das erste südamerikanische Land, das 1953 Gastgeber der Formel-1-Weltmeisterschaft war – damals mit der argentinischen Formel-1-Ikone Juan Manuel Fangio auf dem Autódromo Oscar Alfredo Gálvez bei Buenos Aires. Der letzte Formel-1-Grand-Prix wurde 1998 ausgetragen. Der Sieger hieß Michael Schumacher.

> Der Kurs hat was von einem Mickey-Mouse-Kurs, was das Layout anbelangt, aber er macht Spaß, die Kurven sind langsam, und man kann sich gleiten lassen.
>
> *Eddie Irvine*

Argentiniens erste große Liebe zum Motorsport begann mit den formelfreien Rennen der Temporada-Serie, die quer durch das Land in verschiedenen Städten gefahren wurden. Danach wurde der Bau einer permanenten Rennstrecke vorangetrieben. Dazu wurde 1951 im Stadtteil Parque Almirante Brown eine große Fläche Sumpfland trockengelegt. Mit finanzieller Unterstützung der Stadt entstand vor der Skyline von Buenos Aires das Autódromo 17 de Octobre (so hieß der Kurs von 1953 bis 1973 in Anspielung auf jenen Tag, da der ehemalige Staatspräsident Perón am 17. Oktober 1945 an die Macht kam).

Eröffnet wurde der Kurs 1952. Er wies ganze 12 verschiedene Streckenführungen auf und war damit seiner Zeit weit voraus. Peróns Absicht war es, mit der Förderung des Motorsports die Reputation seines Landes im Ausland zu erhöhen. Der neue Kurs fand viel Anklang, und so gaben die Organisatoren 1953 ihr Ja zum ersten Grand Prix von Argentinien auf diesem Kurs. Argentinien war damit das erste Land außerhalb Europas, das Gastgeber einer F1-WM war. Doch im Auftaktrennen kam es zu einem folgenschweren Unfall: Giuseppe Farina verlor die Kontrolle über seinen Ferrari, als er einem Zuschauer auswich, der über die Piste lief, und raste in die Zuschauermenge. 15 Menschen starben. Dennoch waren die europäischen Fans begeistert von diesem Kurs und insbesondere von der Weltstadt Buenos Aires. Der Kurs bot ein spannendes Rennen und das Renndatum im Januar eine willkommene Auszeit vom europäischen Winter. Ein Jahr später, 1954, hatten die argentinischen Fans umso mehr Grund zum Jubeln, als Juan Manuel Fangio hier den ersten seiner insgesamt fünf Siege in Folge holte. Und 1958 schrieb Stirling Moss F1-Geschichte, als er den ersten WM-Sieg mit einem Mittelmotorbetriebenen Fahrzeug errang.

Als Perón 1955 gestürzt wurde, wurde der Kurs umbenannt und hieß fortan Autódromo Oscar Alfredo Gálvez, zu Ehren des großen Rennfahrer-Helden des Landes.

Der Kurs begann mit einer langen Rechtskurve, welche die Autos auf eine Rückgerade hinunter in die Vollgas-Kurve Ascari führte. Es folgten eine Haarnadel, eine Schikane sowie ein schleifenförmiger Infield-Bereich, ehe es wieder auf eine Gerade hinunter zu einer weiteren Haarnadel ging und die Runde mit einem scharfen Linksknick endete. Diese Streckenführung war als Kurs 2 bekannt, und er war der, der beim F1-Auftaktrennen 1953 gefahren wurde. Sportwagenrennen wurden auf dem längeren Kurs 15 ausgetragen. Dieser begann auf halber Strecke durch die erste Kurve mit einem Linksknick, ging dann über einen Rechts-Links-Bogen auf eine Gerade, welche über einen See und bergab in eine lange Rechtskurve mit einem doppelten Scheitelpunkt ging, die auf die Rückgerade führte. Hier konnten die Fahrer richtig Vollgas geben, bevor sie den engen, gewundenen Abschnitt kurz vor der Ascari erreichten, der sich über eine Gesamtlänge von 5,9 Kilometer zog und einige mittelschnelle Kurven sowie zwei Haarnadeln aufwies.

Argentinien hatte einen starken Eindruck hinterlassen, wurde 1960 aber dennoch aus dem WM-Kalender der Formel 1 gestrichen, weil den Organisatoren das Geld ausging. Erst 1972 kehrte das Land wieder in die Formel 1 zurück. Diesmal wurde das Rennen auf Kurs 9 gefahren. Ab 1974 ging es für die Fahrer auf Kurs 15. Hier fuhr Jody Scheckter 1977 für das neue Team Walter Wolf Racing einen herausragenden Sieg ein, ebenso wie zwei Jahre später Jacques Lafitte für Ligier, der den Lotus-Favoriten Carlos Reutemann auf den zweiten Platz verwies und eine Schockwelle durch die Formel 1 jagte. Indes wurde der GP von Argentinien wegen politischer Unruhen im Zuge des Falkland-Kriegs 1982 erneut aus dem WM-Kalender der Formel 1 gestrichen.

Ein Comeback als GP-Gastgeber erfolgte 1995 für weitere vier Jahre. Von 1995 bis 1998 wurden die Rennen auf Kurs 6 gefahren, der eigentlich Kurs 9 war, da man im Infield-Bereich eine 0,8 Kilometer lange Schleife eingefügt hatte.

Rechts: Damon Hill schießt im Williams von der Pole-Position, gefolgt von Michael Schumacher, Jean Alesi und Gerhard Berger (1996).

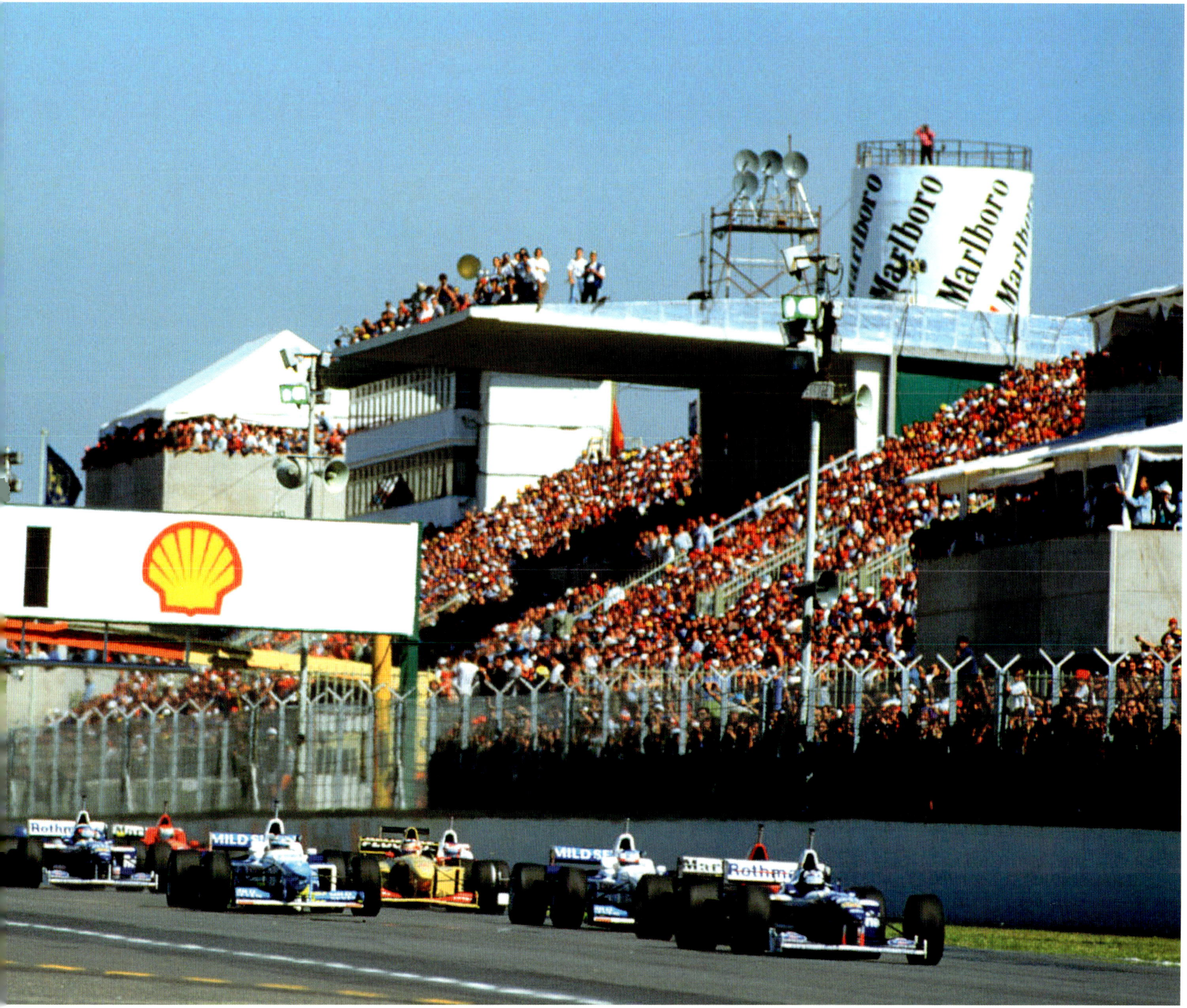
Marlboro
Marlboro
Rothmans
MILD SEVEN

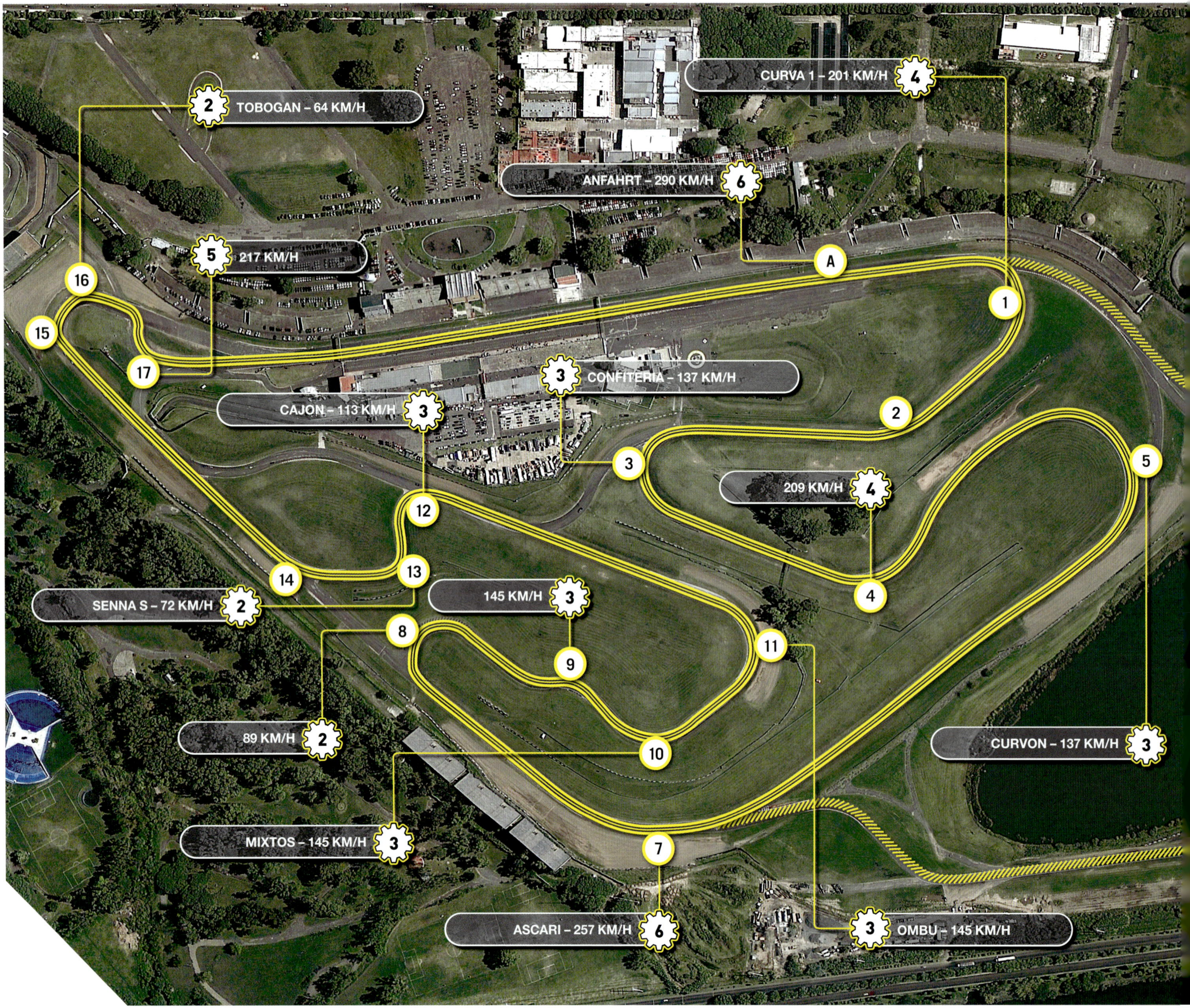
2 TOBOGAN – 64 KM/H
4 CURVA 1 – 201 KM/H
ANFAHRT – 290 KM/H 6
5 217 KM/H
A
16
15
17
1
3 CONFITERIA – 137 KM/H
CAJON – 113 KM/H 3
2
3
209 KM/H 4
5
12
14
13
4
SENNA S – 72 KM/H 2
145 KM/H 3
8
11
9
89 KM/H 2
10
CURVON – 137 KM/H 3
MIXTOS – 145 KM/H 3
7
ASCARI – 257 KM/H 6
3 OMBU – 145 KM/H

Buenos Aires – Argentinien

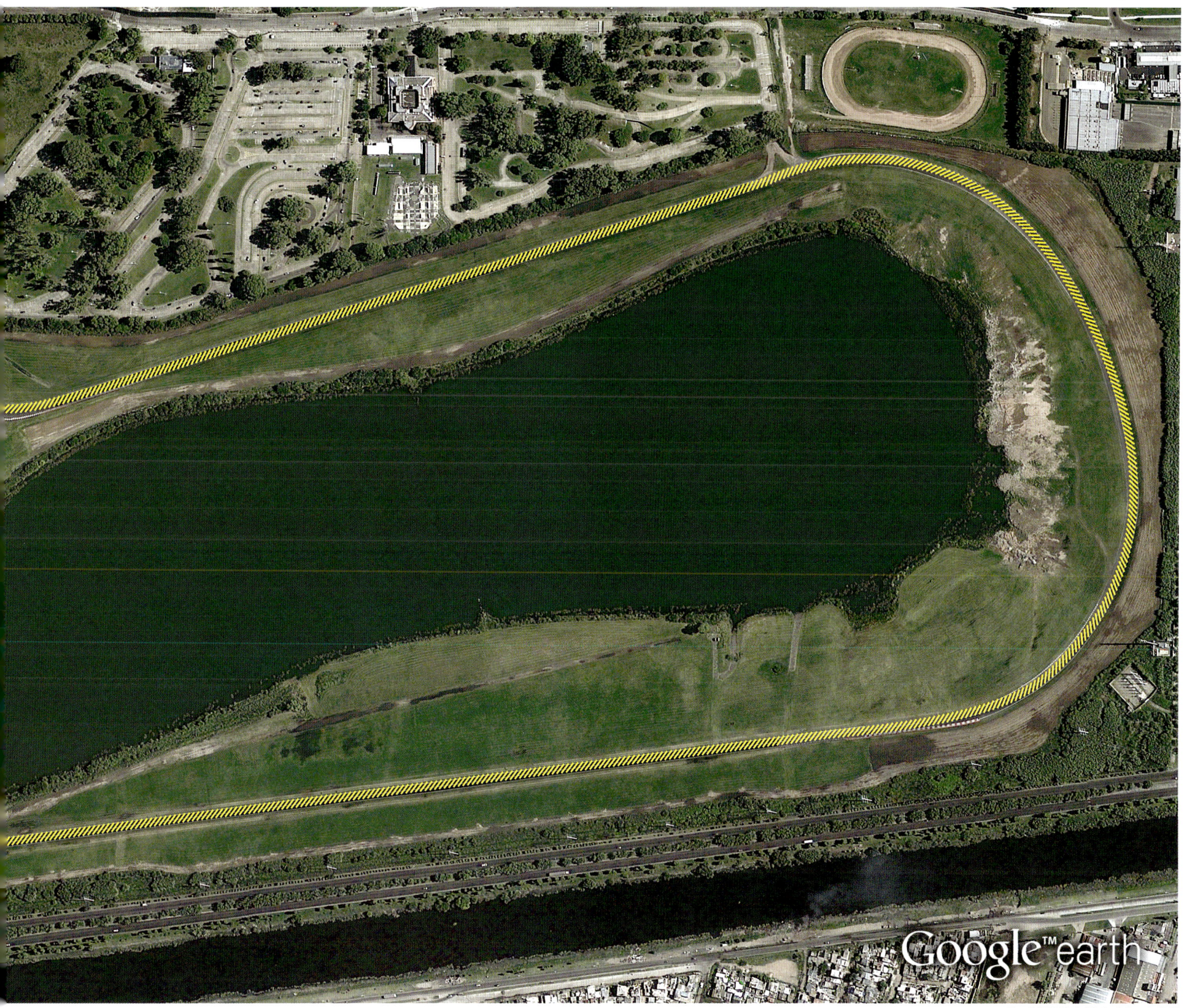

Strecken-Porträt

Die Strecke war berühmt für ihre langen Geraden, doch die letzten vier F1-WM-Rennen in den 1990ern wurden auf einer ganz anderen Streckenvariante gefahren. Diese bestand fast nur aus mittelschnellen Kurven und Haarnadeln, was Fahrer und Fans nicht gerade in Begeisterung versetzte.

Kurve 1 • **Curva 1**
Gang: **4**
Speed: **201 km/h**

Die Fahrer kommen im fünften Gang auf diese Kurve zu, schalten hinunter in den vierten und müssen in einem weiten Bogen bei immer noch 201 km/h in diese Rechtskurve hineinbremsen. Die Stelle ist beliebt für Überholmanöver. Es gilt also, bei Angriff einen kühlen Kopf zu bewahren und die Innenlinie zu blockieren. Oder besser noch: Die Kurve in einem weiten Bogen nehmen und auf der Mittellinie bleiben, da sie sich in ihrem Verlauf immer weiter zuzieht.

Kurve 3 • **Confitería**
Gang: **3**
Speed: **137 km/h**

Nachdem sie durch die scharfe Kurve 2 auf die kurze Gerade dahinter beschleunigt haben, bremsen die Fahrer hart in diese enge Doppelscheitel-Links, die sich hinter dem Fahrerlager entlangzieht. Zu einem der spektakulärsten Zwischenfälle kam es hier 1996, als Pedro Diniz sich gerade noch aus seinem brennenden Ligier befreien konnte. Kaum war er nach einem Tankstopp wieder auf der Piste, sprang der Tankdeckel auf, Benzin spritzte auf den Auspuff und entzündete sich.

Kurve 5 • **Curvon**
Gang: **3**
Speed: **137 km/h**

Ein besonderes Merkmal des Kurses sind die lang gezogenen Doppelscheitel-Kurven. Bei dieser müssen die Fahrer hart herunterbremsen und vom fünften in den dritten Gang schalten, bevor sie dann durch den zweiten Scheitel wieder beschleunigen können, um möglichst schnell aus der Kurve zu schießen. Ralf Schumacher beförderte hier Jordans-Teamkollege Giancarlo Fisichella, der als Zweiter an der Spitze fuhr, aus dem Rennen und schaffte es selbst als Dritter auf das Siegerpodest.

Kurve 7 • **Ascari**
Gang: **6**
Speed: **257 km/h**

Diese temporeiche Kurve war früher durch eine Bodenwelle direkt auf dem Scheitel, wo die Schleife des längeren Kurs 15 wieder auf den eigentlichen Grand-Prix-Kurs traf, äußerst gefährlich, denn die Rennwagen konnten hier nur allzu leicht abheben. Außerdem gab es am Kurvenausgang keine Randsteine, was nicht selten für wahre Schreckmomente sorgte, denn wer hier zu weit aus der Kurve getragen wurde, schoss leicht über die Piste hinaus und landete direkt auf dem Rasen.

Buenos Aires – Argentinien

Linke Seite: François Cevert beschleunigt seinen Tyrrell 006 durch die letzte Kurve auf die Start-/Zielgerade. Im Hintergrund der charakteristische Bogen. **Oben links:** Noch einmal Kurve 17, aus der anderen Richtung. Im Hintergrund die Boxengebäude. **Oben rechts:** Bergauf aus Kurve 1 kommend, lenkt Ralf Schumacher seinen Jordan in Kurve 3 (1997).

Kurve 8 •
Gang: **2**
Speed: **89 km/h**

Kaum haben sie aus der Ascari beschleunigt, müssen die Fahrer prompt wieder vom Gas, um in die engste Haarnadel der Runde einzulenken. Es geht vom vierten runter in den zweiten Gang. Sofern kein Hintermann attackiert, wird die enge Rechts-Haarnadel vom äußersten linken Fahrbahnrand angefahren, um sie in einer möglichst weiten Linie zu durchfahren. Entscheidend ist, das Tempo frühzeitig zu drosseln, um in der Ausfahrt auf die Schikanen dahinter zu beschleunigen.

Kurve 9/10 • **Mixtos & Ombu**
Gang: **3**
Speed: **145 km/h**

Diese schnelle Kurvenfolge, erst links dann rechts, macht Überholmanöver unmöglich, denn die Fahrer versuchen, sie in einer möglichst geraden Linie über die Kerbs zu nehmen. Sie schließt sich unmittelbar an die enge Kurve 8 an. Die Fahrer beschleunigen ihre Boliden hart, bleiben im dritten Gang, denn prompt dahinter folgt die erste von zwei mittelschnellen Linkskurven. Wer in der ersten Links eine falsche Linie erwischt, hat in der zweiten schwer zu kämpfen.

Kurve 14 • **Senna S**
Gang: **2**
Speed: **72 km/h**

Diese Links-Rechts-Kombination, die 1995 eingefügt wurde, ist sehr viel enger als die Schikanen, die zuvor durchfahren wurden, und bremst den Fluss gewaltig ab: Die Links zieht sich auf halbem Weg zu, ehe die Strecke dann scharf nach rechts knickt. Hier überschlug sich 1996 Luca Badoer mit seinem Forti Corse nach einer Kollision mit Ligier-Pilot Pedro Diniz. Danach folgt eine weitere scharfe Rechts, die auf eine kurze Gerade hinunter in die zweite Haarnadel führt.

Kurve 16 • **Tobogan**
Gang: **2**
Speed: **64 km/h**

Die vorletzte Kurve dieses Rundkurses ist eine Rechts-Haarnadel. Am Kurveneingang kann überholt werden, doch ein hohes Tempo am Kurvenausgang ist deutlich wichtiger. Die Fahrer beschleunigen hart aus der Kurve, bleiben auf dem Gas, während sie in einem schnellen Schlenker auf die Start-/Zielgerade schwenken. 1975 drehte sich James Hunt hier mit seinem Hesketh, verschenkte die Führung und musste sich letztlich mit dem zweiten Platz begnügen.

Große Fahrer & große Momente

Die argentinischen Fans mussten nicht lange auf einen Heimsieg warten: Juan Manuel Fangio gewann den zweiten Großen Preis von Argentinien. Landsmann Carlos Reutemann konnte ihnen diese Hoffnungen in den 1970ern und 1980ern leider nicht erfüllen.

Rechte Seite oben: Alan Jones im Williams FW06-Cosworth beim Großen Preis von Argentinien 1978.

Rechte Seite unten links: Obwohl sich eine Plastiktüte im Kühler verfängt, erringt Alan Jones den Sieg (1980).

Rechte Seite unten rechts: Das McLaren-Team mit David Coulthard und Mika Häkkinen führt, doch Michael Schumacher bleibt dran und trägt am Ende den Sieg davon (1998).

Große Fahrer

Juan Manuel **Fangio**
4 Siege

Argentinien glaubte so sehr an seinen Helden Juan Manuel Fangio, dass er 1948 auf Staatskosten nach Europa reisen konnte. Nachdem die erste Enttäuschung verwunden war, weil er 1953 im Premieren-Rennen ausgefallen war, bescherte Fangio seinem Land in den vier Jahren danach vier Siege in Folge. Doch 1956 hatte sein Lancia-Ferrari Probleme mit der Benzinpumpe, woraufhin Teamkollege Luigi Musso die Order bekam, seinen Wagen an Fangio abzugeben. Und Fangio fährt zum Sieg.

Emerson **Fittipaldi**
2 Siege

Vielleicht aus Rache, weil der Argentinier Carlos Reutemann den ersten Großen Preis von Brasilien gewonnen hatte, drehte der Brasilianer Emerson Fittipaldi den Spieß kurzerhand um und gewann die Auftaktrennen 1973 und 1975. Den ersten Sieg holte er für Lotus, nachdem er an Jackie Stewart im Tyrrell vorbeiziehen konnte. Zwei Jahre später, jetzt für McLaren, errang er erneut den Sieg, nachdem er zuerst an Reutemann und dann an James Hunt im Hesketh vorbeikam.

Damon **Hill**
2 Siege

Mit zwei Grand-Prix-Siegen, 1995 und 1996, gelang Damon Hill etwas, das seinem Vater Graham nie glückte. 1995 lag zunächst Teamkollege David Coulthard im Williams-Renault an der Spitze, dann Michael Schumacher im Benetton, bis es Hill schließlich gelang, beide hinter sich zu lassen und das Rennen verdientermaßen für sich zu entscheiden. Im folgenden Jahr gewann er erneut in Buenos Aires, diesmal gelang ihm von der Pole-Position ein Start-Ziel-Sieg.

Denny **Hulme**
1 Sieg

Der australische Außenseiter kämpfte 1974 mit eisernem Siegeswillen und profitierte von technischen Problemen seiner Rivalen: Ronnie Peterson im Lotus zog an die Spitze, wurde in Runde 3 von Lokalmatador Carlos Reutemann im Brabham überholt. Peterson bekam Bremsprobleme, doch aus einem Heimsieg wurde nichts, da Reutemann ausschied, weil ihm der Sprit ausging. Und so fuhr Hulme unangefochten seinem achten und letzten Grand-Prix-Sieg entgegen.

Große Momente

1954 **Fangio** lässt die Menge jubeln

Die Auftaktrunde der WM-Saison 1954 war für die argentinischen F1-Fans eine Sensation. Juan Manuel Fangio fuhr das erste Rennen im neuen Maserati. Maserati war als einziges nicht-Ferrari-Team in der vorderen Startreihe vertreten. Fangio konnte sich zunächst nicht an dem in Führung liegenden Giuseppe Farina vorbeikämpfen, holte aber auf, als es plötzlich zu regnen begann. Während seine Rivalen sich auf der nassen Piste drehten, zeigte Fangio seine ganze fahrerische Klasse!

1958 **Moss** holt ersten WM-Sieg mit Mittelmotor

Das Auftaktrennen 1958 war das erste GP-Rennen, das mit einem durch einen mit Mittelmotor angetriebenen Rennauto gewonnen wurde. Und dies gelang Stirling Moss. Er fuhr für das Team Rob Walker Cooper Racing, das entschied, Moss das gesamte Rennen ohne Reifenwechsel fahren zu lassen. Die Rechnung ging auf: Moss zog an Ferrari-Pilot Mike Hawthorn vorbei an die Spitze, bekam Motorprobleme, doch Musso attackierte ihn nicht im guten Glauben, Moss würde die Box anfahren, was er aber

1980 **Jones** wechselt aus der zweiten Reihe zu Williams

Alan Jones mit Williams dominierte bereits die Saison 1979. Auch 1980 kontrollierte er das Rennen vom Start weg, baute seine Pole in eine Führung aus: Er fuhr unangefochten an der Spitze, bis sich eine Plastiktüte in seinem Kühler verfing und ihn an die Box zwang. Dies warf ihn zurück auf den vierten Platz. Doch er kämpfte sich zurück, ging an Gilles Villeneuve, Nelson Piquet und Jacques Laffite vorbei, schlug Piquet um 24,6 Sekunden und sicherte sich den Fahrertitel.

1998 **Schumacher** kämpft mit harten Bandagen

McLaren hatte die ersten beiden Runden der Saison dominiert und schickte sich an, auch diese dritte Runde für sich zu entscheiden. Doch daraus wurde nichts. Ferrari-Pilot Michael Schumacher zog früh an Mika Häkkinen vorbei und nahm schließlich auch David Coulthard die Führung ab. Schumacher entschied sich für eine Zwei-Stopp-Strategie. Er fuhr der Konkurrenz schließlich uneinholbar davon und konnte den Sieg nach Hause fahren.

Buenos Aires – Argentinien

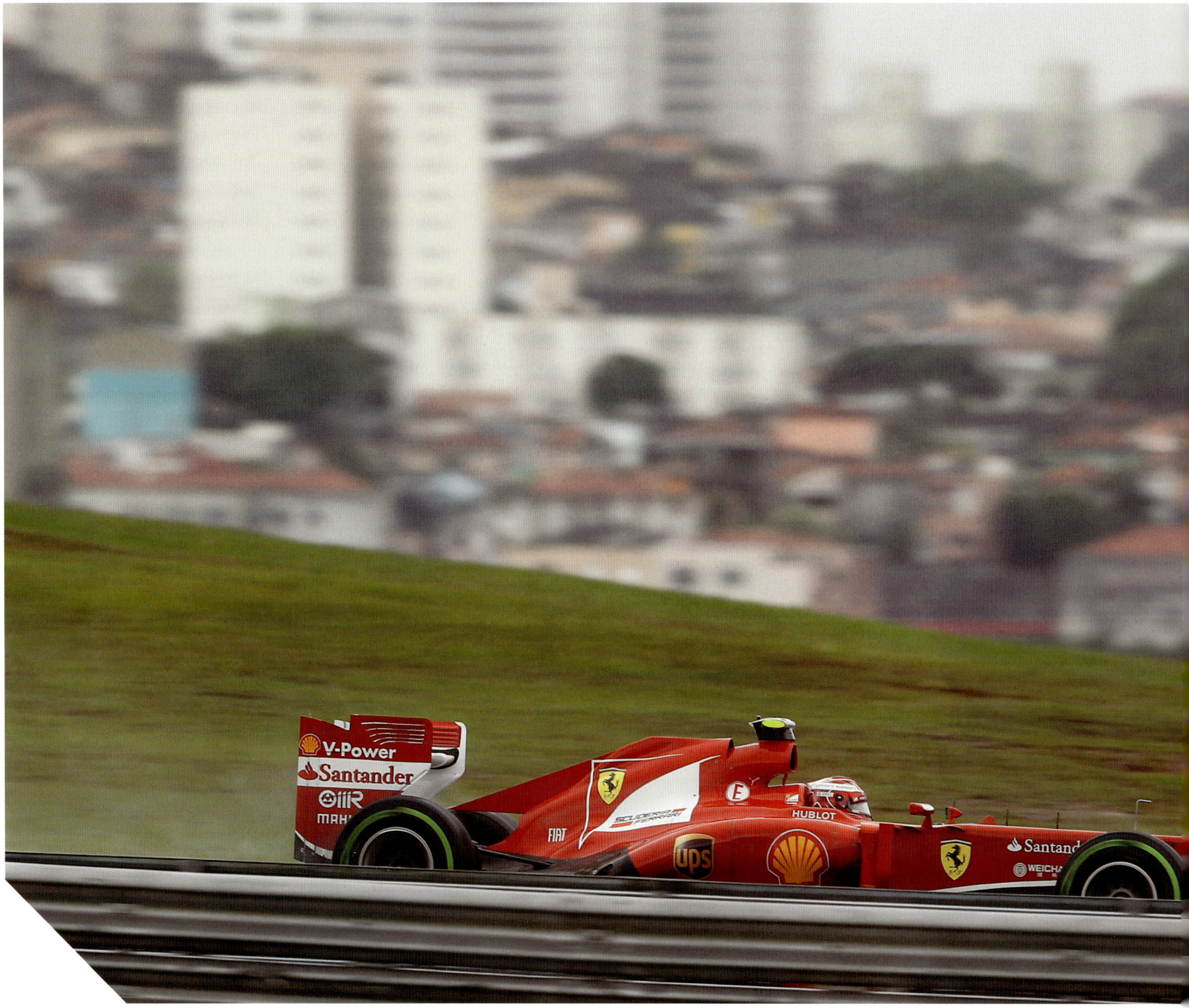
V-Power
Santander
HUBLOT
FIAT
ups

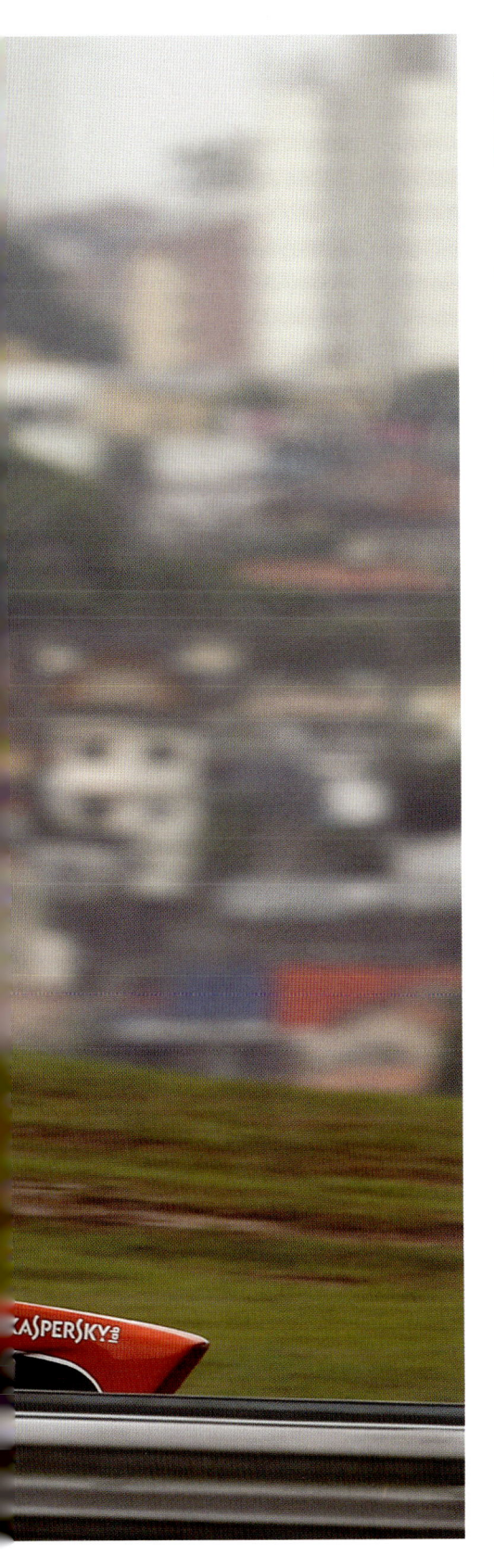

Interlagos

Dieser Kurs mag eckig und kantig sein, Investitionen bitter nötig haben, damit er modernen Standards genügen kann, doch er bleibt einer der größten Schauplätze des Formel-1-Sports. Auf einer hügeligen Strecke bietet er spannende Rennen, wie sie nur durch die Leidenschaft der Zuschauer entstehen.

> Interlagos hat ein paar tolle Kurven, wie die Curva do Laranjinha, und es gibt echte Überholmöglichkeiten ins Senna S beim Start der Runde und beim Bremspunkt zur Descida do Lago am Ende der Gegengeraden.
>
> *Rubens Barrichello*

Pläne für den Kurs außerhalb des Stadtkerns von São Paulo gab es bereits 1920. Der britische Ingenieur Louis Romero hatte sie vorgelegt, dazu einen Flächennutzungsplan für den Wohnungsbau. Damals entstand auch der Name für den Kurs, Interlagos, was „zwischen den Seen" bedeutet. Die Pläne wurden aber nicht umgesetzt, da man das vorgesehene Areal für den Wohnungsbau als ungeeignet befand.

Jahrelang geschah nichts, bis São Paulo 1938 ein Straßenrennen veranstaltete – mit einem tragischen Ende: Die französische Rennfahrerin Hellé Nice kam von der Strecke ab, raste in die Zuschauermenge und tötete sechs Menschen. Sie selbst kam mit dem Leben davon. Dieses Unglück trieb den Bau einer permanenten Rennstrecke schließlich voran. 1938 beschloss das Bauunternehmen Sanson, am Stadtrand von São Paulo ein abfallendes Gelände aufzukaufen, das eine natürliche Mulde bildete. So entstand Brasiliens erster zweckerrichteter Rennkurs, der 1940 einsatzbereit war. Seitdem ist die Strecke bei Fahrern und Fans äußerst beliebt, zumal Letztere einen weltweit wohl einmaligen Panoramablick über den gesamten Kurs genießen können. Hinzu kommt die übersprudelnde Leidenschaft der brasilianischen Fans. Zweifelsohne hinken die Anlagen den modernen Standards heute hinterher, und das Team-Personal bleibt vor den Toren der Strecke im Verkehrschaos der Millionenmetropole nicht selten im Stau stecken; aber die Tatsache, dass der Kurs derzeit die einzige F1-Strecke in ganz Südamerika ist, bedeutet, dass das Land, das einen Ayrton Senna hervorgebracht hat, immer ein wichtiger Bestandteil der F1-WM sein wird, ob mit diesem Kurs oder einem moderneren irgendwo, irgendwann.

Untypischerweise wird der Kurs gegen den Uhrzeigersinn gefahren, und gleich die erste Kurve bedeutet einen Belastungstest der außergewöhnlichen Art, denn die Fahrer müssen mit diesem schnellen Richtungswechsel fertig werden. Gleich dahinter geht es abwärts zur Descida do Lago, ehe es nach links und wieder hinauf zur schwierigen Ferradura geht. Es folgt ein rasanter Abschnitt bergauf und bergab, auf dem es so gut wie keine Überholpunkte gibt. Stattdessen kleben die Fahrer dicht an ihrem Vordermann, um eine gute Linie aus der Junção zu erwischen, um möglichst optimal aus der Kurve zu kommen und den Vordermann mit Vollgas über den gebogenen Abschnitt dahinter an den Boxen vorbeizujagen.

Der insgesamt 4,3 Kilometer lange Kurs sorgt für Fahrspaß und bietet den Fans allerbeste Unterhaltung. Der Kurs, der bis 1979 genutzt wurde, war knapp 8 Kilometer lang. Das lag daran, dass es in Verlängerung der ersten Kurve eine extra Schleife gab, die bergab ins Tal und um den See herum führte, bevor sie wieder bergauf ging, dann wieder bergab und wieder bergauf und am Ende bei der Ferradura auf den heute bestehenden Kurs mündete.

Das benachbarte Argentinien war bereits seit 1953 Gastgeber der F1-Weltmeisterschaften in Buenos Aires, Brasilien aber musste noch 20 Jahre warten, bis es so weit war. 1972 fand in Interlagos eine Nicht-Formel-1-Rennmeisterschaft statt, die Carlos Reutemann gewann und die eindrücklich unter Beweis stellte, dass der Kurs mit der Formel 1 mithalten konnte. 1973 schließlich wurde er Heimat des brasilianischen GP, als Emerson Fittipaldi seinen Fans einen Heimsieg bescherte. 1978 wurde der GP von Brasilien auf den Jacarepaguá Circuit bei Rio de Janeiro verlegt und kehrte erst wieder 1990 nach Interlagos zurück, wo die Rennen seither auf der heutigen stark verkürzten Strecke ausgetragen werden.

Der vollständige Name des Kurses lautet Autódromo José Carlos Pace zu Ehren des brasilianischen Formel-1-Fahrers José Carlos Pace, der zwei Jahre zuvor, 1977, bei einem Flugzeugabsturz ums Leben gekommen war. ■

Links: Vor der Kulisse der ausufernden Vororte von São Paulo rast Felipe Massa in seinem letzten Rennen für Ferrari bergab Richtung Pinheirinho (2013).

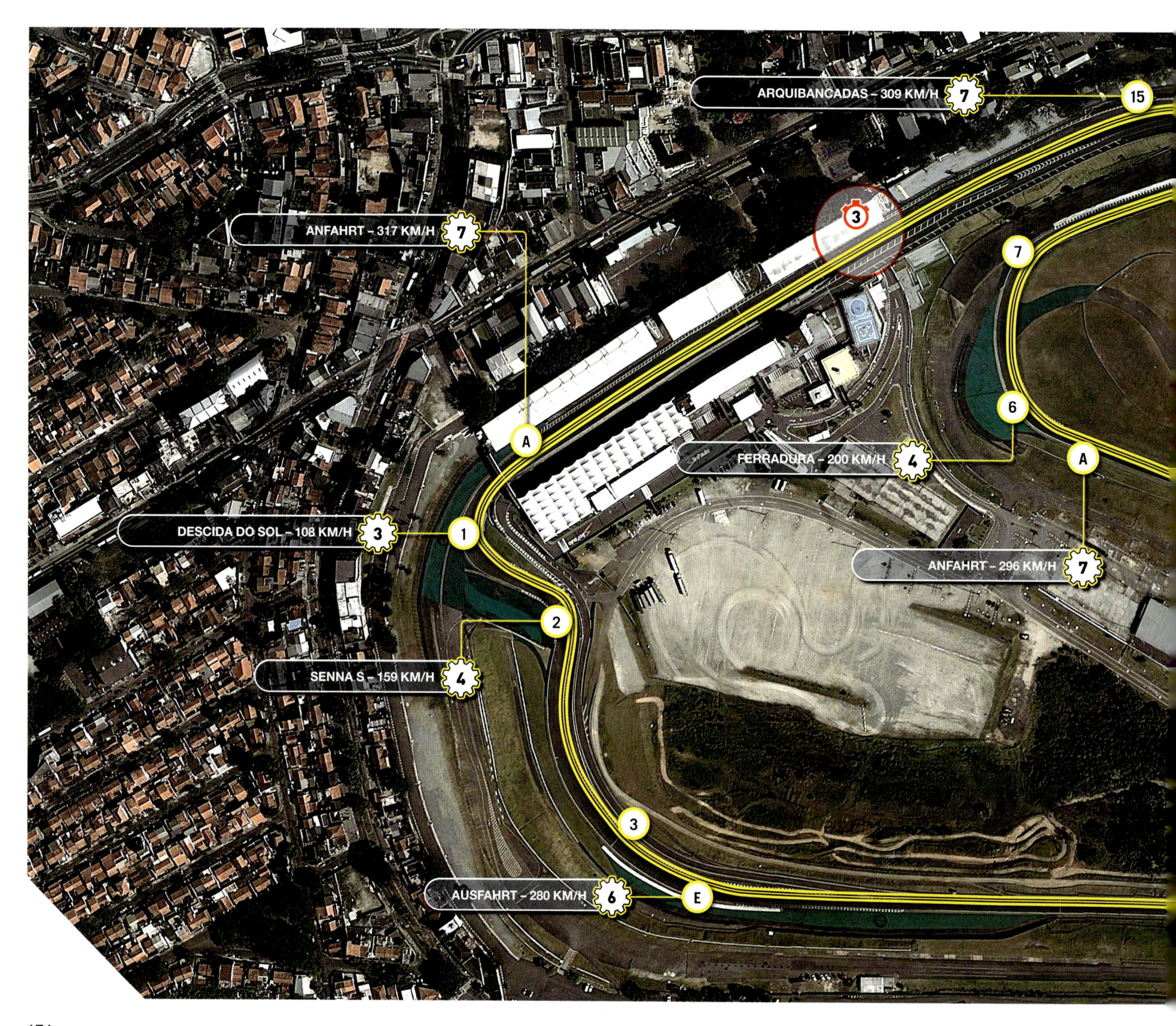

ARQUIBANCADAS – 309 KM/H
ANFAHRT – 317 KM/H
DESCIDA DO SOL – 108 KM/H
FERRADURA – 200 KM/H
ANFAHRT – 296 KM/H
SENNA S – 159 KM/H
AUSFAHRT – 280 KM/H

Interlagos – Brasilien

- 2 LARANJA – 76 KM/H
- 6 SUBIDA DOS BOXES – 280 KM/H
- 5 220 KM/H
- 2 COTOVELO – 84 KM/H
- 2 PINHEIRINHO – 97 KM/H
- 3 JUNÇÃO – 125 KM/H
- 5 MERGULHO – 235 KM/H
- 5 250 KM/H
- 4 DESCIDA DO LAGO – 160 KM/H
- ANFAHRT – 312 KM/H

Strecken-Porträt

Von der blinden Einfahrt bis zur ersten Kurve durch die enge Senna S, dann der plötzliche Streckenabfall nach der Laranja und die schwierige Ausfahrt aus der Junção – Interlagos ist etwas ganz Besonderes.

Kurve 1 • **Descida do Sol**
Gang: **3**
Speed: **108 km/h**

Die Anfahrt auf diese Kurve ist furchterregend. Die Fahrer schießen über die kurvige und ansteigende Start-/Zielgerade auf sie zu. Dazu hohe Mauern auf beiden Seiten. Die Einfahrt erfolgt blind, da die Kurve vom Fahrerlager halb verdeckt wird. Das heißt, scharfes Hineinbremsen und von 322 km/h im höchsten Gang runter in den dritten. Die Strecke kippt hier stark nach links ab, und es gilt, möglichst nicht zu weit ab über den Grünstreifen zu kommen, denn Kurve 2 folgt unmittelbar.

Kurve 2 • **Senna S**
Gang: **4**
Speed: **159 km/h**

Wer aus dem Fahrerfeld es schafft, eine enge Linie am Ausgang der Decida do Sol zu finden, ist bestens positioniert für die unmittelbar danach folgende Senna S. Der Kurveneingang ist hier eng, weshalb die Fahrer einen möglichst weiten Bogen nehmen müssen. Sobald das Auto eine gute Linie hat, gilt es, hart zu beschleunigen, denn die Kurve geht durch eine geschwungene Links auf die zweitlängste Gerade der Runde und anschließend weiter bergab zur Descida do Lago.

Kurve 4 • **Descida do Lago**
Gang: **4**
Speed: **160 km/h**

Die Strecke ist in der Anfahrt auf diese schnelle Linkskurve sehr breit. Die Fahrer bremsen aus 322 km/h hart hinein und schalten runter in den vierten Gang. Das aber ging 1994 gründlich schief: Jos Verstappen drehte mit seinem Benetton von der Piste, wurde beim Wiedereinbiegen auf die Fahrbahn von Eddie Irvine getroffen, der aus dem Windschatten von Bernard zog. Beide krachten in Bernard, Verstappens Wagen überschlug sich, während Irvine an Martin Brundle hängen blieb.

Kurve 6 • **Ferradura**
Gang: **4**
Speed: **200 km/h**

Haben die Fahrer den tiefsten Punkt an der Descida do Lago hinter sich gelassen, geht es mit Vollgas durch die offene Kurve 5 und bergauf zu dieser ersten von drei Rechtskurven, die sich über einen Hügelkamm ziehen, ehe die Strecke wieder abfällt. Hier ist eine gute Linie entscheidend, um die beiden ersten Vierte-Gang-Kurven mit ordentlich Tempo zu durchfahren, bevor es dann im zweiten Gang durch den letzten Kurvenabschnitt geht.

Interlagos – Brasilien

Linke Seite: In der Startrunde führt Witali Petrow im Caterham das Mittelfeld an. Hier: von der Pinheirinho bergauf zur Cotovelo (2012). ***Oben links:*** Regen ist keine Seltenheit. Hier: Fernando Alonso wirbelt Gischt auf der Boxengeraden auf (2012). ***Oben rechts:*** Die erste Kurve ist gefürchtet. Hier: Lewis Hamilton an der Spitze ist bestens positioniert für die Einfahrt in die blinde Links (2012).

Kurve 9 • **Pinheirinho**
Gang: **2**
Speed: **97 km/h**

Der Kurs windet sich serpentinenartig den Hügel hinauf. Erst an der Pinheirinho, einer lang gezogenen Linkskurve, macht die Strecke eine Kehre, und es geht wieder bergab. Die Fahrer müssen hier auf unter 100 km/h herunterbremsen. Die Pinheirinho ist schwierig zu fahren, denn wer versucht, zu schnell auf die kurze, scharf gebogene Gerade dahinter zu beschleunigen, verliert leicht Traktion und Schwung. Überholen ist hier unmöglich.

Kurve 10 • **Cotovelo**
Gang: **2**
Speed: **84 km/h**

Dieser langsamste Punkt des Kurses ist eine enge Rechts-Haarnadel. Sie wird bergauf angefahren, erscheint im ersten Teil relativ offen, zieht sich aber zum Scheitel hin immer weiter zu und zwingt die Fahrer in den zweiten, wenn nicht gar ersten Gang. Auf der Bergab-Gerade dahinter beschleunigen die Fahrer hart in eine lang gezogene Links, die im fünften Gang und mit leichtem Antippen des Gaspedals genommen wird, denn es kann Traktionsprobleme geben.

Kurve 12 • **Junção**
Gang: **3**
Speed: **125 km/h**

Die Junção ist die Schlüsselkurve von Interlagos schlechthin. Die eigentlich recht harmlos wirkende Dritte-Gang-Linkskurve ist deshalb so entscheidend, weil sie auf die Start-/Zielgerade mündet. Je früher also der Fahrer den Bremspunkt legt, sein Auto ausbalancieren und Gas geben kann, umso besser. Von diesem Vorteil wird er bis zur ersten Kurve profitieren. Schafft er eine schnelle Ausfahrt, hat er gute Chancen auf eine gute Windschattenlinie.

Kurve 14 • **Subida dos Boxes**
Gang: **6**
Speed: **280 km/h**

Die meisten Fahrer betrachten diese Stelle nicht als eine Kurve, sondern eher als zweite von drei scharfen Knickpunkten zwischen der Junção und Kurve 1, der Descida do Sol. Genau hier entschied sich 2008 das Rennen für Lewis Hamilton, der einen rettenden fünften Platz brauchte, um Weltmeister zu werden. Er schaffte es in der letzten Runde, den im Regen auf Trockenreifen fahrenden Timo Glock im Toyota zu überholen, fuhr zum Sieg und verwies Massa auf den zweiten Platz.

178

Große Fahrer & große Momente

Auf einigen Kursen scheinen die Siege klar und unkompliziert. In Interlagos jedoch kommt fast immer etwas dazwischen – Fahrzeugkontakte, Mechanikprobleme oder (sehr häufig) plötzlicher Regen.

Linke Seite oben: Ayrton Senna im Williams zieht davon, doch Schumacher im Benetton (hier an dritter Position) lässt nicht locker und holt auf (1994).

Linke Seite unten links: Lokalmatador Emerson Fittipaldi vor Lotus-Teamkollege Ronnie Peterson und Tyrrell-Pilot Jackie Stewart beim Start (1973).

Linke Seite unten rechts: Felipe Massa, hier in der Anfahrt auf die Ferradura, wähnt sich als Sieger, doch es kommt anders … (2008).

Große Fahrer

Michael **Schumacher** — 4 Siege

Seinen ersten Sieg hier holte Schumacher 1994 für Benetton mit einer ganzen Runde Vorsprung auf Damon Hill. 1995 gewann er erneut, nachdem Williams-Pilot Hill zunächst in Führung lag, dann aber ausschied. Williams-Teamkollege David Coulthard schloss auf, blieb dicht an Schumacher dran und ging am Ende als Zweiter ins Ziel. Nach seinem Wechsel zu Ferrari siegte er 2000 nach einem Aus für Mika Häkkinen und noch einmal 2002 um eine Nasenlänge vor Bruder Ralf.

Emerson **Fittipaldi** — 2 Siege

Emerson ist auf diesem Rennkurs praktisch groß geworden. Sein Vater war hier Radiokommentator. So passt es ins Bild, dass er 1973 den ersten Großen Preis von Brasilien gewann, als die Formel 1 hier ihr Debüt gab: Fittipaldi im Lotus zog an Teamkollege Ronnie Peterson auf der Pole-Position vorbei und behauptete die Führung bis ins Ziel. 1974 gewann er für McLaren vor Peterson, 1975 wurde er Zweiter hinter Landsmann Carlos Pace im Brabham. 1977 errang er den vierten Platz für Lotus.

Juan Pablo **Montoya** — 2 Siege

Dem kolumbianischen Draufgänger blieb 2002 der Sieg verwehrt, als er bereits in der Startrunde mit Michael Schumachers Ferrari kollidierte. 2003 scheitert er dann am Regen, konnte schließlich dann aber 2004 im Williams nach einem extrem knappen Zweikampf mit McLaren-Pilot Kimi Räikkönen den Sieg nach Hause fahren. Nach seinem Wechsel zu McLaren siegte Montoya 2005 erneut knapp vor Räikkönen, der jetzt sein Teamkollege war. Fernando Alonso wurde Dritter.

Felipe **Massa** — 2 Siege

Das einzige Mal, dass er in Interlagos zum Arbeiten gewesen sei, war als Pizza-Boy, sagte Felipe Massa, als er zur Formel-1-Weltmeisterschaft in Interlagos antrat … Wie groß muss seine Freude gewesen sein, als er 2006 seinen ersten Sieg (den zweiten der Saison insgesamt) hier vor heimischem Publikum holte und damit sein erstes Jahr bei Ferrari krönte. Es war der erste Heimsieg seit Ayrton Senna 1993. 2008 holte er in einem dramatischen Finale seinen zweiten Grand-Prix-Sieg.

Große Momente

1991 — **Senna** holt den Heimsieg

Senna war zu seiner Zeit sicherlich der Beste, seine Bilanz in Brasilien ist aber eher enttäuschend. Der zweite Platz blieb seine beste Platzierung in sechs Rennen in Jacarepaguá. 1990, als die Formel 1 wieder in Interlagos gastierte, erzielte er den dritten Platz, bis er 1991 den lang ersehnten Heimsieg holte. Er setzte sich nicht nur gegen die Williams-Piloten Nigel Mansell und Riccardo Patrese durch, sondern schaffte es sogar, das Rennen mit Getriebeschaden ohne Gangwechsel zu Ende zu fahren.

2003 — **Fisichella** wird nachträglich Rennsieger

Es gibt in der Geschichte der F1-WM nur wenige Rennen, die am Ende einen falschen Sieger präsentierten. Der Große Preis von Brasilien 2003 war so eines: Das Rennen fand bei anhaltendem Regen statt und wurde zwischendurch abgebrochen. Nach dem Neustart kamen nun auch die Zeitnehmer buchstäblich ins Schwimmen, lasen die Zeiten falsch ab und erklärten McLaren-Pilot Kimi Räikkönen am Ende zum Sieger. Erst Tage später wurde Giancarlo Fisichella für Jordan zum Sieger ernannt.

2007 — **Räikkönen** besiegt McLaren-Piloten

Was ihm 2003 nicht gelang, schaffte Räikkönen vier Jahre später. Er gewann den Großen Preis von Brasilien. Als Underdog gestartet, lieferte er sich einen spannenden Titelkampf mit den beiden McLaren-Piloten Fernando Alonso und Lewis Hamilton: Hamilton bekam Getriebeprobleme, und er musste wegen enormem Reifenverschleißes an die Box. Der Finne, der für Ferrari fuhr, kämpfte sich an die Spitze und fuhr, treu gefolgt von Teamkollege Felipe Massa, mit einem Punkt Vorsprung ins Ziel.

2008 — **Hamilton** holt zweiten Punktsieg

Wie im Vorjahr musste Lewis Hamilton Fünfter werden, um sich den Weltmeisterschaftstitel zu sichern. Doch es sah ganz danach aus, als würde Ferrari-Pilot Felipe Massa das Rennen machen, denn Hamilton fiel aufgrund einer falschen Reifenstrategie im Feld immer weiter zurück. Die Toyota-Piloten fuhren weiter auf Trockenreifen, auch als der Regen immer stärker wurde. Hamilton zog schließlich an Timo Glock vorbei, fuhr ins Ziel und stieß Massa vom Podest.

🇨🇦 Montreal

Ein Kurs, auf dem Überholen schwierig ist, auf dem die Autos enormen Strapazen ausgesetzt sind, auf dem es in Boxen und Fahrerlager beengt zugeht – und doch hat der Circuit Gilles-Villeneuve mit dem Tag seiner Eröffnung 1978 die Herzen der Motorsportfans im Sturm erobert.

> Die Strecke hat eine tolle Geschichte, sie ist wie ein Straßenkurs, genauso holprig. Sie ist wie eine Kartbahn, denn für eine schnelle Runde müssen wir die Kerbs mitnehmen.
>
> *Lewis Hamilton*

Bis Mitte der 1970er-Jahre, als eine schnelle Verbesserung der Sicherheitsmaßnahmen für Formel-1-Fahrer stetig vorangetrieben wurde, war klar, dass die Tage des Canadian Tire Motorsport Park (kurz: Mosport Park) als Gastgeber des kanadischen Grand Prix gezählt waren. Als Großer Preis von Kanada fand bereits 1961 ein Sportwagenrennen auf dem malerischen Kurs in den waldigen Hügeln von Ontario statt, der erste Große Preis von Kanada in der Formel 1 aber wurde dort in der Saison 1967 ausgetragen. Man hatte den Kurs hier und da zwar modernisiert, doch es fehlten Auslaufzonen, was die Fahrer zunehmend schreckte, erst recht, nachdem Ian Ashley mit seinem Hesketh-Ford 1977 im Training gegen eine Mauer krachte und sich beide Beine brach.

Danach bekam der Große Preis von Kanada eine neue Heimat in Montreal, finanziert von der Brauerei Labatt. Der Rennsport kam so direkt zu den Menschen, die nun keine weiten Anfahrtswege mehr hatten (von Toronto aus, der nächstgelegenen Stadt zum Mosport Park, waren das immerhin 72 Kilometer) und zudem in den Genuss kamen, eine aufregende Rennstrecke mit nagelneuen Gebäuden vor der imposanten Kulisse der Stadt zu haben.

Die Rennstrecke von Montreal wurde auf der Île Notre-Dame inmitten des Sankt-Lorenz-Stroms erbaut. Die Insel ist jedoch sehr lang gezogen und schmal, was es den Streckenplanern nicht einfach machte, eine Route für den Rundkurs zu finden – um die futuristischen Pavillons der Weltausstellung „Expo 67" herum, vorbei am großen Casino und dem Rudersee aus den Olympischen Spielen von 1976. Das Ergebnis war ein langer, schmaler Kurs, der an einer Seite entlang des Rudersees verläuft, sich am südlichen Ende bis zum Fluss hin erstreckt und dann über eine Spitzkehre zurückführt und durch einen bewaldeten Abschnitt direkt auf eine Haarnadel zu. Durch Betonmauern und Bäume, die von beiden Seiten dicht an die Strecke heranreichen, vermittelt sich den Fahrern der Eindruck, es gebe lediglich Abschnitte, die ziemlich eng bzw. extrem eng sind. Die Vollgas-Passage aus der Haarnadel in Richtung Boxen ist der einzige wirklich offene Abschnitt. Davon abgesehen gibt es viele weitere schnelle Passagen, aber auch etliche harte Bremspunkte rund um die Strecke. Nicht nur für den Fahrer ist dieser Kurs eine Tortur, auch für die Autos.

1978 war Ferrari-Pilot Gilles Villeneuve der neue Fahrer-Held Kanadas. Es hätte also keinen besseren Zeitpunkt für die Eröffnung des Kurses in seiner Heimat Quebec geben können. Als er dann noch als erster Sieger auf dem Kurs seinen Fans einen Heimsieg bescherte, war der Traum von einem gelungenen Auftakt perfekt. Nach dem Tod Villeneuves 1982 wurde die Rennstrecke von Montreal in Circuit Gilles-Villeneuve umbenannt. Sein Tod traf die Fans hart, vor allem, da es keinen neuen aufsteigenden Stern am kanadischen Formel-1-Himmel gab, der seinen Platz einnehmen könnte. Erst ein knappes Vierteljahrhundert später gab es wieder Grund, die Flaggen von Kanada und Quebec zu schwenken, als Villeneuves Sohn Jacques neuer Publikumsliebling wurde, dem es jedoch nie gelang, den kanadischen Fans einen weiteren Heimsieg zu bescheren.

Was die Rennstrecke von Montreal so überaus attraktiv macht, sind die kurzen Anfahrtswege aus der Stadt. Die quirlige Metropole zieht Teams, Fahrer und Fans gleichermaßen an und bietet den Fernsehteams die Chance, die Formel 1 in einem völlig anderen Kontext zu zeigen, als dies mit Kursen auf dem Land, wie Silverstone oder Hockenheim, möglich wäre. ∎

Rechts: Montreal lockte stets große Zuschauerscharen. Hier: Romain Grosjean dreht in der L'Epingle von der Piste hinter Mark Webber und Giedo van der Garde (2013).

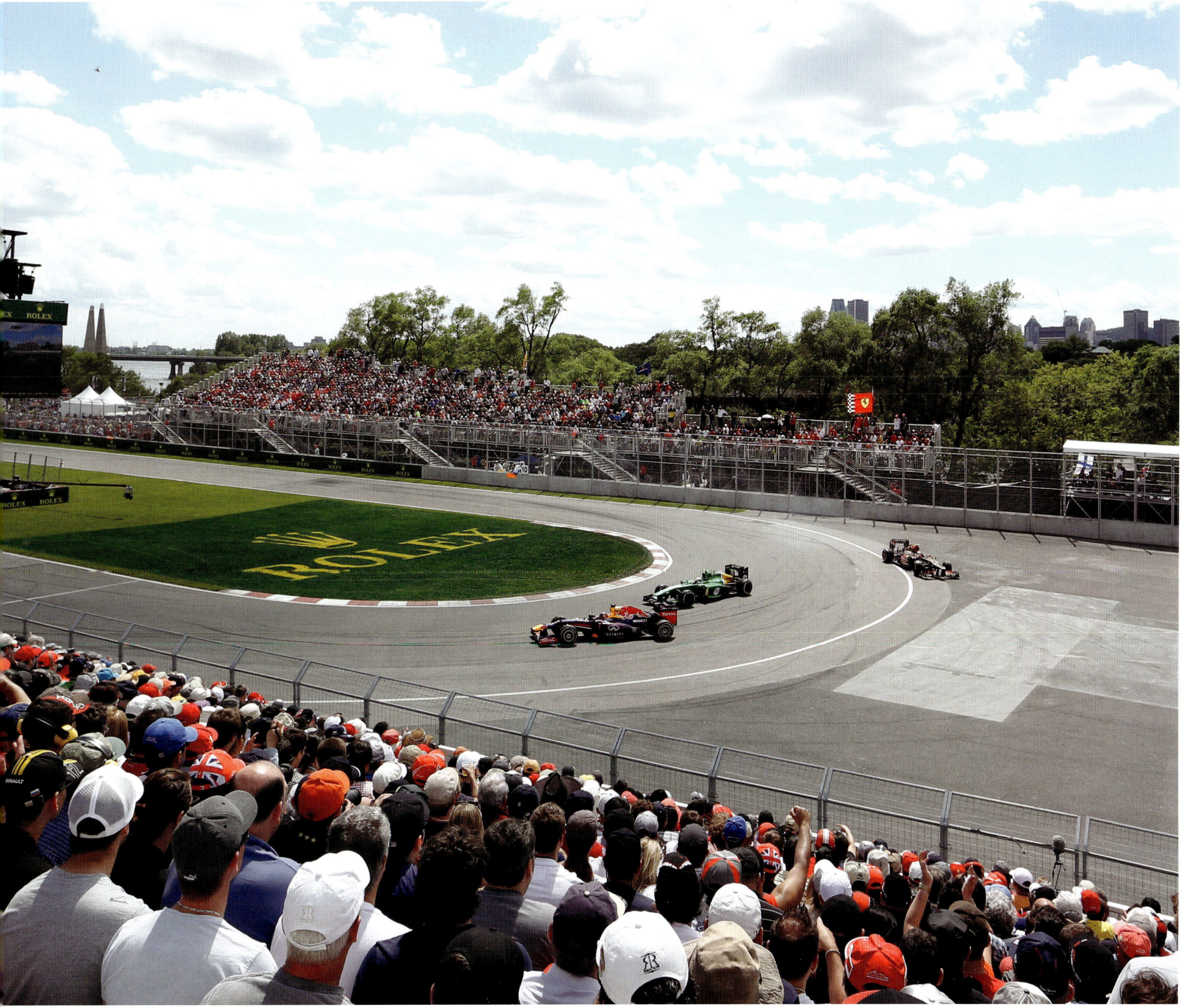
ROLEX
ROLEX

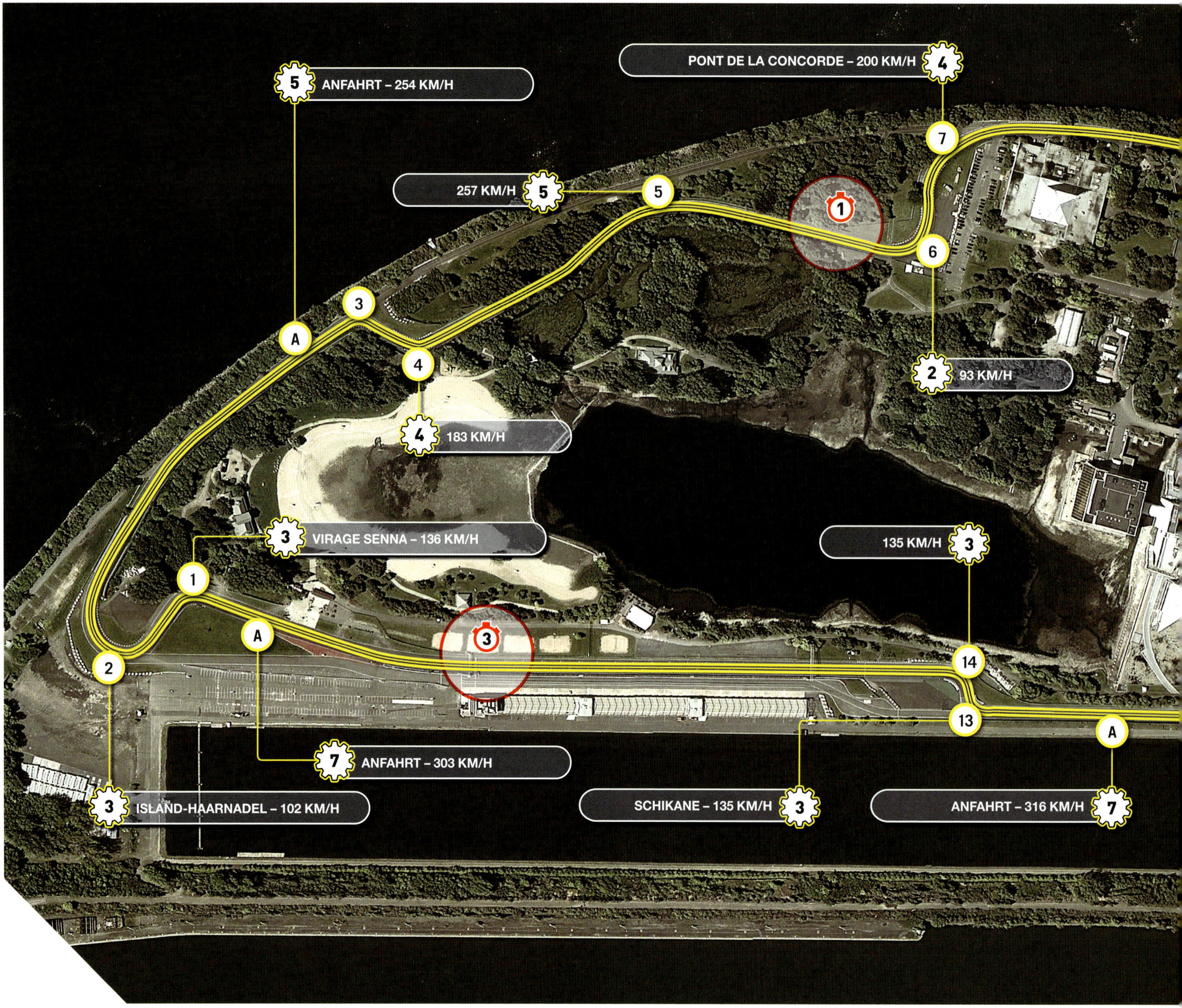

ANFAHRT – 254 KM/H
PONT DE LA CONCORDE – 200 KM/H
257 KM/H
93 KM/H
183 KM/H
VIRAGE SENNA – 136 KM/H
135 KM/H
ANFAHRT – 303 KM/H
ISLAND-HAARNADEL – 102 KM/H
SCHIKANE – 135 KM/H
ANFAHRT – 316 KM/H

Montreal – Kanada

ANFAHRT – 300 KM/H

L'EPINGLE – 56 KM/H

120 KM/H

295 KM/H

210 KM/H

160 KM/H

292 KM/H

Strecken-Porträt

Erbaut auf einer künstlich aufgeschütteten Insel, eingerahmt von Bäumen, mit einem See in der Mitte, ist die Strecke abwechselnd eng und kurvig, dann wieder offen und ultraschnell – eine Tortur für die Autos, die Motoren und Bremsen an ihre Höchstleistungen treibt.

Kurve 1 • **Virage Senna**
Gang: **3**
Speed: **136 km/h**

Die Fahrer schießen mit bis zu 306 km/h durch eine scharfe Rechts auf diese erste Kurve zu und müssen dann hart in die Eisen steigen, um das Tempo zu halbieren. In der ersten Runde nach dem stehenden Start sind die Fahrer hier nicht ganz so schnell – zum Glück, denn am Kurveneingang zu dieser Links kommt es zwangsläufig zu Drängeleien und Überholversuchen. 1998 überschlug sich hier Alexander Wurz im Benetton, als Sauber-Pilot Jean Alesi ihm in die Linie fuhr.

Kurve 2 • **Island-Haarnadel**
Gang: **3**
Speed: **102 km/h**

Wer nach der ersten Kurve zu weit nach außen geht, kriegt hier prompt die Quittung dafür, denn die zweite Kurve folgt unmittelbar. Die Tribüne reicht ganz dicht an die Strecke heran, und die Fans sind hautnah dabei, wenn die Fahrer ihre Rennwagen vor dieser breiten Rechts-Haarnadel abremsen und idealerweise von links, nicht von rechts einlenken. Unmittelbar nach dem Start ist hier also ein neuralgischer Punkt für Karambolagen, die in der Vergangenheit oft genug vorkamen.

Kurve 4 •
Gang: **4**
Speed: **183 km/h**

Auf die Island-Haarnadel folgt ein flüssiger, schneller Abschnitt, rechts gesäumt von Bäumen, links mit Blick über den Fluss auf die Skyline der Stadt. Doch schon schiebt sich diese Schikane ins Blickfeld der Fahrer. Also Fuß vom Gas. Scharf bremsen. Runterschalten. In einem rasanten Schlenker geht es nach rechts, dann nach links. Am Ausgang dann die nächste heikle Stelle, denn dort wartet dicht neben der Fahrbahn eine Mauer – ein kleiner Fehler, und man kracht hinein.

Kurve 6 •
Gang: **2**
Speed: **93 km/h**

Im hinteren Teil des Kurses verläuft die Strecke durch gleichmäßige Kurven, eingerahmt von unnachgiebigen Betonmauern, die dicht an die Fahrbahn heranreichen. Kurz vor Kurve 6 öffnet sich die Strecke wieder, läuft auf einen Grünstreifen zu, ehe es dann scharf links in den ersten Teil dieser breiten Schikane geht. Genau hier schleuderte Sebastian Vettel im Red Bull 2011 von der Piste und verschenkte den sicher geglaubten Sieg an McLaren-Pilot Jenson Button.

Montreal – Kanada

Linke Seite: Auf der gebogenen Geraden hinter den Boxen: Force-India-Pilot Adrian Sutil liegt vorn und sticht in die Virage Senna (GP von Kanada, 2013). *Oben links:* Nico Rosberg vor Mark Webber und Fernando Alonso (GP von Kanada, 2013). *Oben rechts:* Nico Rosberg wehrt die Attacke von Red-Bull-Pilot Mark Webber am Ausgang der Island-Haarnadel ab (GP von Kanada, 2013).

Kurve 7 • **Pont de la Concorde**
Gang: **4**
Speed: **200 km/h**

Eine weniger extreme Kurve als die vorherige und vergleichsweise gut zu nehmen. Mit Bleifuß geht es aus dieser Dritte-Gang-Kurve hinaus auf einen schnellen Sprint zur nächsten Haarnadel – hier können die Fahrer wertvolle Zeit gutmachen. Wie überall reichen auch hier die Mauern dicht an die Fahrbahn heran. Genau die wurden im Jahr 1997 Olivier Panis zum Verhängnis. Er raste mit seinem Ligier in die Wand hinein und brach sich dabei beide Beine.

Kurve 9 • **Pont des Iles**
Gang: **3**
Speed: **160 km/h**

Die dritte Schikane, eine schnelle Rechts-Links, stellt die Fahrer vor eine besondere Herausforderung, da sie hart hineinbremsen und ihr Tempo um bis zu 130 km/h drosseln müssen. Dabei schalten sie mitunter bis in den zweiten Gang, da die Fahrbahn hier recht holprig ist. Zum Ende hin öffnet sich die Schikane, bietet rechter Hand sogar eine der seltenen Auslaufzonen, bevor die Fahrer dann auf die kurze Gerade auf die nächste Haarnadel zu beschleunigen.

Kurve 10 • **L'Epingle**
Gang: **1**
Speed: **56 km/h**

Mit Vollgas geht es auf die enge Haarnadelkurve zu. Weite Grünstreifen beidseits der Strecke vermitteln den Fahrern das seltene Gefühl von Platz. Platz für Fehler ist allerdings nicht, denn dies ist eine der seltenen Stellen der Strecke, wo überholt werden kann. Viele riskieren es dennoch nicht, konzentrieren sich lieber darauf, möglichst sauber hinter dem Vordermann durch die Haarnadel zu kommen, um dann unmittelbar am Ausgang ein Überholmanöver auf die Hauptgerade dahinter zu starten.

Kurve 14 • **Chicane**
Gang: **3**
Speed: **135 km/h**

Auf der Vollgas-Geraden entlang des Rudersees saugen sich die Fahrer möglichst im Windschatten an die Voranfahrenden heran und rasen auf diese schnelle Rechts-Links-Schikane zu, um dahinter am Vordermann vorbeizuziehen und auf die Zielgerade zu jagen. Der Ausgang der Schikane ist erst im unmittelbaren Verlauf einsehbar. Die Randsteine sollte man hier möglichst meiden, ansonsten riskiert man, in der Mauer dahinter zu landen.

Große Fahrer & große Momente

Auf einer Strecke, die die Autos an ihre Grenzen bringt, kann sich das richtige Händchen für die Feinabstimmungen auszahlen. Michael Schumacher hatte offenbar die goldene Formel gefunden, denn er gewann hier siebenmal. Für andere hingegen hieß es Bruchlandung statt Höhenflug, denn sie kollidierten oder krachten in die Mauern.

Rechte Seite oben: Lokalmatador Gilles Villeneuve hätte sich keinen besseren Zeitpunkt und Ort für seinen ersten F1-Sieg wünschen können als das Debütrennen zum Saisonfinale auf der neuen Strecke in Montreal.

Rechte Seite unten links: Jean Alesi schafft den Durchbruch in Montreal, triumphiert für Ferrari 1995, nachdem Michael Schumacher aufgeben musste.

Rechte Seite unten rechts: 2007 lief es für Lewis Hamilton so richtig rund, als er für McLaren gewann, nachdem er Sauber-Pilot Nick Heidfeld abgehängt hatte.

Große Fahrer

Michael **Schumacher**
7 Siege

1994 setzte Michael Schumacher hier zu seinem Höhenflug an. Er siegte in souveräner Manier für Benetton. Bis auf seine acht Siege in Magny-Cours feierte er in Montreal die allermeisten seiner Erfolge (so viele wie sonst nur noch in Imola). Schumacher gewann hier erneut im Jahr 1997 nach seinem Wechsel zu Ferrari, dann in den Jahren 1998, 2000, 2002, 2003 und 2004. Seinen spektakulärsten Sieg errang er 2004, nachdem er von Startplatz 6 gestartet war.

Nelson **Piquet**
3 Siege

Kaum fuhr Nelson Piquet mit dem neuen BMW-Turbomotor, der seinen Brabham antrieb, startete er förmlich durch. Den ersten Sieg holte er sich 1982, als er es vom Ende des Feldes bis an die Spitze schaffte. Zwei Jahre später, 1984, startete er von der Pole und landete einen überzeugenden Start-Ziel-Sieg. 1991 folgte der nächste Sieg, diesmal für Benetton. Eigentlich galt Nigel Mansell als klarer Favorit, doch er schleuderte in der Schlussrunde in der L'Epingle von der Strecke.

Lewis **Hamilton**
3 Siege

Den ersten seiner drei Siege hier wird Hamilton wohl nie vergessen, denn es war sein erster in der F1. Er errang ihn 2007 nach einem völlig chaotischen Rennen. 2010 gewann er erneut. In einem temporeichen Rennen ließ er die Red-Bull-Rivalen hinter sich und schaffte mit Jenson Button den Doppelsieg für McLaren. 2012 holte er seinen dritten Sieg. Er hatte auf eine Zwei-Stopp-Strategie gesetzt und lag damit goldrichtig im Gegensatz zum Ferrari-Team, das mit einem einzigen Boxenstopp fuhr.

Ayrton **Senna**
2 Siege

Erst 1988, in seiner ersten Saison bei McLaren, holte er seinen ersten Sieg in Montreal. Er qualifizierte sich für die Pole, lag aber 19 Runden lang hinter Teamkollege Alain Prost, bis er schließlich vorbeiziehen konnte. 1989 musste er drei Runden vor Schluss wegen eines Motorschadens aufgeben. 1990 hatte er mehr Glück: Teamkollege Gerhard Berger lag vorn, erhielt jedoch wegen seines Frühstarts eine Zeitstrafe von einer Minute. Senna siegte, Berger wurde Vierter.

Große Momente

1978 — **Villeneuves** grandioses Debütrennen

Der Einzug von Lokalmatador Gilles Villeneuve in die F1 kam den Veranstaltern dieses ersten GP auf dem Kurs gerade recht. Er hatte sich für den dritten Startplatz qualifiziert, während Lotus-Pilot Jean-Pierre Jarier von der Pole direkt an die Spitze stürmte. Villeneuve schaffte es an Jarier sowie an Jody Scheckter vorbei auf den zweiten Rang, konnte den führenden Jarier aber nicht einholen. Erst als der mit einem Bremsdefekt an die Box musste, gelang Villeneuve der Sieg.

1995 — **Alesi** vergießt Freudentränen

Jean Alesi reagierte ausgesprochen emotional, als er 1995 zum allerersten Mal die karierte Flagge als Erster sah. Er fuhr damals seine fünfte Saison bei Ferrari und hatte sich als Zweiter hinter Michael Schumacher gesehen. Doch elf Runden vor Schluss musste Benetton-Pilot Schumacher wegen Getriebeproblemen an die Box. Damit war für Alesi der Weg zum Ziel frei, und er gewann schließlich mit einer halben Minute Vorsprung auf die beiden Jordan-Piloten.

2008 — **Kubica** schafft Durchbruch

Sauber hatte noch nie einen GP gewonnen. In Zusammenarbeit mit BMW ging Sauber dann 2008 mit einem Auto ins Rennen, dem zwar Chancen auf einen guten Platz, nicht aber auf den Sieg eingeräumt wurden. Doch dann holte das Team sogar einen Doppelsieg! Robert Kubica profitierte, als der in Führung liegende Lewis Hamilton während einer Safety-Car-Phase in der Boxengasse auf Kimi Räikkönens Ferrari auffuhr. Kubica ging am Ende vor seinem Teamkollegen Nick Heidfeld ins Ziel.

2011 — **Button** jagt Vettel

Sebastian Vettel fuhr auf regennasser Piste an der Spitze, die McLaren-Piloten Jenson Button und Lewis Hamilton kollidierten, Button wurde mit einer Durchfahrtsstrafe belegt, dann wurde das Rennen unterbrochen, weil auf der Strecke Wasser stand. Nach dem Neustart kollidierten Fernando Alonso und Jenson Button. Das Safety Car rückte aus, und Button holte Runde um Runde auf, zog schließlich an Vettel vorbei, der dem Druck in der Schlussrunde kaum standhielt, und gewann furios.

Montreal – Kanada

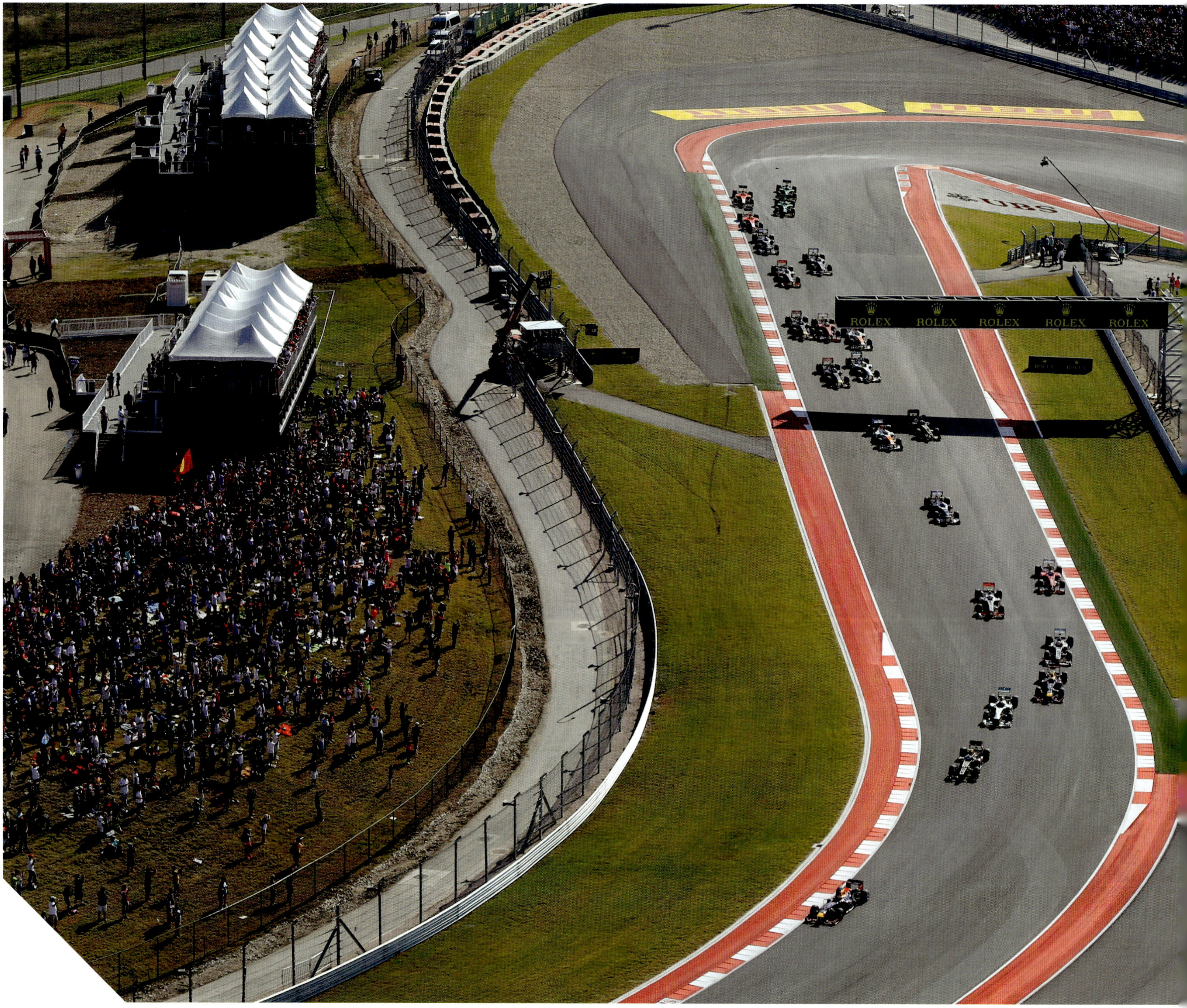
ROLEX
ROLEX
ROLEX
ROLEX
ROLEX

🇺🇸 Circuit of the Americas

Es war nicht einfach für die Formel 1, den US-amerikanischen Markt zu erobern, ein eher krampfhaft gewolltes Ziel, dem sich das Land nur langsam annäherte. Doch mit dem Bau dieser glanzvollen Rennstrecke außerhalb von Austin/Texas haben die USA heute einen Kurs, der weltweit Bewunderung erfährt.

> Die Strecke ist schwierig und weist ein paar anspruchsvolle Passagen auf. Es gibt schnelle und langsame Kurven. Überholen ist am ehesten in der DRS-Zone am Eingang zu Kurve 12 möglich.
>
> *Sebastian Vettel*

Als die Teams im November 2012 zum ersten Mal auf den nagelneuen Circuit of the Americas kamen, die imposanten Tribünen, steilen Hänge und schnellen Schikanen sahen, wussten sie sogleich, dass der Grand Prix in den USA endlich eine dauerhaft neue und würdige Heimat gefunden hatte, nachdem Watkins Glen, wo die Formel 1 von 1961 bis 1980 gastierte, längst Geschichte war. Die Rennstrecke ist ein Hochkaräter unter den Straßenkursen, eine Strecke, die ohne Kompromisse gebaut wurde, die erstklassige Einrichtungen bietet und ein Layout mit permanenten, beträchtlichen Gefällewechseln, die Fahrern und Autos Höchstleistungen abverlangen.

Die Fahrerlegende Rubens Barrichello zeigte sich beim Anblick des neuen Kurses auf Anhieb begeistert: „Die Hügel machen die Strecke erst richtig interessant. Nehmen wir doch mal die besten Kurven in Spa: Die Eau Rouge geht steil bergauf, die Pouhon steil bergab. Gefälle erfordern höchste Konzentration im Cockpit."

Als eine der wenigen Strecken in der Formel 1 ist der Kurs gegen den Uhrzeigersinn angelegt. Er umfasst jede Menge Kurven, darunter einige der besten weltweit. Dazu hält er mit anspruchsvollen Kurvenfolgen und Höhenunterschieden von 40 Metern vielfältige Herausforderungen bereit – ein gelungenes Meisterwerk der Streckenarchitektur. Nachdem die Formel 1 in den USA jahrzehntelang an Boden verloren hatte, ist es Hermann Tilke und seinem Team mehr als gelungen, die Fans an die Strecke zurückzuholen.

Mit Texas hat der Kurs einen günstigen Standort, denn auch wenn die F1-Rennen im Herbst ausgetragen werden, ist hier nicht mit Kälte oder Regen zu rechnen so wie damals in Watkins Glen im nördlicheren New York, wo die Rennen sogar noch einen Monat früher stattfanden. Austin ist nicht nur eine Stadt, die ihr Foto in der Welt aufpolieren möchte, sie brennt regelrecht für die Formel 1 und stellt die Rennen in den Rahmen eines Festivals mit einem breiten Veranstaltungsangebot. Und dass die Fahrer auf dem Siegerpodest einen Cowboyhut tragen, verleiht dem ganzen Spektakel eine gern gesehene, amerikanische Note.

Durch die Nähe der Stadt zur mexikanischen Grenze pilgern zudem jede Menge mexikanische F1-Fans an die Strecke. Es gibt bereits Pläne, den Großen Preis von Mexiko wiedereinzuführen und eine Art Dreier-Lauf zu starten, von Austin über Mexico City bis zu einem großen Finale in Brasilien.

Es sei an dieser Stelle aber auch gesagt, dass beim Bau des Kurses nicht von vornherein alles glattlief: Der ursprünglich eingesetzte Bauleiter Tavo Hellmund wurde als Entscheidungsträger ausgeschlossen, gleichzeitig tickte die Uhr, da das Datum für die Austragung des Grand Prix bereits stand, und das ganze Projekt drohte zu platzen – eine Katastrophe für die amerikanischen F1-Fans. Die Erleichterung war groß, als sich die Wogen glätteten und die Bauarbeiten wiederaufgenommen werden konnten.

Für die USA war es enorm wichtig, einen eigenen F1-Kurs zu haben, um den amerikanischen Fans zu zeigen, dass nicht alle Rennen auf einem Oval mit überhöhten Steilwandkurven gefahren werden mussten. Und so hat sich der Circuit of the Americas seinen Platz ganz oben in den Herzen der Fans und auf der Liste der Rennstrecken des Landes erobert. Und so wie es aussieht, steht dem Circuit of the Americas noch eine lange Zukunft bevor. ∎

Links: Red-Bull-Pilot Sebastian Vettel vor Romain Grosjean, Lewis Hamilton und dem übrigen Fahrerpulk. Es geht rasant bergab hinein in Kurve 2 (Startrunde, 2013).

ANFAHRT – 300 KM/H

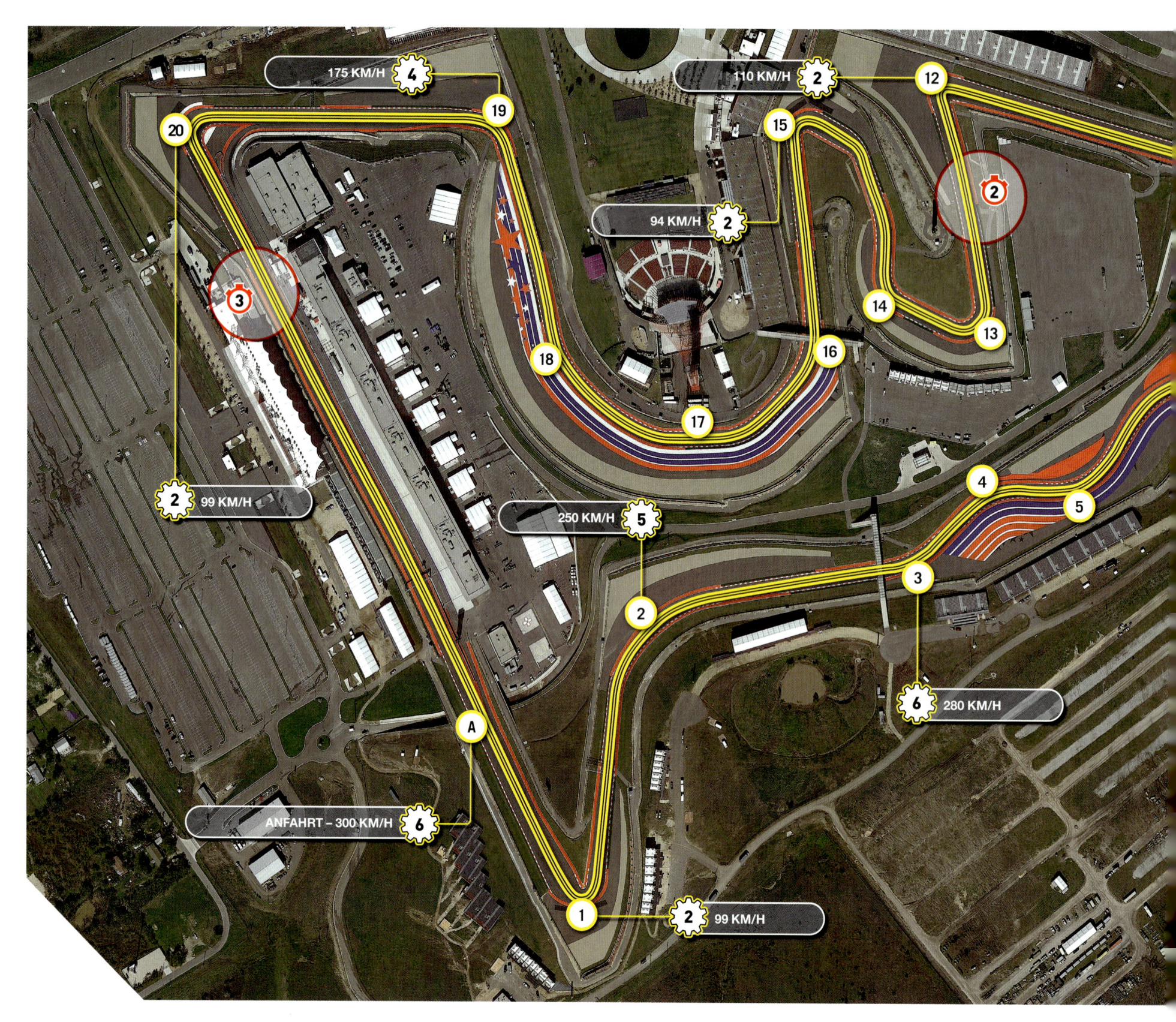

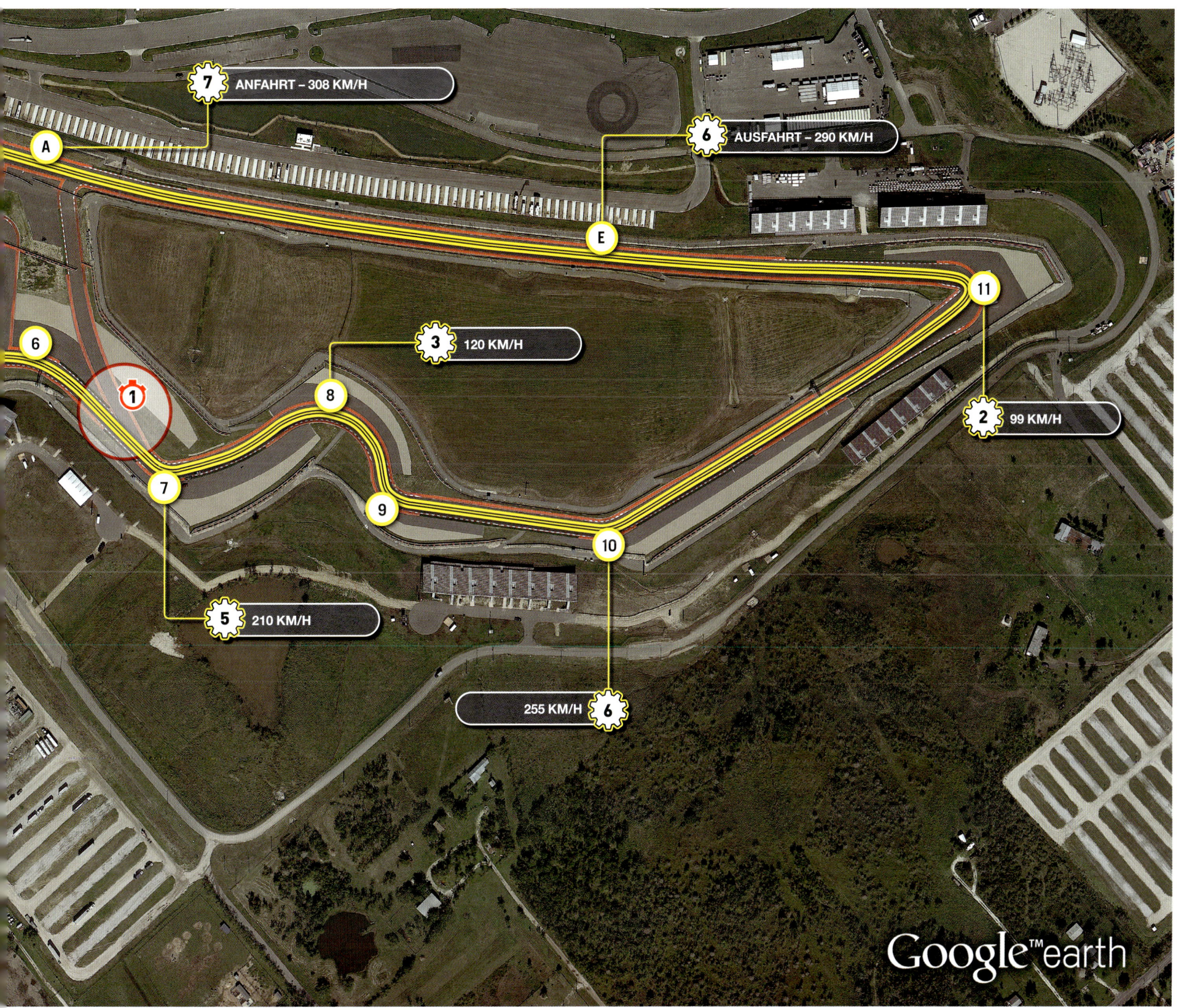

Circuit of the Americas – USA

7 ANFAHRT – 308 KM/H
6 AUSFAHRT – 290 KM/H
3 120 KM/H
2 99 KM/H
5 210 KM/H
6 255 KM/H

Strecken-Porträt

Mit dem Circuit of the Americas hat Hermann Tilke eine Strecke mit einem fantastischen Fluss entworfen. Er nutzte das wellige Gelände, um Kurven einzubauen, die wohl heute zu den weltbesten Kurven aller Formel-1-Strecken zählen.

Kurve 1

Gang: **2**
Speed: **99 km/h**

Diese Linkskurve wird über einen der steilsten Hügel überhaupt angefahren (ähnlich steil sind nur Eau Rouge in Spa-Francorchamps und die erste Kurve auf dem Red-Bull-Ring in Österreich), auf dessen Gipfel der Kurveneingang liegt. Am härtesten Bremspunkt wird die Strecke wieder flacher. Sie ist hier ausreichend breit und bietet beim Einlenken diverse Linien. Besonders heikel wird es noch einmal am Kurvenausgang, denn dort fällt die Strecke wieder steil bergab.

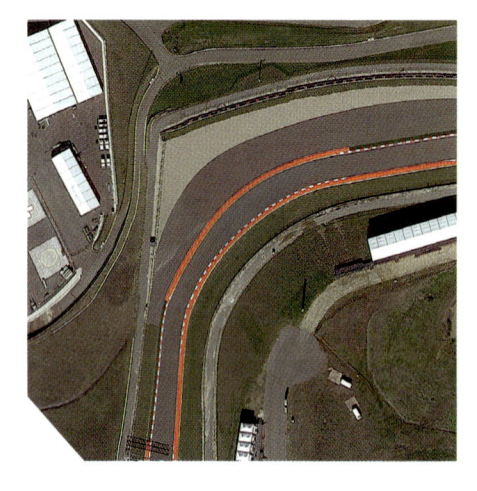

Kurve 2

Gang: **5**
Speed: **250 km/h**

Nach der ersten Kurve geht es rasant bergab. Von hier bietet sich eine spektakuläre Sicht auf den alles überragenden Kontrollturm und die Gegengerade zwischen Kurve 12 und Kurve 19, während es weiter rasant bergab, vorbei an den Tribünen, geht. Von den Fahrern ist allerdings höchste Konzentration gefragt, denn sie müssen unmittelbar von der rechten auf die linke Fahrbahnseite ziehen, um den scharfen Bogen hinein in diese Fünfte-Gang-Rechts zu bekommen.

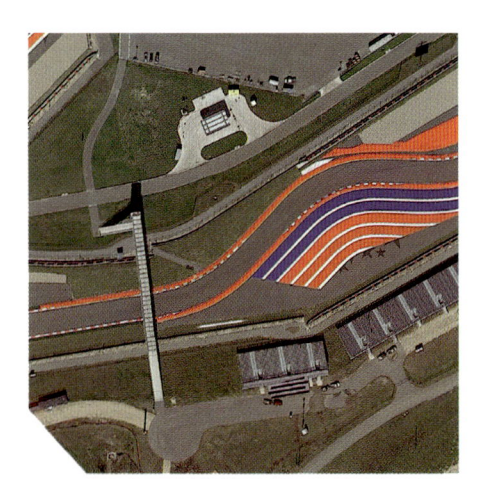

Kurve 3

Gang: **6**
Speed: **280 km/h**

Mit dieser Kurve beginnt einer der spannendsten Streckenabschnitte des Circuit of the Americas überhaupt, mit einigen schnellen Richtungswechseln wie sie allenfalls in Silverstone (Becketts) oder Suzuka (S-Kurven) vorkommen. Kurve 3 ist die erste Kurve einer schikanenförmigen Vierer-Kombination. Sie wird von den Fahrern im sechsten Gang mit rund 280 km/h genommen, um anschließend mit ordentlich Antrieb durch die schnellen Kurven zu kommen.

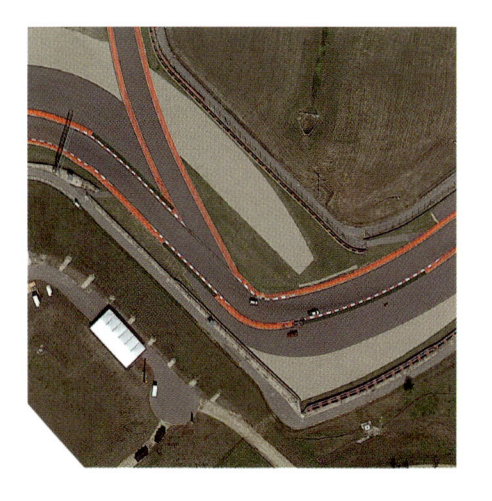

Kurve 7

Gang: **5**
Speed: **210 km/h**

Auf die schikanenförmige Kurvenfolge folgt die kürzeste Gerade der Strecke, die auf Kurve 7 zugeht, eine relativ scharfe Kurve. Die Fahrer müssen vom sechsten Gang in den fünften Gang herunterschalten. Doch 210 km/h sind für die Durchfahrt dieser zweiten, schikanenförmigen Kurvenabfolge immer noch möglich. Am Ausgang von Kurve 10 fällt die Strecke dann ab. Eine präzise Linie ist hier das A und O, denn Überholmanöver sind hier absolut nicht möglich.

Circuit of the Americas – USA

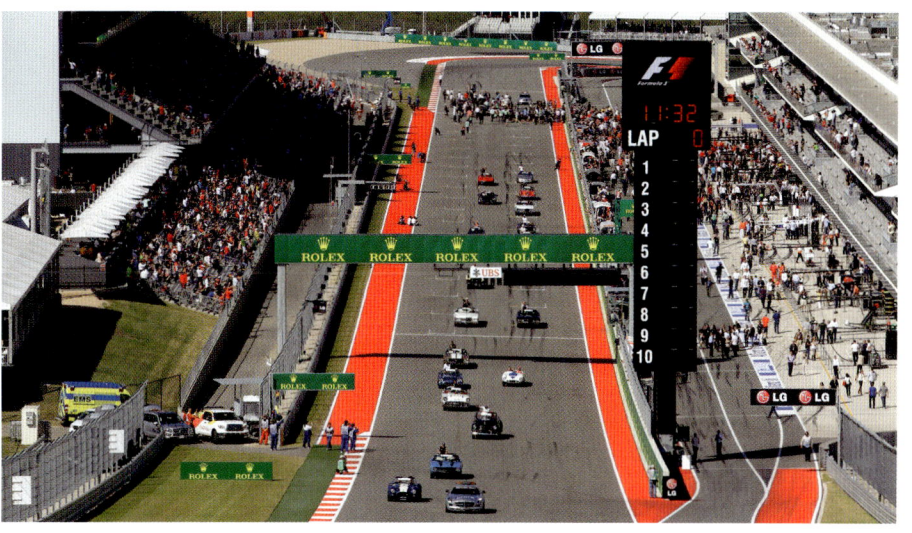

Linke Seite: Heißes Duell um den dritten Platz: Lewis Hamilton im Mercedes W04 vor Mark Webber im Red Bull RB9 in der Ausfahrt von Kurve 1 (2013). *Oben links:* Fernando Alonso steuert seinen Ferrari durch die schikanenförmigen Kurven (2013). In Hintergrund der Kontrollturm. *Oben rechts:* Vor dem Start: Demonstrationsrunde vorbei an der Haupttribüne (2013).

Kurve 11 •
Gang: **2**
Speed: **99 km/h**

Diese Links-Haarnadelkurve liegt am hinteren Ende der Strecke am Fuße des Hügels nach Kurve 10. Sie wird im sechsten Gang angefahren und bietet die erste gute Überholmöglichkeit. Die Fahrer bremsen scharf hinein und schalten in den zweiten Gang. Eine weitere wirklich gute Stelle, um zu attackieren und dem anderen in die Linie zu fahren, ist am Kurvenausgang. Wer am Kurveneingang keinen Verfolger hinter sich hat, schwenkt von rechts ein und gibt Gas.

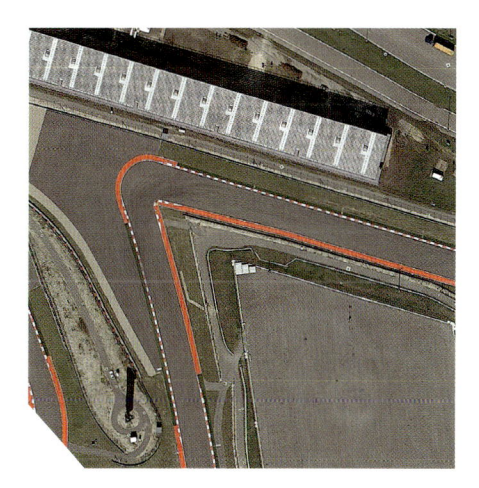

Kurve 12 •
Gang: **2**
Speed: **110 km/h**

Kurz vor dieser engen Links ist definitiv ein guter Überholpunkt, wie Mark Webber 2013 unter Beweis stellte. In einem spektakulären Manöver zieht er aus dem Windschatten, den er durch die DRS-Zone über die lang gezogene Gerade nach Kurve 11 genutzt hat, und prescht an Lewis Hamilton im Mercedes vorbei. Die Fahrer bremsen scharf hinein, drosseln ihr Anfahrtstempo um rund 200 km/h – sind die Reifen stark verschlissen, wird es hier umso spannender.

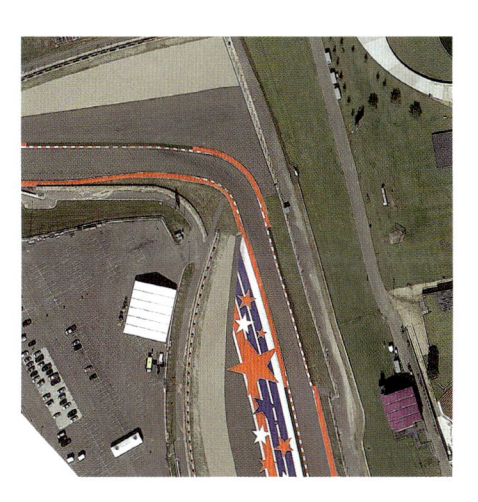

Kurve 19 •
Gang: **4**
Speed: **175 km/h**

Am Ende des langsameren Abschnitts nach Kurve 12 wird diese schnelle Linkskurve über einen sanft abfallenden Hang angefahren. Eine gute Traktion ist hier besonders schwierig, denn die Kurve fällt zum Ausgang hin steil ab. Die schiere Kurvenvielfalt auf dieser 20-Kurven-Strecke lässt erahnen, welche Belastungen die Rennwagen auf diesem Kurs ausgesetzt sind und welch enorme Herausforderungen Ingenieure und Fahrer zu meistern haben, um hier zu bestehen.

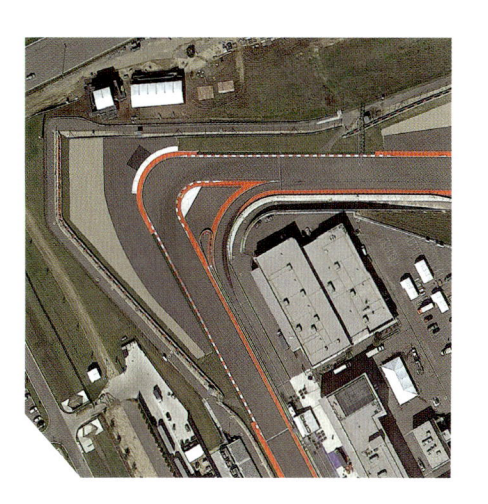

Kurve 20 •
Gang: **2**
Speed: **99 km/h**

Die letzte Kurve der Runde ist eine langsame Links, die über einen Hügel angefahren wird, der auf den tiefsten Punkt des Kurses am Ende des Vollgas-Abschnitts nach Kurve 19 folgt. Schnelle Beschleunigung am Ausgang ist entscheidend, um möglichst viel Tempo auf die Start-/Zielgerade und weiter bergauf Richtung Kurve 1 mitzunehmen. Wer im Windschatten seines Vordermannes hängt, kann hier ein Überholmanöver versuchen – und hat vielleicht Glück.

🇺🇸 Indianapolis

Der Indianapolis Motor Speedway ist in aller Welt als Heimatkurs des Indy 500 bekannt, auf dem extra für den United-States-Grand-Prix eine Infield-Schleife geschaffen wurde, die von 2000 bis 2007 vor riesigen Zuschauermengen befahren wurde.

> *Keine flüssige Strecke, eher schwierig zu fahren. Eigentlich ist nur der erste Abschnitt flüssig, der Rest ist ein bisschen ‚Stop and Go'.*
> *Juan Pablo Montoya*

Der Indianapolis Motor Speedway ist weit über die Welt des Motorsports hinaus berühmt. Er genießt einen geradezu legendären Status, da auf diesem Kurs seit 1911 das Indianapolis 500 (kurz: Indy 500) stattfindet, das älteste Rundstrecken-Autorennen der Welt.

Im Jahr 2000 gastierte der Große Preis der USA erstmals auf dem Indianapolis Motor Speedway, was streng genommen aber nicht das erste Mal war, dass ein Weltmeisterschaftsrennen dort ausgetragen wurde; von 1950 bis 1960 zählte das der Indianapolis 500 zur Formel-1-Weltmeisterschaft, was aber ignoriert wurde, da kein einziges F1-Team je den Weg dorthin fand. Doch kaum war das Indy 500 aus der offiziellen WM-Wertung herausgenommen, brachte sich die Formel 1, angezogen von enormen Siegprämien, wieder ein. Jim Clark, der 1963 den Sieg für Lotus nicht anerkannt bekam, wurde zwei Jahre später als Formel-1-Sieger gefeiert.

Der Große Preis der USA tat sich schwer, eine neue dauerhafte Heimat zu finden, nachdem er letztmals 1991 auf dem Straßenkurs in Phoenix stattgefunden hatte. Die Wahl fiel schließlich auf den Indianapolis Motor Speedway, der als der ideale Ort galt, um das Formel-1-Rennen wiederzubeleben. Damit hatte man nicht nur einen Kurs, der mit allem was dazugehört bereits vorhanden war, sondern auch einen, den die Fans des Motorsports kannten und der vielleicht auch ihre Herzen für die Formel 1 öffnen würde. Die Formel 1 sollte nicht auf dem Ovalkurs stattfinden, sondern auf einem speziell dafür angelegten Kurs, der die Formel-1-Autos stärker fordern würde. Der Grand Prix sollte zudem im Frühsommer stattfinden, ideal abgestimmt auf den Großen Preis von Kanada eine Woche früher, was auch logistisch von Vorteil wäre.

Der speziell angelegte Kurs, der gegen den Uhrzeigersinn befahren wurde, war eine neue Streckenvariante, bestehend aus dem legendären steilwandigen Oval und einer neuen Schleife mit 12 Kurven durch das Infield. Überragt wurde er von einer hohen Tribüne auf der linken und einem riesigen Kontrollturm sowie einer gigantischen Anzeigetafel auf der rechten Seite. Gleich vom Start weg über die extrem breite Start-/Zielgerade hinein in die erste Kurve war die Strecke für die Fahrer ein Erlebnis der besonderen Art. Dahinter bogen sie nach rechts, hinunter auf einen ebenen Abschnitt, wo an der vierten Kurve des Ovals eine verwinkelte Passage um das Infield im Inneren begann, bevor es über eine Kehre auf eine zweite Gerade ging, die an der Hauptzufahrtstraße des Kurses entlang wieder zurückführte. Weitere Kurven folgten, an der Rückseite des Automuseums vorbei, bis die Fahrer dann möglichst schnell aus Kurve 11 herausbeschleunigten, um genügend Schwung für die steil überhöhten Kurven dahinter zu haben, den ersten Abschnitt auf dem Oval. Mit 214 km/h lag der Rundenrekord, der bis zum endgültigen Aus der Formel 1 auf dieser Streckenvariante gefahren wurde, um gut 161 km/h langsamer als die schnellste Rundenzeit, die auf dem Oval von den Piloten der Indy Car Series erreicht wurde. In den Augen vieler Amerikaner war dies ein weiterer Stolperstein auf dem Weg, die Herzen der Fans und den US-amerikanischen Markt zu erobern.

Bis zu 200 000 Fans fanden sich ein, als die Formel 1 im Jahr 2000 erstmals hier gastierte. Michael Schumacher gewann damals für Ferrari nach einer Kollision mit David Coulthard im McLaren und siegte hier weitere viermal. 2005 jedoch schwand die anfängliche Begeisterung, als die Teams, die auf Michelin-Reifen fuhren, sich weigerten, zum Rennen anzutreten, nachdem Ralf Schumacher im Training nach einem Reifenschaden in der Steilwand-Kurve 13 verunglückt war. Damit gingen nur die sechs Autos der Teams mit Bridgestone-Reifen an den Start. Die Fans reagierten verstimmt, da die beiden Ferrari-Piloten Michael Schumacher und Rubens Barrichello somit ein konkurrenzloses Rennen fuhren. ∎

Rechts: Die riesigen Tribünen entlang der Hauptgeraden.

vodafone
Allianz
Allianz
vodafone
DHL
DHL
DHL
DHL
DHL
DHL
DHL
5 6 7 8
F

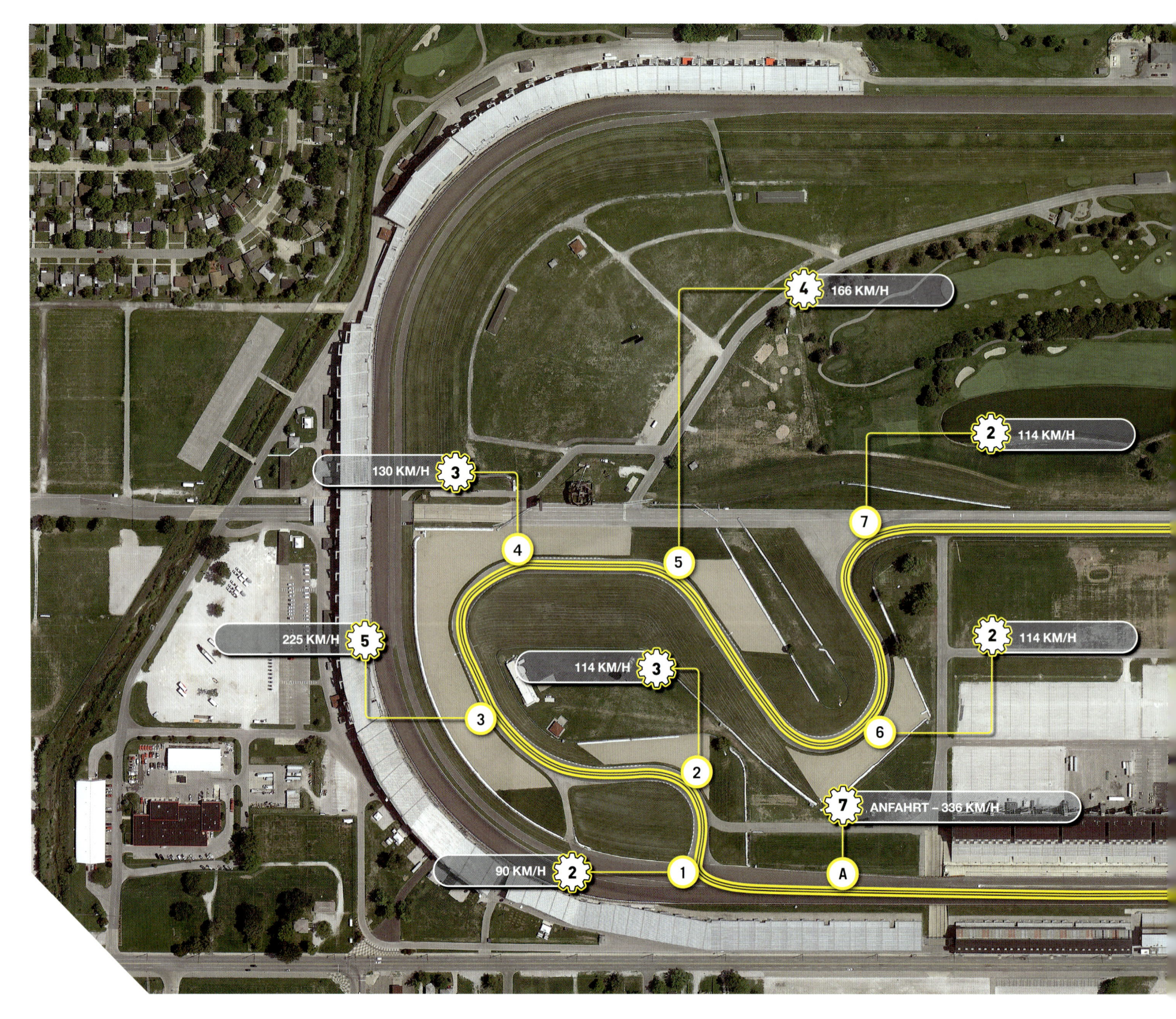

4	166 KM/H
2	114 KM/H
3	130 KM/H
2	114 KM/H
5	225 KM/H
3	114 KM/H
7	ANFAHRT – 336 KM/H
2	90 KM/H

Indianapolis – USA

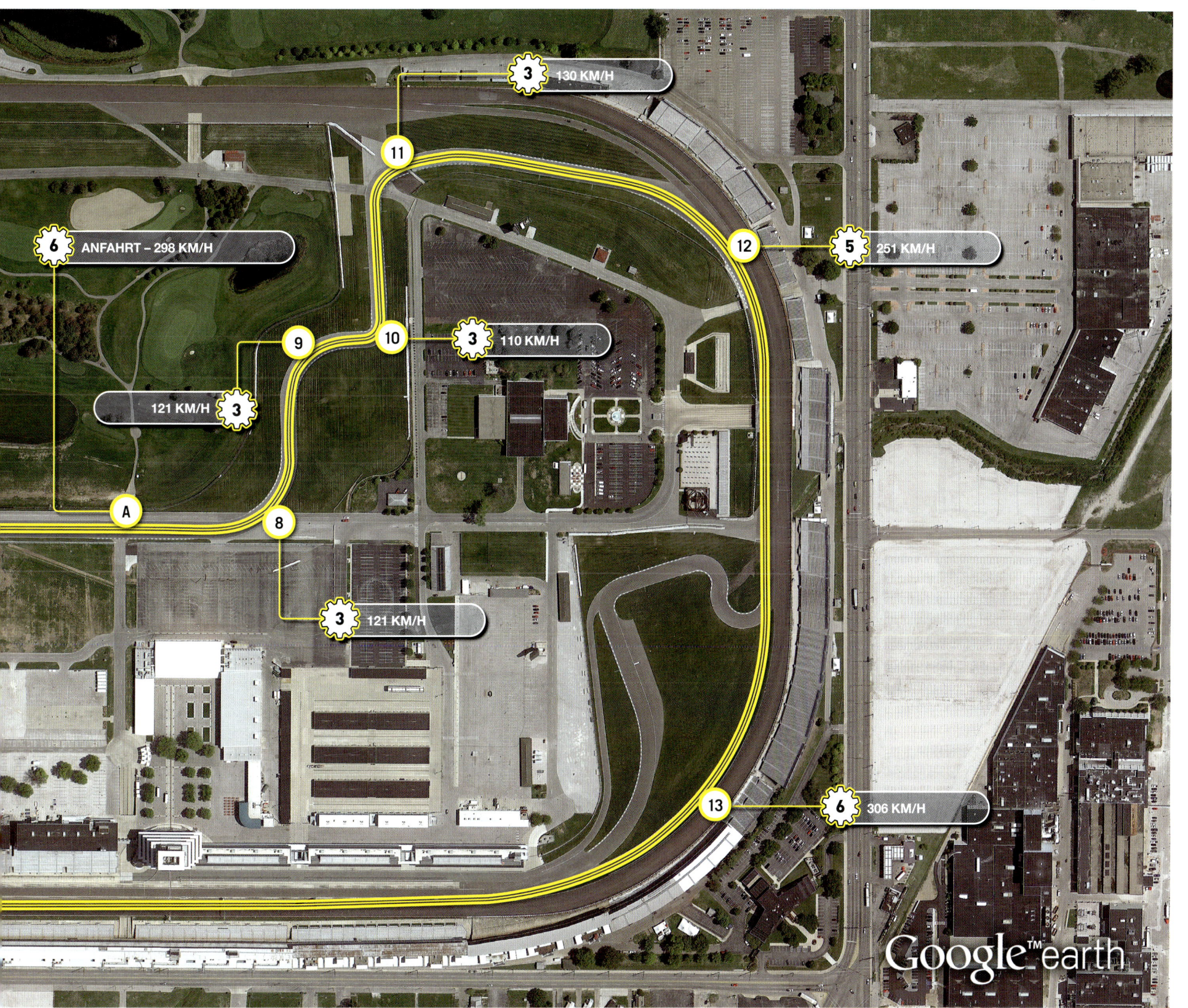

197

Strecken-Porträt

Die Fahrer, die das weltberühmte Oval befahren, müssen vier Linkskurven bewältigen. Hingegen sind die F1-Fahrer, die den kombinierten Oval/Infield-Kurs befahren, mit 13 Kurven pro Runde wesentlich mehr gefordert, zumal der sämtliche Kurventypen enthält.

Kurve 1

Gang: **2**
Speed: **90 km/h**

In den acht Grand-Prix-Rennen, die auf diesem kombinierten Kurs stattfanden, wurde es gleich an der ersten Kurve so gut wie immer spannend. Mit bis zu 322 km/h mussten die Fahrer an der Abzweigung vom regulären Oval abrupt in den zweiten Gang herunterbremsen. Und weil die Strecke am Eingang in diese 90-Grad-Rechts leicht nach außen hängt, sollte sie möglichst in einem weiten Rechtsbogen angefahren werden, um sich für eine schnelle Ausfahrt optimal positionieren zu können.

Kurve 2

Gang: **3**
Speed: **114 km/h**

Unmittelbar nach der ersten Kurve folgt diese Links. In der Einfahrt ist eine gute Balance gefragt, um mit Vollgas über den Scheitel auf die kurze Gerade dahinter beschleunigen zu können. 2006 flogen hier gleich sieben Autos aus dem Rennen, als Juan Pablo Montoya eine Kettenreaktion auslöste: Er krachte seinem McLaren-Teamkollegen Kimi Räikkönen ins Heck, der wiederum Jenson Button touchiert, dessen Honda sich dann beim Crash mit Nick Heidfelds Sauber überschlägt.

Kurve 4

Gang: **3**
Speed: **130 km/h**

Mit eben noch 225 km/h im fünften Gang geht es nun in diese Dritte-Gang-Rechtskurve, die sich zum Ausgang hin leicht zuzieht und das Tempo der Rennwagen weiter drosselt. Im Anschluss gibt es wieder ein kurzes Vollgas-Stück, ehe die Fahrer erneut herunterbremsen müssen, um die fünfte Kurve, eine Rechtskurve, möglichst sauber zu nehmen. Nicht nur die Haupttribünen scheinen von hier aus in weiter Ferne, ebenso das nächste Vollgas-Stück.

Kurve 6

Gang: **2**
Speed: **114 km/h**

Der langsame Fluss durch die Kurve zieht sich bis zu einer Linkskurve mit Doppelscheitel, wo die Fahrer erneut gezwungen sind, in den zweiten Gang zu schalten. Den Kurvenausgang fahren sie von weit rechts außen an, um dann wieder nach links zu ziehen für eine möglichst weite Linie in die nächste Kurve. Wichtig ist, den Schwung mitzunehmen, denn die gebogene Schleife nimmt dahinter einen eher geraden Verlauf, führt am Hulman Boulevard entlang, der Hauptzufahrtsstraße zum Kurs.

Indianapolis – USA

Linke Seite: Felipe Massa vor Nick Heidfeld im BMW-Sauber, Heikki Kovalainen im Renault und Ferrari-Teamkollege Kimi Räikkönen in Kurve 2 (2007). **Oben links:** Mika Häkkinen im Infield auf dem Weg zum Sieg für McLaren (Großer Preis der USA, 2000). **Oben rechts:** Lewis Hamilton vor McLaren-Teamkollege Fernando Alonso in der überhöhten Kurve 13 auf dem Weg zu seinem zweiten F1-Sieg (2002).

Kurve 8 •
Gang: **3**
Speed: **121 km/h**

Die Autos schießen mit bis zu 298 km/h über die Rückgerade auf diese Kurve zu. Dann ein hartes Anbremsen und runter in den dritten Gang. Dabei den Hintermann im Blick behalten, der eventuell nach innen zieht und ein Überholmanöver wagt. Wenn nicht, kann man über die rechte Linie fahren, um diese offene Linkskurve mit Tempo zu nehmen. Und da im Infield eine Kurve auf die nächste folgt, heißt es für die Fahrer, das Auto immer wieder neu zu positionieren.

Kurve 11 •
Gang: **3**
Speed: **130 km/h**

Seit dem letzten Besuch der Formel 1 auf dieser Strecke wurden einige Änderungen vorgenommen, u. a. hat man die Haarnadelkurven 9 und 10 in offene Kurven umgebaut. In Kurve 10 gilt es, Tempo zu machen, um möglichst viel Schwung auf die überhöhten Steilwandkurven dahinter mitzunehmen. Auf der Passage hinter dem Automuseum ist kraftvolles Beschleunigen gefragt, bevor es in diese Dritte-Gang-Rechtskurve geht, die einen doppelten Scheitel hat und zum Ende hin aufmacht.

Kurve 12 •
Gang: **5**
Speed: **251 km/h**

Am Ende von Kurve 11, einer Rechtskurve, müssen die Fahrer ordentlich Tempo machen, um maximalen Schwung in die überhöhten Steilwandkurven mitzunehmen. Kurve 12 wird mit Bleifuß im fünften Gang genommen, um hinauf auf den steilwandigen Abschnitt zu schießen, erst geradeaus (auf die imposanten Haupttribünen zu), dann in einem schnellen Schlenker nach rechts. Hohes Tempo am Eingang bedeutet hohe Endgeschwindigkeit am Ausgang!

Kurve 13 •
Gang: **6**
Speed: **306 km/h**

In der letzten überhöhten Kurve der Runde, die aus der „falschen" Richtung angefahren wird, geht es noch einmal richtig zur Sache. Die rund 306 km/h schnelle Steilwandkurve, deren Ende bekanntlich durch eine Mauer markiert ist, läuft in die Zielgerade aus. In diese Mauer krachte Ralf Schumacher in den Jahren 2004 und 2005 und wurde geradewegs auf die Zielgerade geschleudert. Zum Glück zog er sich bei diesem Crash keine ernsthaften Verletzungen zu.

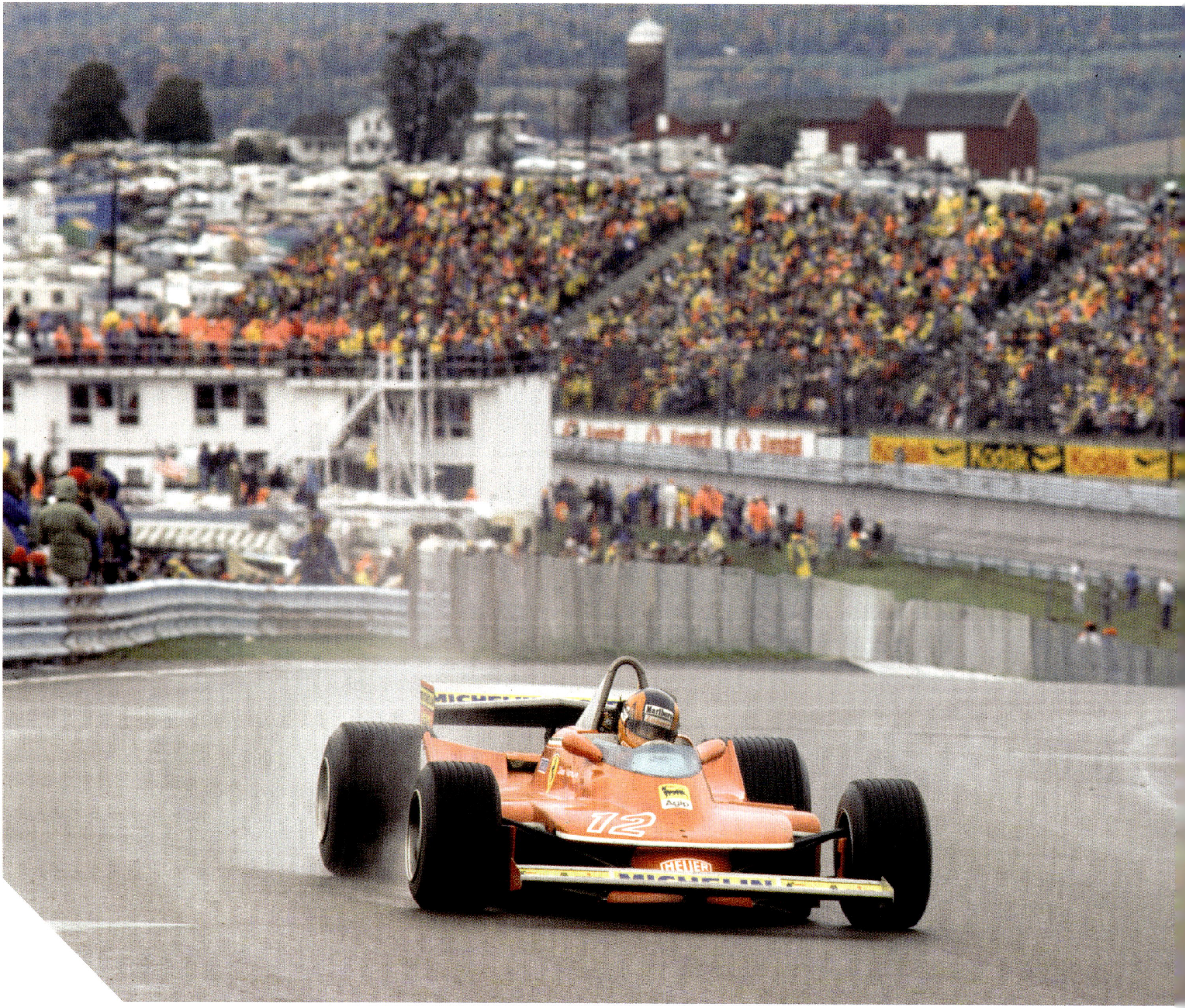
Kodak
Kodak
12
HEUER
MICHELIN

🇺🇸 Watkins Glen

Dieser Kurs, der Watkins Glen International im Norden des Bundesstaates New York, auf dem von 1961 bis 1980 der Große Preis der USA stattfand, war etwas Besonderes, denn er stach heraus im überwiegend auf Europa fokussierten WM-Kalender der Formel 1. Doch seine Tage waren gezählt, denn er hinkte modernen Standards hinterher. Vom alten Glanz ist heute nichts mehr übrig.

> Tolles Layout. Auf dem Kurs zählen Rausch, Motorleistung, PS und Grip. Alles war da.
> *John Watson*

Watkins Glen ist ein Kurs von verblasstem Ruhm. Bei seinem ersten Besuch 1973 war John Watson derart beeindruckt, dass er ihn als „einen der besten Kurse" bezeichnete, die er je befahren hatte. Der Kurs war bei den Fahrern überaus beliebt, was daran lag, dass er einen guten Fluss sowie etliche anspruchsvolle Kurven hatte. Hier war fahrtechnisches Geschick ebenso gefragt wie eine gute Portion Mut.

Amerika ist das Land der großen Straßenrennkurse, ein Wallfahrtsort für alle, die kurvenreiche Strecken lieben, die die Besten der Besten sehen wollen, ob in der Formel 1, beim Sportscar Grand Prix oder CanAm (in den Jahren 1966 bis 1974 eine Serie von Sportwagenrennen in Nordamerika).

418 Kilometer nordwestlich von New York City gelegen, war Watkins Glen ein verschlafenes Örtchen, in das Touristen allenfalls kamen, um sich einen der eiszeitlichen Finger Lakes dort anzusehen. Cameron Argetsinger, Anwalt und selbst begeisterter Sportwagenfahrer, stand einem Komitee vor, das einen Rennkurs durch öffentliche Straßen einrichtete, der 1948 schließlich eröffnet wurde. Die Strecke startete in der Franklin Street und führte dann im Uhrzeigersinn auf und ab über die Hügel und unter einer Eisenbahnbrücke hindurch. Sie hatte eine Gesamtlänge von 10,6 Kilometer und war eine höllische Herausforderung. Nachdem 1951 ein Kind getötet und 12 Zuschauer verletzt wurden, wurde die Veranstaltung gestoppt. Die Versicherer wollten sie nur noch versichern, wenn die Strecke nicht mehr durch die Stadt führen würde. Daraufhin gab es 1953 eine kürzere Streckenvariante, bis 1956 auf einem Hügel 8,4 Kilometer südwestlich von Watkins Glen ein neuer, maßgeschneiderter Kurs eröffnet wurde, entworfen von Bill Milliken. Die berühmteste Stelle auf diesem Kurs war eine weitschweifende Schikane von Kurve 2 bis Kurve 4. Sie wurde später als „die Graham Hill" bekannt, benannt nach dem Engländer Graham Hill, der von 1963 an in Watkins Glen drei Siege in Folge eingefahren hatte, und dessen Nachname „Hill" die Charakteristik der Schikane bezeichnete – sie führte den „Hügel" hinauf.

Die Fahrer liebten diesen Ort samt der nicht zu verachtenden Siegerprämien, aber auch die gesellschaftliche Seite des Rennens. Da Watkins Glen meist die letzte Station im Grand-Prix-Kalender war, wurde der Renntag ordentlich gefeiert.

1972 präsentierte sich Watkins Glen mit einer Erweiterung der Strecke um 1,6 Kilometer. Sie zweigte nach der „Loop" vom ursprünglichen Kurs ab, führte dann durch einen stiefelförmigen Abschnitt, der aus einer Linkskurve gefolgt von zwei Rechts und wieder einer Links bestand, ehe die Strecke dann auf halber Höhe der Gegengerade wieder zurück auf die alte Strecke mündete. Ein weiterer Umbau erfolgte 1975, als man eine Schikane in der Mitte der „Esses" einfügte, die jedoch keinen Anklang fand.

„The Bog" war ebenfalls eine berühmt-berüchtigte Stelle, ein sumpfiges Gelände neben der Strecke zwischen den Kurven 10 und 11, das im Herbst, genau dann, wenn die Formel 1 hier gastierte, ein einziges matschiges Feld und brandgefährlich war für die Autos, die hineingerieten und stecken blieben.

Von 1961, als Innes Ireland für Lotus gewann, bis 1980, als die Formel 1 hier zum letzten Mal gastierte, war Watkins Glen ein besonderer Ort. Doch Watkins Glen verschwand wieder aus dem F1-Rennkalender, da man hoffte, eine amerikanische Fangemeinde mit mehr Straßenrennen für die F1-WM zu gewinnen. Auch die Champ-Car-Series, die seit 1979 in Watkins Glen stattfand, hatte mit nur drei Rennen ein ebenfalls kurzes Gastspiel hier. Und auch die World Sports Car Championship machte hier 1981 zum letzten Mal Station. Dann kaufte der Motorsportverband NASCAR die Rennstrecke. Seit 1986 bis heute findet das NASCAR-Rennen, eines von nur zwei Rennen der Serie auf Straßenkursen, auf dem Watkins Glen International statt. ∎

Links: Gilles Villeneuve schert sich nicht um die regennasse Fahrbahn, als er seinen Ferrari 321T4 über den Kamm in Kurve 3 jagt (1979).

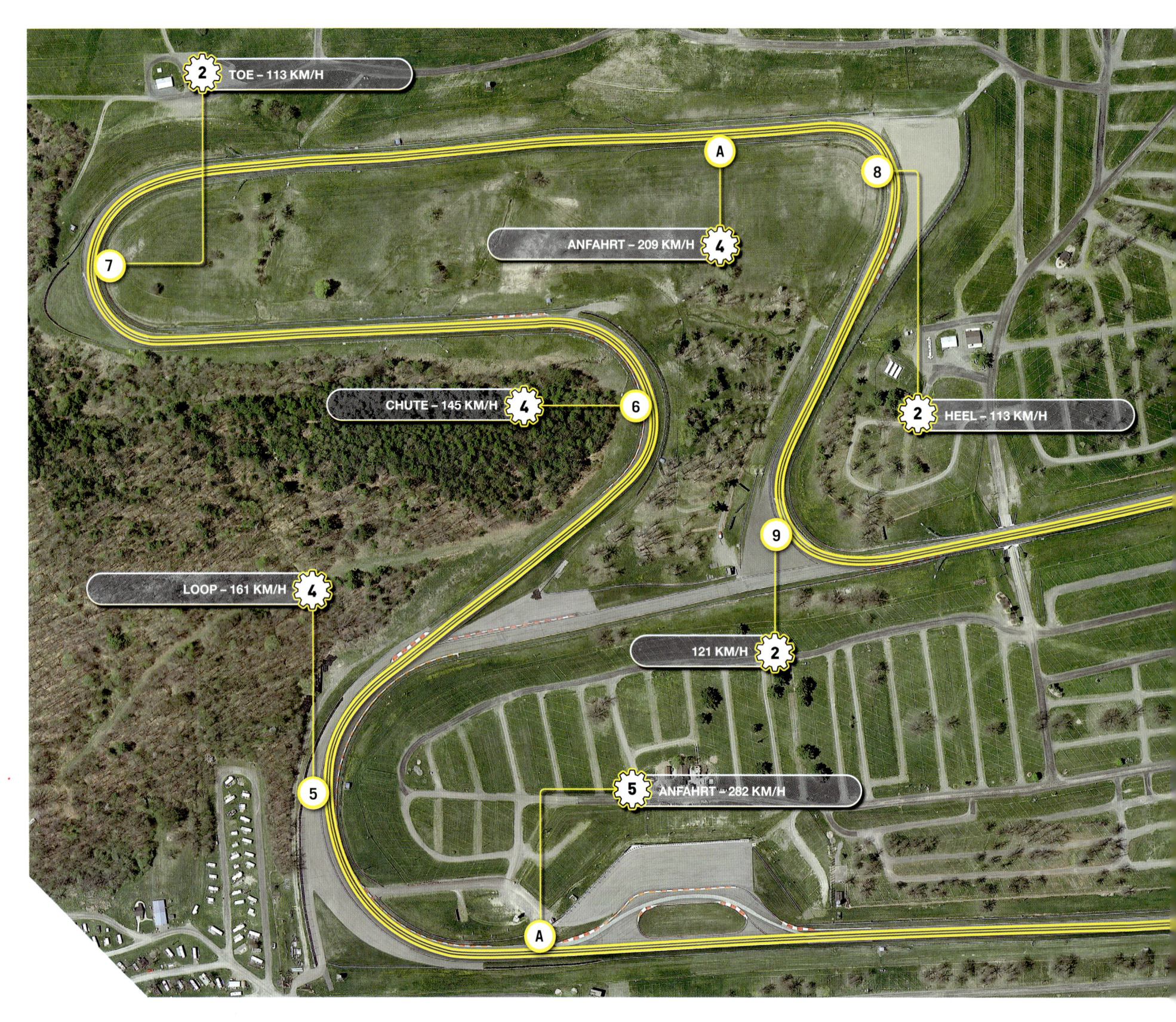

- **2** TOE – 113 KM/H
- **4** ANFAHRT – 209 KM/H
- **4** CHUTE – 145 KM/H
- **2** HEEL – 113 KM/H
- **4** LOOP – 161 KM/H
- **2** 121 KM/H
- **5** ANFAHRT – 282 KM/H

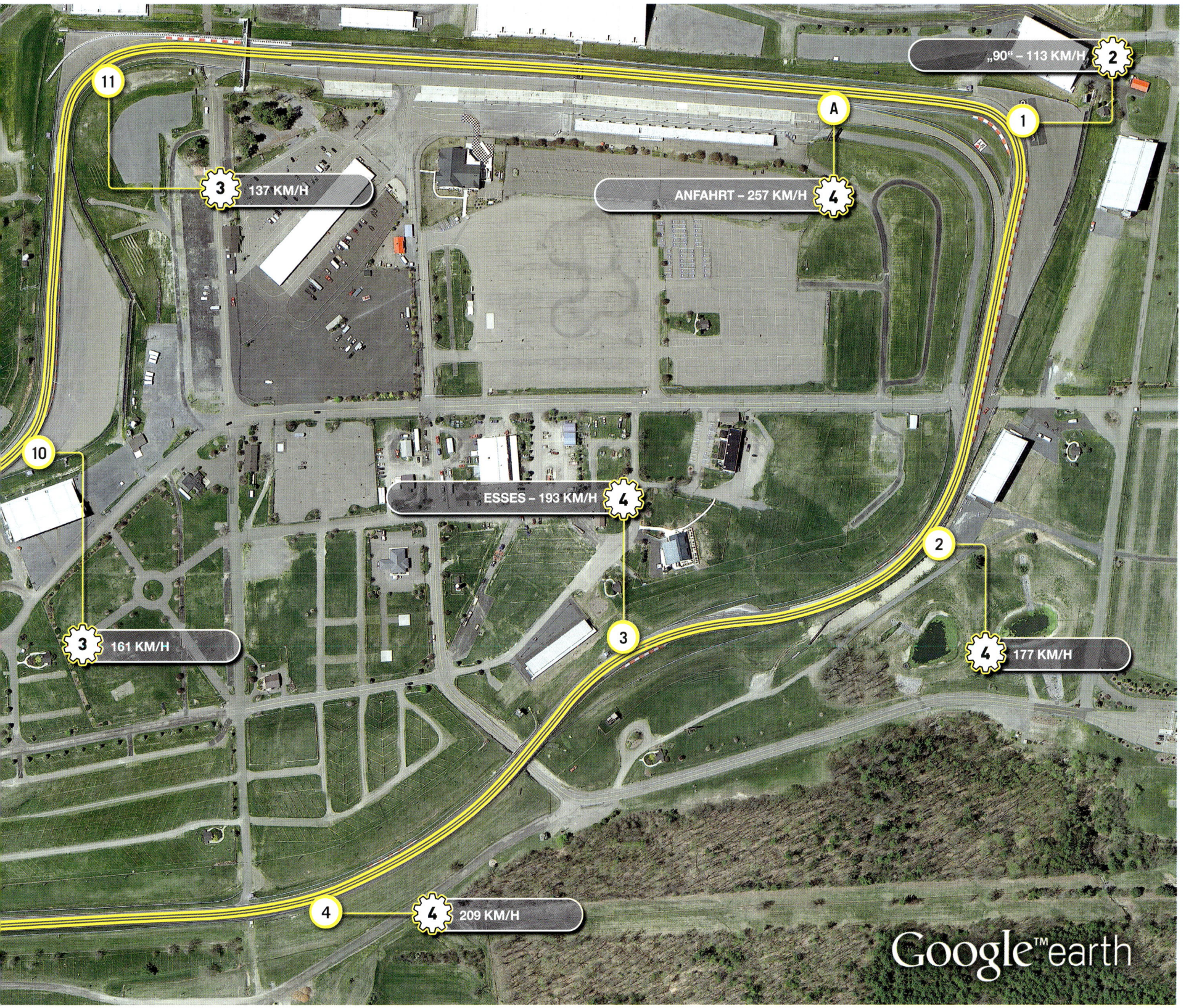

Watkins Glen – USA

"90" – 113 KM/H
ANFAHRT – 257 KM/H
137 KM/H
ESSES – 193 KM/H
161 KM/H
177 KM/H
209 KM/H

Strecken-Porträt

Watkins Glen International ist ein Kurs, der größtenteils auf und ab durch die hügelige Landschaft führt. Mit nur wenigen Geraden geht es darum, von einer in die andere Kurve die optimale Linie zu finden, um den entscheidenden Schwung zu behalten.

Kurve 1 • **90**
Gang: **2**
Speed: **113 km/h**

Schon die Startkurve bietet einen kleinen Vorgeschmack auf das, was die Fahrer erwartet. Sie wird über die leicht abschüssige Start-/Zielgerade angefahren und zwingt die Fahrer sogleich vom vierten in den zweiten Gang. Um eine gute Linie zu erwischen, müssen sie über die äußerste linke Fahrbahnseite scharf in die Kurve hineinbremsen, um dann im Scheitel, der nach außen hängt, Vollgas zu geben und die Kerbs am Kurvenausgang voll mitzunehmen.

Kurve 2/3 • **Esses**
Gang: **4**
Speed: **193 km/h**

Die zweite, dritte und vierte Kurve erscheinen den Fahrern insgesamt wie eine einzige unendliche Schikane, da die Kurven so dicht aufeinander folgen. Sie kommen in diese Rechtskurve am Anfang der bergauf führenden Kurvenfolge im vierten Gang hinein, durchfahren sie auf einer mittleren Linie und beschleunigen bergauf in Richtung Kurve 3, wobei sie es unbedingt vermeiden, den Kerbs an der Innenbahn zu nahe zu kommen. François Cevert verunglückte 1973 tödlich in Kurve 2.

Kurve 4 •
Gang: **4**
Speed: **209 km/h**

Den Abschluss der langen Schikane bildet eine Rechtskurve über einen flachen Hügelkamm, die am Ende auf die schließlich leicht ansteigende Gegengerade mündet, die auf die Loop zuführt. Am Ausgang der Kurve müssen die Fahrer vom vierten in den fünften Gang herunterschalten, haben danach mit einem extrem holprigen Fahrbahnbelag zu kämpfen (Folgeschäden des in der Regel sehr harten Winters in der Region), bleiben aber auf dem Gas.

Kurve 5 • **Loop**
Gang: **4**
Speed: **161 km/h**

Nachdem der höchste Punkt der Runde erreicht ist, geht es über die abfallende Gegengerade in Richtung der Loop. Hier besteht die Möglichkeit, beim Hineinbremsen in die Rechts ein schnelles Überholmanöver zu starten. Das hohe Tempo in der Durchfahrt zu halten, ist nicht ganz einfach, da die Strecke am Ausgang abfällt. Wer im ersten Abschnitt der Kurve eine enge Linie findet, fährt bis zum Ausgang eine gute Linie, um schwungvoll auf den erweiterten Streckenabschnitt dahinter einzulenken.

Watkins Glen – USA

Linke Seite: Hoch eingestellte Heckflügel waren 1968 topaktuell. Hier: Jochen Rindt im Brabham vor den beiden McLaren-Piloten Denny Hulme und Dan Gurney. *Oben links:* Die Bergab-Passage durch Kurve 2 ist berühmt-berüchtigt. Hier: George Eaton im BRM, 1969. *Oben rechts:* Kurz nach dem Start: Bruno Giacomelli im Alfa Romeo zieht davon, hinein in die „90", während es hinter ihm kracht (1980).

Kurve 7 • **Toe**
Gang: **2**
Speed: **113 km/h**

Die Fahrer schießen über eine Bodenwelle und fliegen regelrecht auf den erweiterten Abschnitt, der extra für den Grand Prix angelegt wurde. In der Chute schalten sie runter in den dritten Gang, um Kurve 6, eine Rechts, zu erwischen. Danach geht es weiter bergab und hinein in Kurve 7. Beim scharfen Anbremsen hinein in die Toe ist höchste Konzentration gefragt, um den Wagen in der Balance zu halten, Schwung durch die bergauf führende Kurve mitzunehmen und am Ausgang wieder Vollgas zu geben.

Kurve 8 • **Heel**
Gang: **2**
Speed: **113 km/h**

Nach einer kurzen Bergauf-Geraden hinter Kurve 7 geht es wieder bergab und hinein in diese Rechts. Wer sich hier in den Windschatten des Vordermanns klemmen konnte, hat die Möglichkeit, einen Überholversuch zu starten. Die enge Heel zwingt die Fahrer in den zweiten Gang. Danach heißt es hochschalten, und es geht im dritten Gang weiter bergauf zu Kurve 9, einer Zweite-Gang-Links. Hier führt die Strecke dann schließlich wieder zurück auf den alten Kurs.

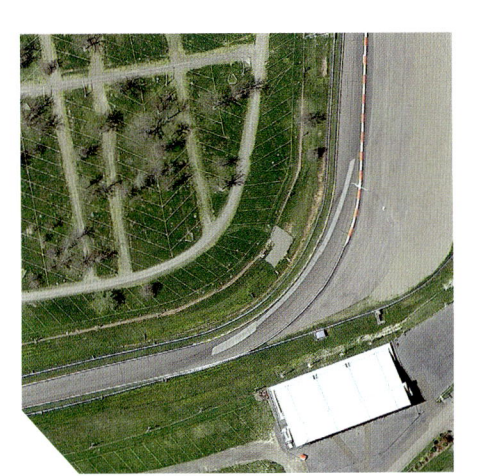

Kurve 10 •
Gang: **3**
Speed: **161 km/h**

Kurz vor Ende der Runde heißt es, möglichst viel Tempo durch die letzten beiden Kurven mitzunehmen, um dann möglichst mit Vollgas über die anschließende Start-/Zielgerade zu jagen. Diese Links auf einem leichten Hügel wird im dritten Gang genommen. In einem weiten Bogen ziehen die Fahrer aus der Kurve heraus und bleiben auf dem Gas, während sie einen schnellen Schlenker auf die andere Fahrbahnseite machen, um die letzte Kurve ideal zu erwischen.

Kurve 11 •
Gang: **3**
Speed: **137 km/h**

Im Unterschied zu vielen anderen Kurven des Rundkurses vermittelt diese letzte Kurve mit ihrer breiten Auslaufzone und dem grasigen, oft matschigen Randstreifen am Kurvenausgang ein Gefühl von Raum. Spätes Einlenken hilft den Fahrern, um optimal auf die hügelige Start-/Zielgerade beschleunigen zu können und weiter hinauf an den Boxen vorbeizujagen, bis sich die „90" wieder ins Blickfeld schiebt, wo ein Überholversuch möglich ist.

Auf der Strecke in Melbourne rollt sonst der normale Straßenverkehr. Hier: Mark Webber im Red Bull vor Lewis Hamilton (Großer Preis von Australien, 2010).

Kapitel 4
Australien

🇦🇺 Adelaide

Der Motorsport hat in Australien eine lange Tradition. Höchste Zeit also, dass der Große Preis von Australien 1985 nach Down Under kam, wo er sofort begeistert aufgenommen wurde. Seither findet das Saisonfinale der Formel 1 traditionell auf dem Stadtkurs in Adelaide statt.

> „Du sitzt am Start, die Motoren heulen, die Menge jubelt, und du kannst gar nicht anders, als dich von diesem besonderen Ereignis anstecken zu lassen."
>
> *Damon Hill*

Für ein so sportbegeistertes Land wie Australien gehört eine Weltmeisterschaft im Motorsport einfach dazu. Kein Wunder, dass es hier bereits 1928 einen Großen Preis von Australien gab. Doch es handelte sich dabei um ein nationales Rennereignis, das für australisches Publikum veranstaltet wurde und auch überwiegend von australischen Fahrern gefahren und gewonnen wurde.

In den 1970ern wurde es gemäß den Regeln der (britischen) Formel-5000-Serie ausgetragen, in den 1980ern dann nach den moderneren Richtlinien der Formula Pacific, wobei das Starterfeld spärlich besetzt war und sich das internationale Interesse in Grenzen hielt. Doch mit dem Beschluss, in Adelaide einen dauerhaften Rennkurs einzurichten, erlangte das Land schließlich einen festen Platz in der Königsklasse des Motorsports.

Die erste Formel-1-WM in Australien fand als Saisonfinale in Adelaide statt. Die anfangs vage Idee, Adelaide als Austragungsort vorzuschlagen, stammte von Bill O'Gorman, einem örtlichen Geschäftsmann. Doch John Bannon, Ministerpräsident des Bundesstaates Südaustralien, kam diese Idee gerade recht, fühlte sich doch die Hauptstadt des Bundesstaates South Australien stets im Schatten von Sydney und Melbourne, die wegen ihrer touristischen Attraktionen und Sportereignisse sehr viel mehr internationale Beachtung fanden. Der Adelaide Street Cirucit wurde als vorläufiger Kurs auf dem Pferderennbahn-Oval im Victoria Park angelegt (und führte an zwei Stellen aus dem Park hinaus).

Teams und Fahrer liebten diesen Kurs von Anfang an – Platz für Ausrüstungen, Fluss auf der Strecke, entspannte Atmosphäre. Dazu prima Wetter. Adelaide brachte alles mit, um ein sportliches Großereignis wie den F1-Grand-Prix zu stemmen.

Das Auftaktrennen 1985 gewann Keke Rosberg, nach einem großartigen Duell mit Ayrton Senna: Als Rosberg im Williams vorn lag, prallte ihm Senna im Lotus ins Heck, verlor dabei seinen Frontflügel und musste schließlich mit Motorschaden ausscheiden. Inzwischen zog Lauda, der hier seinen letzten Grand Prix fuhr, an Senna vorbei an die Spitze, schaffte es aber nicht ins Ziel, da er wegen eines Bremsdefekts an seinem McLaren eine Mauer schrammte und vorzeitig aufgeben musste. Im Jahr darauf wurde der Sieg durch einen Zwischenfall entschieden, der bis heute unvergessen ist: Nigel Mansell war auf dem besten Weg, seinen ersten WM-Sieg einzufahren, als er am Ende der Dequetteville Terrace bei Höchstgeschwindigkeit einen Reifenplatzer hatte und es ihm mit Glück gelang, seinen Williams in die Auslaufzone zu steuern.

In Australien rechnet man nicht unbedingt mit Regen, doch genau der wurde dem Rennen gleich zweimal zum Verhängnis, 1989 und 1991, da es keine zureichenden Ableitungskanäle gab. 1989 zeigte sich dies besonders deutlich, als Martin Brundle beim Training mit seinem Brabham ins Drehen kam und von Senna erfasst wurde, weil der ihn durch die aufpeitschende Gischt nicht gesehen hatte.

Doch ob Sonne, Regen oder fantastische Rennen, viele denken bei Adelaide an Mika Häkkinen. Der Finne hatte 1995 im Qualifying einen dramatischen Unfall, bei dem ihm Formel-1-Arzt Sid Watkins mit einem Luftröhrenschnitt noch an der Unfallstelle das Leben rettete. 1995 ist auch deshalb in Erinnerung, weil der in Führung liegende David Coulthard in der Einfahrt zur Boxengasse in die Mauer fährt und damit Williams-Teamkollege Damon Hill den Sieg beschert, und zwar mit zwei Runden Vorsprung auf den Zweitplatzierten Olivier Panis für Ligier.

Doch 1996 war die Party vorbei. Die Formel-1-WM zog nach Melbourne. Und obwohl der Stadtkurs in Adelaide bis heute genutzt wird, fand dort mit der American Le Mans Series das letzte internationale Rennen statt, und zwar vom am 31. Dezember 2000 über Silvester bis zum Neujahrstag 2001. ∎

Rechts: Das Rennen in Adelaide war stets begleitet von buntem Party-Flair. Hier: Gerhard Berger (1994).

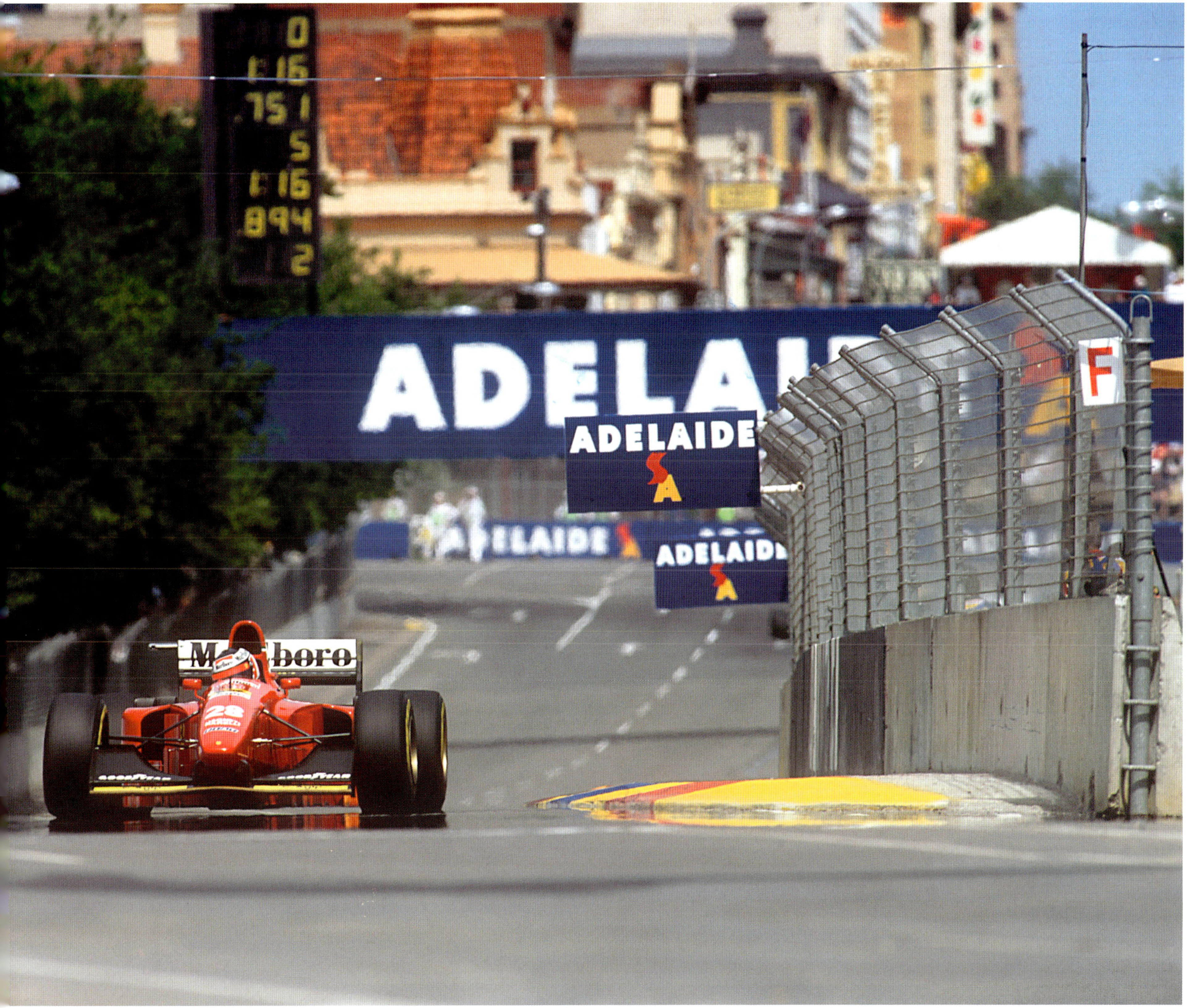

0
1:16
751
5
1:16
894
2
ADELAIDE
ADELAIDE
F
ADELAIDE

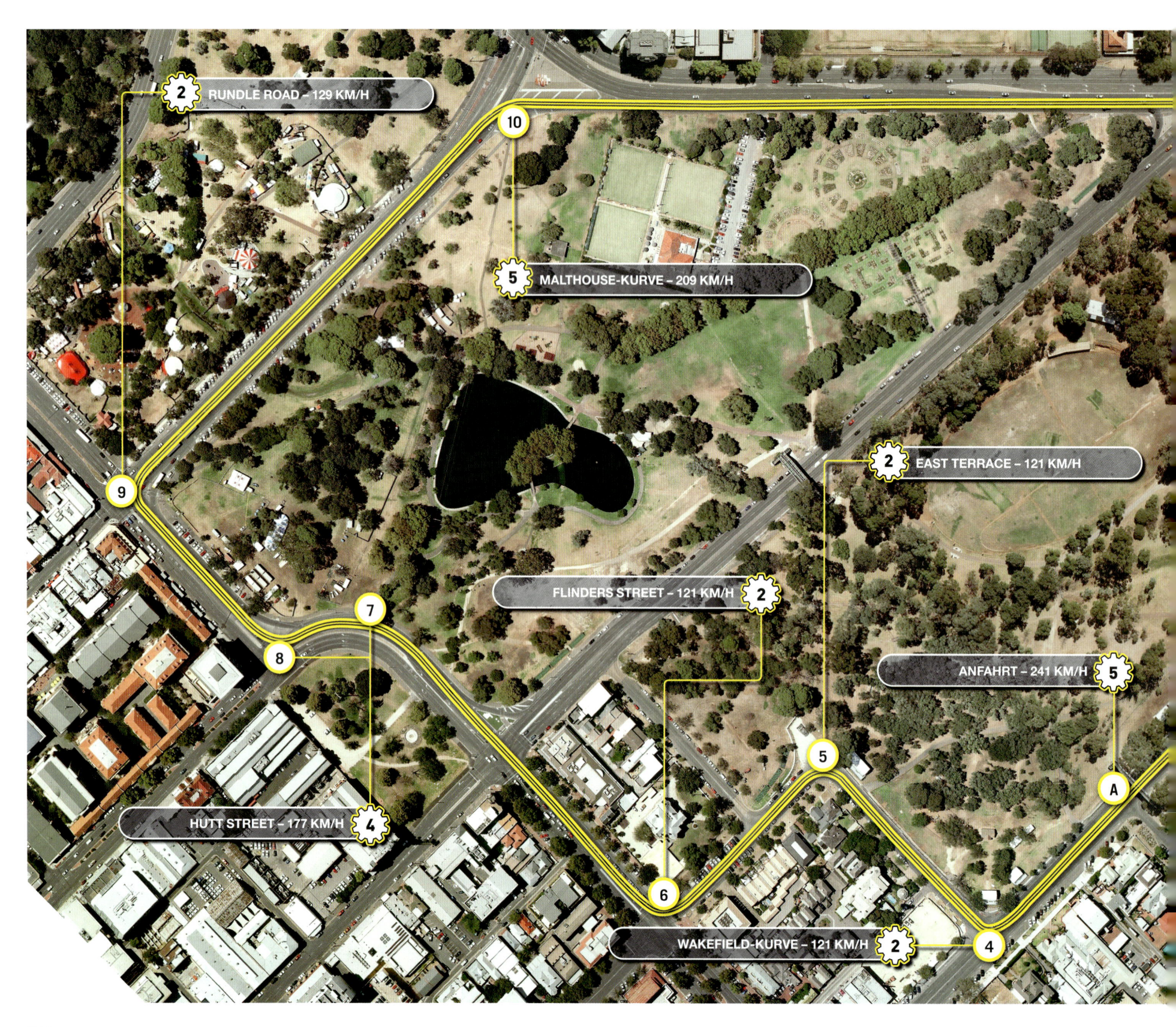

- 2 RUNDLE ROAD – 129 KM/H
- 5 MALTHOUSE-KURVE – 209 KM/H
- 2 EAST TERRACE – 121 KM/H
- 2 FLINDERS STREET – 121 KM/H
- 5 ANFAHRT – 241 KM/H
- 4 HUTT STREET – 177 KM/H
- 2 WAKEFIELD-KURVE – 121 KM/H

Adelaide – Australien

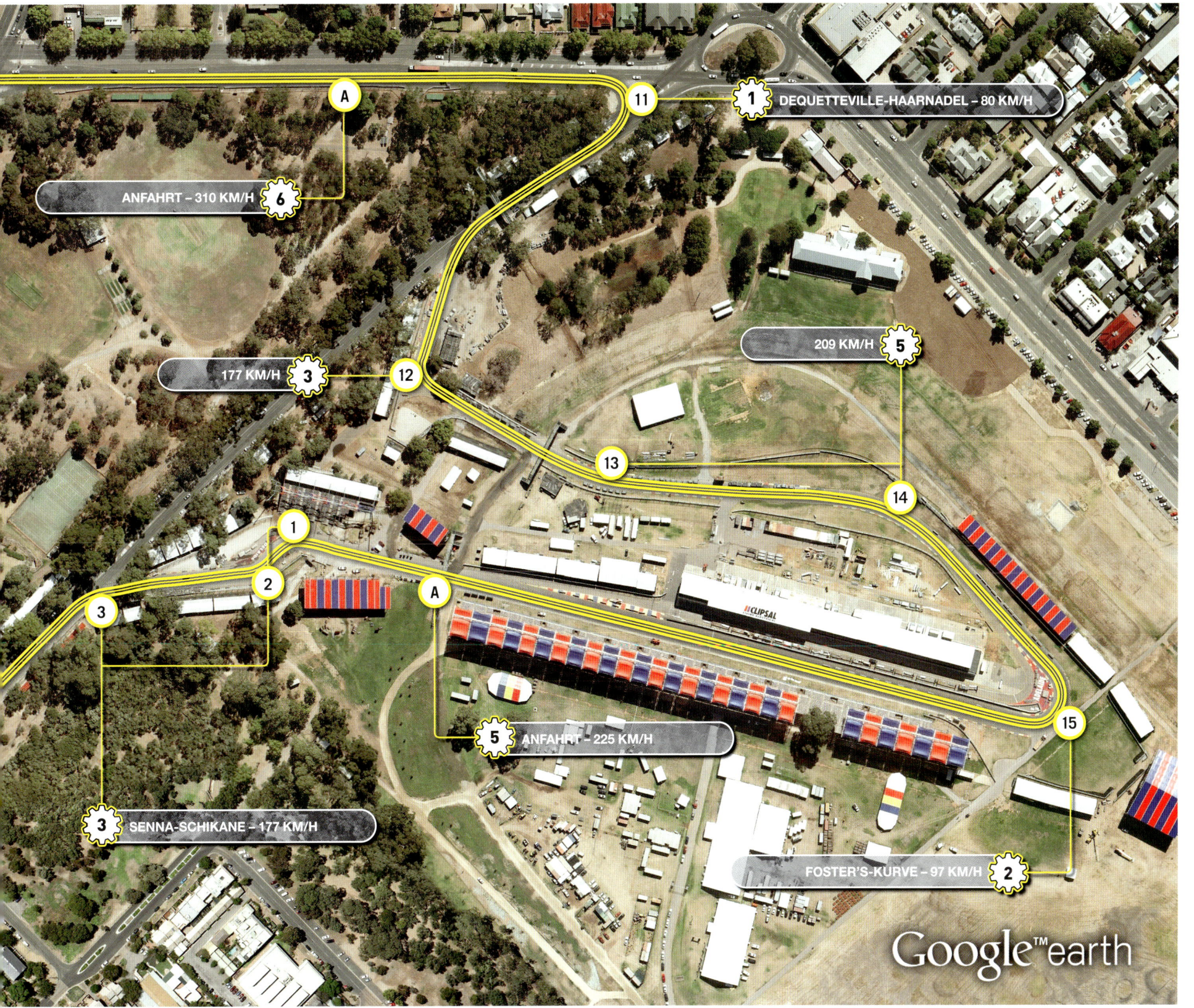

DEQUETTEVILLE-HAARNADEL – 80 KM/H
ANFAHRT – 310 KM/H
177 KM/H
209 KM/H
ANFAHRT – 225 KM/H
SENNA-SCHIKANE – 177 KM/H
FOSTER'S-KURVE – 97 KM/H

211

Strecken-Porträt

Zwei Dinge prägen diesen Kurs: 90-Grad-Knicks an den Straßenkreuzungen, dahinter Vollgas-Passagen und geschwungene Bogen. Unvergessen ist Nigel Mansell, der mit einem spektakulären Reifenplatzer im letzten Rennen in Adelaide die Weltmeisterschaft verlor.

Kurve 1/2/3 • **Senna-Schikane**
Gang: **3**
Speed: **177 km/h**

Mitten im Victoria Park beginnend, vermittelt der Kurs zunächst nicht den Eindruck, ein Straßenkurs zu sein. Das ändert sich jedoch an der ersten baumgesäumten Biegung, die flüssig hinein in diese Links-Rechts-Links-Schikane führt. Doch es gibt genug Platz, um die Kurve nebeneinander anzufahren. Am Kurvenausgang möglichst viel Tempo auf die kurze Gerade dahinter mitzunehmen, ist wichtig. Noch wichtiger aber ist, jeglichen Flügelkontakt zu vermeiden.

Kurve 4 • **Wakefield-Kurve**
Gang: **2**
Speed: **121 km/h**

Hier, an der ersten von drei aufeinanderfolgenden 90-Grad-Kurven, bekommt der Kurs ein vollkommen anderes Gesicht. Die Strecke führt aus dem Park hinaus, der nun rechts der Fahrbahn liegt, während sich linker Hand Geschäfte und Häuser ziehen. Die Fahrer bremsen möglichst spät in diese Rechtskurve hinein, die in der Anfahrt sehr holprig ist, was es extrem schwierig macht, die Kurve sauber zu erwischen, den Boliden in der Spur zu halten und nicht ins Rutschen zu kommen.

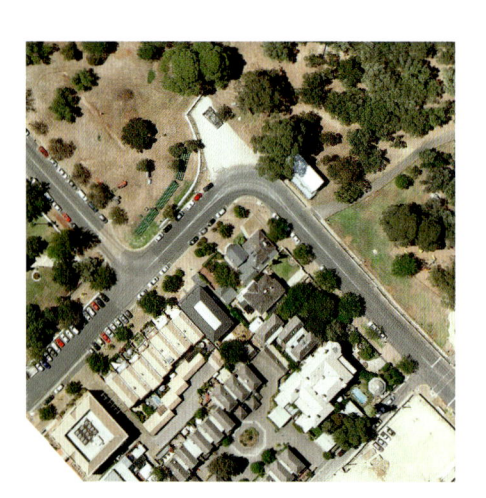

Kurve 5 • **East Terrace**
Gang: **2**
Speed: **121 km/h**

Einen guten Fluss durch diese 90-Grad-Kurve zu finden, ist schwierig. Wer es nach der Wakefield nicht schafft, auf die rechte Seite zu ziehen, findet auf der kurzen Geraden zwischen beiden Kurven kaum eine gute Linie in diese Links. Wer hier zu wenig Schwung mitnimmt, verliert noch mehr Tempo. Michael Schumacher flog hier 1994 in Führung liegend von der Strecke, beschädigte seinen Benetton, zog trotzdem in die Kurve, während Williams-Pilot Damon Hill ihm auf den Fersen blieb.

Kurve 6 • **Flinders Street**
Gang: **2**
Speed: **121 km/h**

Die letzte 90-Grad-Kurve des Rundkurses und kaum anders als die anderen davor. Die Gerade zwischen East Terrace und Flinders ist ebenfalls nur kurz. Ausreichend Grip zu finden, ist hier besonders schwierig. Wer zu schnell einlenkt und patzt, kracht unweigerlich in die Begrenzungsmauern. Im Jahr 1994 kollidierten hier Michael Schumacher im Benetton und Damon Hill im Williams-Renault, dennoch gewann Schumacher am Ende die Weltmeisterschaft.

Adelaide – Australien

Linke Seite: Nigel Mansell im Williams hat freie Bahn und schießt vorbei (1992). *Oben links:* Der Moment der Wahrheit – in Kurve 6 zieht Michael Schumacher seinen beschädigten Benetton zurück auf die Piste und kollidiert mit Damon Hill im Williams (1994). *Oben rechts:* Ayrton Senna wählt die schnellste Linie durch Kurve 9, um sich die Pole für McLaren zu sichern (1991).

Kurve 7/8 • **Hutt Street**
Gang: **4**
Speed: **177 km/h**

Nach den vielen 90-Grad-Kurven können die Fahrer hier erstmals mit ordentlich Tempo durchrauschen. Diese geschwungene Links-Rechts-Kurve wird im vierten Gang genommen. Sie macht zum Ende hin auf und hat einen großartigen Fluss, ist aber dennoch nicht ohne, denn sie weist eine leichte Wölbung auf. Wer hier aus der Kurve fliegt, landet unweigerlich in der Betonmauer. Im Anschluss daran folgt wieder eine kurze Gerade in die nächste 90-Grad-Kurve.

Kurve 10 • **Malthouse-Kurve**
Gang: **5**
Speed: **209 km/h**

Da diese schnelle Linkskurve auf die einzige echte Gerade der Runde führt, ist es wichtig, hier in der Durchfahrt viel Tempo zu machen. Allerdings sind die Kerbs an der Innenseite ziemlich hoch. Mika Häkkinen hatte hier 1995 im Qualifying einen dramatischen Unfall: Ein Hinterreifen am McLaren war geplatzt, er wird von den Randsteinen in die Luft katapultiert und schleudert ungebremst in die Mauer. Ein Luftröhrenschnitt noch auf der Strecke rettet ihm das Leben.

Kurve 11 • **Dequetteville-Haarnadel**
Gang: **1**
Speed: **80 km/h**

Diese Rechts-Haarnadel verlangt ein abruptes scharfes Anbremsen, die Fahrer müssen vom höchsten Gang herunterschalten in den ersten. Die Haarnadel bietet eine der besten Überholmöglichkeiten für alle, die es auf der Geraden davor geschafft haben, sich in den Windschatten ihres Vordermannes zu klemmen. Ein Reifenplatzer zwang Nigel Mansell 1986 hier ins Aus, und alle Titelhoffnungen waren dahin.

Kurve 15 • **Foster's-Kurve**
Gang: **2**
Speed: **97 km/h**

Nach einer engen Links und einer geschwungenen Schikane hinter dem Fahrerlager erreichen die Fahrer die letzte Kurve der Runde – eine Haarnadel, die aber weniger extrem ist als die Dequetteville. Da der Kurs durchweg sehr holprig ist, was das Bremsen und Beschleunigen schwierig macht, haben die Fahrer auch hier alle Mühe, eine gute Position zu finden, um am Ende der Runde noch einmal einen Vollgas-Angriff zu starten und an den Boxen vorbei in Richtung der ersten Schikane zu schießen.

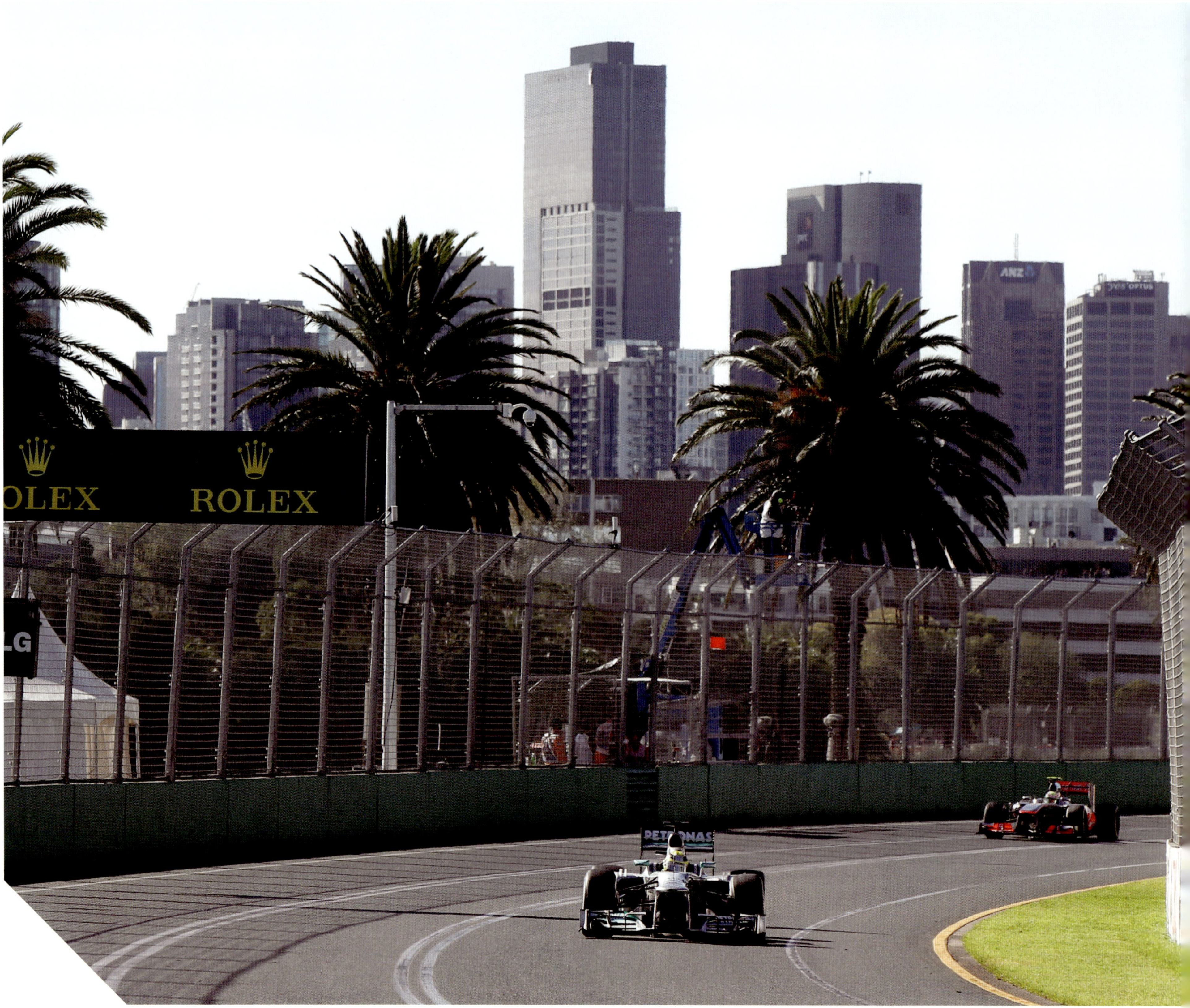
ROLEX
ROLEX
LG
ANZ
PETRONAS

🇦🇺 Melbourne

Seit 1996 wird der Große Preis von Australien in Melbourne ausgetragen. Ein Glücksgriff. Es macht Spaß, nach Melbourne zu kommen, und die Tribünen entlang der Strecke sind an allen drei Renntagen bis auf den letzten Platz gefüllt.

> Ich liebe Melbourne, nicht nur die Strecke, die ganze Atmosphäre rund um den Grand Prix ist fantastisch, und die Menschen genießen ein ganzes Wochenende.
> *Fernando Alonso*

Adelaide war untröstlich, als mit dem Saisonfinale 1995 auch seine Rolle als Formel-1-Gastgeber ihr vertragliches Ende fand und stattdessen Melbourne mit dem Albert Park Circuit „an den Start" ging, zumal alle weiteren Überlegungen, ein zweites australisches Rennen im Rahmen des Pacific Grand Prix in Adelaide auszutragen, im Sand verliefen. Seitdem ist Melbourne die australische Heimat der Formel 1, dank Jeff Kenneth, dem sportbegeisterten Premierminister von New South Wales.

Kenneth handelte einen Vertrag mit Bernie Ecclestone aus. Als vorläufiger Rennkurs wurde der Albert Park gewählt, ein städtischer Park am südlichen Stadtrand, auf dem zuvor bereits Rennen ausgetragen wurden – 1953 und 1956 fand hier auf einer temporären Strecke rund um den See der Große Preis von Australien statt, damals allerdings nicht als WM-Rennen, sondern als nationales Rennereignis für zumeist australische und neuseeländische Fahrer. Sieger von 1956 war ein junger Brite namens Stirling Moss im Werks-Maserati, der bei derselben Veranstaltung auch die Tourist Trophy im Sportwagenrennen gewann. Lokale Proteste führten zur Schließung des Kurses im Albert Park und wenig später zur Eröffnung zweier neuer Kurse etwas außerhalb von Melbourne – Calder Park Raceway und Sandown Park Racetrack.

Überlegungen, den Grand Prix zurück in den Albert Park zu holen, stießen bei Umweltschützern auf erhebliche Widerstände, die Gehör fanden. Man unternahm beträchtliche Anstrengungen, um Umweltschäden zu minimieren, und einigte sich darauf, den See auszubaggern und die etwas heruntergekommenen Sportanlagen zu modernisieren.

Der Kurs besteht aus einer Mischung aus langsamen und mittelschnellen Kurven und wird im Uhrzeigersinn befahren, um den See mitten im Park herum. Kurve 11 und Kurve 12 am hinteren Ende des Sees, wo der Kurs zuerst einen rasanten Schlenker nach links, dann nach rechts macht, sind die einzigen schnellen Kurven. Ansonsten überwiegen mittelschnelle Kurven, dennoch hat der Kurs insgesamt einen guten Fluss. Die Tribünen bieten von überall einen ausgezeichneten Blick, wer aber einen Sitzplatz vor den ersten drei Kurven hat, ist hautnah dabei und kann das vibrierende Geschehen beim Start aus kürzester Distanz miterleben.

Australier sind verwöhnt mit extrem hochklassigen Sportereignissen, und so sind die Zuschauerränge bei einer Grand-Prix-Veranstaltung entsprechend voll, mehr als anderswo, zumal auf der Strecke an allen drei Tagen des Rennwochenendes zusätzlich diverse Rahmenrennen stattfinden.

Nur vier Monate nach dem Saisonfinale in Adelaide fand hier in Melbourne 1996 das Auftaktrennen der Formel-1-WM statt. Sieger damals war Damon Hill im Williams. Die Pole-Position hatte Teamkollege Jacques Villeneuve. Das Rennen begann mit einem spektakulären Unfall, Martin Brundle wirbelte mit seinem Jordan durch die Luft, und es kam zum Neustart. Hill und Villeneuve wechselten sich in einem harten Kampf in der Führung ab, bis Newcomer Villeneuve die Order bekam, das Tempo zu drosseln, da er Öl verlor. Er ließ Hill vorbei, nahm Tempo raus und ging dennoch als Zweiter ins Ziel.

Die Fans auf den voll besetzten Tribünen sind leidenschaftlich dabei und zeigen Adelaide, dass sie ihrer Gastgeberrolle mehr als gerecht werden. Seit jenem ersten GP-Rennen hat Melbourne-Veranstalter Ron Walker das Rennereignis stetig vorangetrieben, es zu einem bestens organisierten Großereignis gemacht und Melbourne damit zu so etwas wie der heimlichen Hauptstadt der australischen Formel 1.

Melbourne hat sich in der Königsklasse der Formel 1 längst etabliert. Der Grand Prix gehört heute neben anderen Großereignissen (Australian Open, TestCricket, Australian Rules Football) zu den sportlichen Kronjuwelen der Stadt. ∎

Links: Die Stadt im Hintergrund, schießt Nico Rosberg im Mercedes um den See im Albert Park (2013).

CLARK – 115 KM/H

275 KM/H

145 KM/H

AUSFAHRT – 261 KM/H

MARINA – 140 KM/H

ANFAHRT – 303 KM/H

WHITEFORD – 254 KM/H

JONES-SCHIKANE – 160 KM/H

HELLAS – 196 KM/H

AUSFAHRT – 256 KM/H

SPORTS CENTRE – 106 KM/H

Melbourne – Australien

217

Strecken-Porträt

Der Kurs ist schwierig zu fahren, insbesondere mit neuen Rennwagen zu Beginn der Saison. Er bietet einen harten Mix aus fast allen Kurventypen. Extrem schnelle Kurven sind hier allerdings nicht vertreten.

Kurve 1 • Jones-Schikane
Gang: **3**
Speed: **160 km/h**

Wohl kaum eine Kurve des Rundkurses ist st so unfallträchtig wie diese. Die erste Kurve nach dem Start wird unweigerlich zum Nadelöhr, durch das die Boliden in einen 90-Grad-Knick nach rechts und prompt dahinter in Kurve 2 gezwängt werden. Es geht hier folglich ziemlich eng zu und häufige Unfälle sind vorprogrammiert, wenn Fahrer unter dem vermeintlichen Eindruck von ausreichend Raum ein schnelles Überholmanöver starten.

Kurve 3 • Sports Centre
Gang: **2**
Speed: **106 km/h**

Die Fahrer müssen sich fühlen, als würden sie von Mauern und Bäumen geradezu erdrückt, wenn sie am Ausgang von Kurve 2 wieder auf die Gerade auf Kurve 3 beschleunigen. Beim Eröffnungsrennen im Jahr 1996 verunglückte an dieser Stelle Martin Brundle in seinem Jordan, als er hart in diese 100-Grad-Rechtskurve hineinbremste, einen anderen Wagen in der Bremszone streifte, sich überschlug und glücklicherweise in die weite Auslaufzone dahinter schleuderte.

Kurve 5 • Whiteford
Gang: **5**
Speed: **254 km/h**

Nach der flüssigen Fahrt durch die weite Kurve 4, die auf das Parkgelände des Lakeside Stadium mündet, verengt sich die Strecke plötzlich trichterförmig und führt erneut zwischen Betonmauern hindurch. Dieser sehr schnelle Rechtsknick sollte im fünften Gang genommen werden. Die Fahrer brettern hier oft hart über die Kerbs im Versuch, die direkteste Linie auf die kurze Gerade dahinter zu nehmen. Eine optimale aerodynamische Balance der Boliden ist hier absolut von Nöten.

Kurve 6 • Marina
Gang: **3**
Speed: **140 km/h**

Im Schatten der Bäume, die beide Seiten der Strecke säumen, geht es auf diese Kurve neben der Albert Road zu. Hier kommen die Fahrer mit bis zu 290 km/h an und müssen hart herunterbremsen, denn die Zweite-Gang-Kurve verlangt am Ausgang höchste Präzision. Unmittelbar danach geht es in einem Schlenker wieder nach links auf die „Seeseite" der Strecke. Viele Fahrer waren hier schon zu schnell und landeten – nicht ganz überraschend – im weiten Kiesbett.

Melbourne – Australien

Linke Seite: Sebastian Vettel führt das Feld in der Startrunde durch Kurve 4 an, Sieger aber wird am Ende Lotus-Pilot Kimi Räikkönen (2013). *Oben links:* Tribünen ziehen sich fast rund um den gesamten Kurs. Hier: Williams-Pilot Pastor Maldonado bremst hart in Kurve 13 hinein. *Oben rechts:* Fernando Alonso vor Adrian Sutil beim Beschleunigen durch Kurve 2.

Kurve 9 • Clark
Gang: **3**
Speed: **115 km/h**

Kaum haben die Fahrer ihren Fluss durch die geschwungene Kurve um den hinteren Teil des Sees gefunden, geht es in diese enge Rechtskurve. Richtig angefahren – etwas über die Kerbs, aber nicht zu viel –, ist dies eine vergleichsweise einfache Schikane. Ein kleiner Fahrfehler kann hier allerdings Tempo kosten. Vorsicht der Fahrer ist also durchaus angebracht, denn am Kurvenausgang kann wieder Vollgas gegeben und bis Kurve 13 beschleunigt werden.

Kurve 12 • Waite
Gang: **5**
Speed: **248 km/h**

Im fünften Gang genommen, sehen die Fahrer diese geschwungene Kurve erst im letzten Moment, nachdem sie um die schräg abfallende Tribüne herum sind, die ihnen bis zum Scheitel der Vollgas-Kurve 11 die Sicht nimmt. Hier ist eine optimale Balance gefragt, um den Wagen rasant nach rechts zu ziehen und durch die extrem schnelle Schikane zu steuern. Durch die breiten Grünstreifen, welche den Abschnitt dahinter säumen, vermittelt sich den Fahrern ein tolles Gefühl von Weite.

Kurve 13 • Ascari
Gang: **3**
Speed: **143 km/h**

Der Vollgas-Abschnitt entlang des Sees endet hier, denn die Strecke verengt sich an dieser fast 90-Grad-Rechts erneut. Die flüssige Fahrt wird ähnlich ausgebremst wie zu Beginn der Runde durch die ersten Kurven und verläuft auch durch eine ähnliche schikanenartige Kurvenabfolge. Die Ascari fällt am Ausgang unter dem Schatten der Bäume leicht ab. Wer sich am Eingang gut beherrscht und kein riskantes Überholmanöver gestartet hat, kann hier für den Rest der Runde eine optimale Position erwischen.

Kurve 16 • Prost
Gang: **4**
Speed: **180 km/h**

Nach der engen Kurve 15 kommt diese letzte Kurve des Rundkurses vergleichsweise einfach daher, doch einmal mehr lässt diese Rechtskurve kaum Platz für die Fahrer. Hinzu kommt natürlich der Drang, die Kurve mit möglichst viel Tempo zu durchfahren, um dann über die Kerbs ein Überholmanöver in die folgende Jones-Schikane (Kurve 1) zu wagen. Genau das tat Michael Schumacher im Jahr 2003, krachte aber in die Mauer und drehte sich quer über die Strecke.

220

Große Fahrer & große Momente

Da Melbourne fast immer Gastgeber des Auftaktrennens der F1-Saison ist, blickt die Welt mit gespannten Augen nach Australien, wer hier im Albert Park ein starkes Zeichen für den weiteren Verlauf der Saison setzen wird.

Linke Seite oben: Mika Häkkinen vor Teamkollege David Coulthard vor Kurve 1 (1998) – es sollte noch spannend werden.

Linke Seite unten links: Giancarlo Fisichella feiert siegreiches Comeback dank optimaler Taktik von Renault (2005).

Linke Seite unten rechts: Jenson Button beschert Brawn GP, dem Nachfolgeteam von Honda Racing, einen furiosen Auftaktsieg (2009).

Große Fahrer

Michael **Schumacher** — 4 Siege

Gemessen an seinen anderen Rekorden sind vier Siege in 14 Rennen eine eher magere Bilanz. Dennoch waren diese Siege allesamt wichtig, denn sie markierten den Beginn einer Saison und gaben den Ton für den weiteren Jahresverlauf vor. Der erste Sieg 2000 war Glückssache: Beide McLaren-Piloten schieden mit Motorschaden aus. 2001 ging er vor David Coulthard als Erster ins Ziel. 2002 gewann er, nachdem seine Rivalen in der ersten Kurve ausgeschieden waren. 2004 holte er seinen vierten Sieg.

Jenson **Button** — 3 Siege

Beim GP von Australien 2009 gab Brawn GP, das Nachfolge-Team von Honda, sein Debüt mit Jenson Button. Button gewann das Eröffnungsrennen in Australien und dominierte mit fünf weiteren Siegen die gesamte Saison. Nach diesem Erfolg glaubten viele, dass er nach seinem Wechsel zu McLaren 2010 fortan nur noch die zweite Geige hinter Lewis Hamilton spielen würde. Mitnichten. Er trat erneut in Melbourne an und fuhr seinen zweiten Sieg ein. Der dritte folgte 2012.

David **Coulthard** — 2 Siege

1997 bestritt Coulthard seine zweite Saison bei McLaren. Dass er 1995 in Adelaide in Führung liegend seinen Williams in die Boxenmauer gesetzt hatte, hatte er verwunden. Nach einer Kollision mit Eddie Irvine in der ersten Kurve schied Titelfavorit Jacques Villeneuve aus, Heinz-Harald Frentzen musste mit Bremsproblemen aufgeben, und Coulthard selbst fuhr nur einmal an die Box. 2003 gewann er erneut, als infolge misslicher Umstände nur elf Fahrer ins Ziel kamen.

Kimi **Räikkönen** — 4 Siege

Der „fliegende" Finne Kimi Räikkönen legte in seinem ersten Jahr für Ferrari 2007 einen absoluten Traumstart hin und fuhr von der Pole-Position zum Sieg. Er kontrollierte das Rennen durchweg und schlug Fernando Alonso im McLaren souverän. Nach seiner Rückkehr in die Formel 1 im Jahr 2012 gewann er 2013 erneut, in seiner zweiten Saison bei Lotus. Räikkönen gelang es, sich vom siebten Startplatz an die Spitze vorzukämpfen, weil er auf die besseren Reifen setzte.

Große Momente

1996 — **Williams**-Team unschlagbar

Das Eröffnungsrennen in Melbourne im Jahr 1996 sorgte für eine kleine Sensation. Nicht, weil das Williams-Team gewann, das stand zu erwarten, sondern weil Newcomer Jacques Villeneuve bei seinem Formel-1-Debüt um ein Haar den Sieg errang. Doch dann verlor sein Wagen Öl, und er bekam die Stallorder, seinen Teamkollege Damon Hill vorbeiziehen zu lassen. Hill brachte den Sieg nach Hause, Villeneuve wurde immerhin noch Zweiter – ein durchaus respektabler Erfolg!

1998 — **Coulthard** schenkt Häkkinen den Sieg

Bereits im Qualifying zeigte sich, dass McLaren das Rennen dominieren würde: Mika Häkkinen und David Coulthard starteten aus der ersten Reihe und fuhren unangefochten an der Spitze. Dann wurde Häkkinen an die Box gerufen und fiel hinter Coulthard zurück. Kurz vor Schluss ließ der Schotte den Finnen passieren und hielt sich damit an die getroffene Absprache, dass derjenige von beiden vorn bleiben solle, der nach der ersten Kurve in Führung lag.

2005 — **Fisichella** – siegreiches Comeback

2005 ist Giancarlo Fisichella zurück bei seinem alten Team Renault, dem Team, das aus dem Benetton-Team hervorgegangen ist. Er sicherte sich die Pole-Position, nachdem heftiger Regen im Qualifying das Feld kräftig durcheinandergewirbelt hatte. Mit vollem Tank startete er das Rennen und fuhr überlegen zum Sieg. Für eine weitere Überraschung des Tages sorgte Fernando Alonso, der von Startplatz 13 das Feld aufrollte und sich immerhin auf den dritten Platz vorkämpfte.

2009 — **Doppelsieg** für Brawn GP

Als das Nachfolge-Team von Honda, das neue Brawn GP-Team, beim Auftaktrennen der Formel 1 Saison 2009 in Melbourne an den Start ging, hatte wohl keiner mit einer so triumphalen Glanzleistung gerechnet: Ein Doppeldiffusor macht den BGP 001 unschlagbar schnell. Jenson Button qualifiziert sich nicht nur für die Pole vor Teamkollege Rubens Barrichello, sondern schafft einen Start-Ziel-Sieg. Rubens Barrichello geht vor Toyota-Pilot Jarno Trulli ins Ziel und macht den Brawn Doppelsieg perfekt.

Register

Abbey (Silverstone) 56, 60, *61*
Acque Minerali (Imola) 72, 77
Adelaide 208–213
Adelaide (Magny-Cours) 21, 24
Advan-Bogen (Nürburgring) 39
Alboreto, Michael 78
Alesi, Jean
   Hungaroring 72
   Montreal 186, *187*
   Monza *80–81*, 87
Alonso, Fernando
   Circuit de Catalunya 111, *116*, 117
   Circuit of the Americas *193*
   Hockenheim 32
   Hungaroring *64–65*, 71
   Imola 78, *79*
   Melbourne 215, *219*, 221
   Nürburgring 41
   Sakhir *131*
   Sepang International Circuit 151, 154, *155*
   Shanghai International Circuit 138, *139*
   Silverstone *63*
   Yas Marina 120
Arnoux, René
   Estoril 104
   Hockenheim *31*
   Imola 78
   Zandvoort *99*
Ascari (Autódromo Oscar Alfredo Gálvez) 164, 168
Ascari (Melbourne) 219
Ascari, Alberto
   Monaco 94, *95*
   Monza 87
   Spa-Francorchamps 18
   Zandvoort 97, 103
Autódromo Oscar Alfredo Gálvez 164–171

Bahrain International Circuit 120, 126–131
Banc Sabadell (Circuit de Catalunya) 115
Barrichello, Rubens
   Circuit of the Americas 189
   Estoril 104, *109*
   Hockenheim 32, *33*
   Hungaroring 71
   Imola 78
   Interlagos 173
   Melbourne 218, 221
   Monza 81, 87
   Nürburgring 39
   Sepang International Circuit 154
   Shanghai International Circuit 132, 138, *139*
Baumgartner, Zsolt 65

Becketts (Silverstone) 61
Behra, Jean 18, 21
Beltoise, Jean-Pierre 103
Berger, Gerhard
   Adelaide *209*
   Brands Hatch 49
   Estoril 104, *104–105*
   Hungaroring *70*, 71
   Imola 72
   Magny-Cours *25*
   Melbourne *209*
   Suzuka Circuit 147
Bergwerk (Nürburgring Nordschleife) 47
Blanchimont (Spa-Francorchamps) 12, 17
Bonnier, Po 103
Bos Uit (Zandvoort) 97, 101
Bottas, Valtteri 85
Brabham, Jack 18
   Adelaide 208
   Brands Hatch 49
   Monaco 94
   Monza 87
   Zandvoort 103
Brands Hatch 48–55
Bridge (Silverstone) 56
Brooklands (Silverstone) 56, 60
Brown, Jimmy 56
Brundle, Martin 208, 215
Brünnchen (Nürburgring Nordschleife) 47
Bus Stop (Spa-Francorchamps) 17
Button, Jenson
   Hungaroring 71
   Indianapolis Motor Speedway 198
   Melbourne *220*, 221
   Monaco 88
   Montreal 184, 186
   Sakhir *126–127*, 131
   Sepang International Circuit 154, *155*
   Shanghai International Circuit 138
   Yas Marina 120, 124

Campari, Giuseppe 81
Campsa (Circuit de Catalunya) 115
Caracciola, Rudolf 42
Casino (Monaco) 92, *93*
Casino Triangle (Suzuka Circuit) 141, 145
Cevert, François
   Autódromo Oscar Alfredo Gálvez *168*
   Monza 87
   Watkins Glen 204
Château d'Eau (Magny-Cours) 21, 25

Chaves, Pedro 104
   Schikane (Montreal) 185
   Schikane RACC (Circuit de Catalunya) 115
Circuit de Catalunya 110–117
Circuit of the Americas 188–193
Clark (Melbourne) 219
Clark, Jim
   Brands Hatch 49, 55
   Imola 72
   Indianapolis Motor Speedway 194
   Hockenheim 26
   Monaco 94
   Monza 87
   Spa-Francorchamps 12, 18, *19*
   Zandvoort 97, *102*, 103
Clark Curve (Brands Hatch) 53
Club-Kurve (Silverstone) 56, 61
Coca-Cola-Kurve (Nürburgring) 39
Confiteria (Autódromo Oscar Alfredo Gálvez) 168
Copse (Silverstone) 60, *61*
Cotovelo (Interlagos) 177
Coulthard, David
   Adelaide 208
   Autódromo Oscar Alfredo Gálvez 170, *171*
   Circuit de Catalunya 117
   Hungaroring 71
   Imola 78
   Indianapolis Motor Speedway 194
   Interlagos 179
   Melbourne *220*, 221
   Nürburgring 41
   Sepang International Circuit 154
   Spa-Francorchamps 18
Courage, Piers 97
Curva 1 (Autódromo Oscar Alfredo Gálvez) 168
Curva 1 (Estoril) 108
Curva 2 (Estoril) 108
Curva 3 (Estoril) 108
Curva Biassono (Monza) 84
Curva Parabolica (Monza) 81, 85
Curva Vedano (Monza) 81
Curva Vialone (Monza) 85
Curva VIP (Estoril) 108
Curve Paul Frere (Spa-Francorchamps) 17
Curvon (Autódromo Oscar Alfredo Gálvez) 168

Daly, Derek 26
Degner-Kehre 1 (Suzuka Circuit) 144
Depailler, Patrick 26
Dequetteville Terrace (Adelaide) 208, 213

Descida do Lago (Interlagos) 176
Descida do Sol (Interlagos) 176
Dingle Dell Corner (Brands Hatch) 49, 53
Diniz, Pedro 168
Druids (Brands Hatch) 52
Dunlop-Kurve (Suzuka Circuit) 144
Dunlop-Kehre (Nürburgring) 35, 38

East Terrace (Adelaide) 212
Eaton, George 205
Eau Rouge (Spa-Francorchamps) 12, 16
Ecclestone, Bernie 56
Einfahrt Parabolika (Hockenheim) 30
Elf (Circuit de Catalunya) 114
Esses (Estoril) 109
Esses (Watkins Glen) 204
Estoril 104–109
Estoril (Magny-Cours) 21, 24

Fagioli, Luigi 62
Fangio, Juan Manuel
   Autódromo Oscar Alfredo Gálvez 164, 170
   Monaco 88, 94
   Monza 87
   Nürburgring Nordschleife 42
   Silverstone 62
Farina, Guiseppe
   Autódromo Oscar Alfredo Gálvez 164
   Indianapolis Motor Speedway 194
   Interlagos 179
   Silverstone 62
   Zandvoort 103
Ferradura (Interlagos) 176
Fisichella, Giancarlo
   Autódromo Oscar Alfredo Gálvez 168
   Interlagos 179
   Melbourne *220*, 221
   Suzuka Circuit 147
Fittipaldi, Emerson
   Autódromo Oscar Alfredo Gálvez 170
   Brands Hatch 48
   Hockenheim *30*
   Interlagos 173, *178*, 179
Flinders Street (Adelaide) 212
Flugplatz (Nürburgring Nordschleife) 46
Ford-Kurve (Nürburgring) 38
Foster's-Kurve (Adelaide) 213
Fuji Speedway 141

Gerlachbocht (Zandvoort) 100
Gethin, Peter *86*, 87
Giacomelli, Bruno *205*
Glock, Timo 177, 179
Gonzalez, José Froilan 62

Graham Hill (Watkins Glen) 201
Graham Hill Bend (Brands Hatch) 49
Grande Courbe (Magny-Cours) 24
Grand Hôtel-Haarnadel (Monaco) 92
Gregory, Masten 103
Grosjean, Romain
   Marina Bay *156*
   Montreal 181
   Suzuka International Racing Course 145

Haarnadel (Suzuka) 145
Häkkinen, Mika
   Adelaide 208, 213
   Autódromo Oscar Alfredo Gálvez 170, *171*
   Circuit de Catalunya 111, 117
   Hungaroring 71
   Imola 78
   Indianapolis Motor Speedway *199*
   Interlagos 179
   Melbourne *220*, 221
   Nürburgring 41
   Suzuka 141, *146*, 147
Hamilton, Lewis
   Circuit of the Americas *192*, 193
   Hungaroring *70*, 71
   Indianapolis Motor Speedway *199*
   Interlagos 177, 179
   Marina Bay 157
   Montreal 180, 186, *187*
   Nürburgring 35
   Sepang International Circuit 154
   Shanghai International Circuit 137, 138
   Silverstone 62, *63*
   Spa-Francorchamps 18, *19*
   Suzuka International Racing Course 145
   Yas Marina 120, *125*
Hatzenbach (Nürburgring Nordschleife) 46
Hawthorn Bend (Brands Hatch) 52
Heel (Watkins Glen) 205
Heidfeld, Nick 198
Herbert, Johnny 35, 41
Hill, Damon
   Adelaide 208, 212
   Autódromo Oscar Alfredo Gálvez *165*, 170
   Circuit de Catalunya 117
   Hockenheim 26
   Hungaroring 71
   Melbourne 215, 221
   Silverstone 56

Suzuka *146*, 147
Hill, Graham
   Brands Hatch 49
   Monaco 88, 94
   Nürburgring Nordschleife 42
   Watkins Glen 201, 204
   Zandvoort 103
Hill, Phil *86*, 87
Hockenheim 26–33, 35, 42
Hugenholtz, John 141
Hugenholtzbocht (Zandvoort) 100
Hulme, Denny 170
Hungaroring 64–71
Hunt, James
   Autódromo Oscar Alfredo Gálvez 169
   Brands Hatch 49, *54*, 55
   Zandvoort 97, *102*, 103
Hutt Street (Adelaide) 213

Ickx, Jacky
   Brands Hatch *53*
   Hockenheim 32
   Monza *85*
Imola 72–79
Imola (Magny-Cours) 21, 25
Indianapolis Motor Speedway 194–199
Interlagos 172–179
Irvine, Eddie
   Autódromo Oscar Alfredo Gálvez 164
   Melbourne 221
   Sepang International Circuit 154
   Spa-Francorchamps *19*
Island-Haarnadel (Montreal) 184

Jarier, Jean-Pierre 104, 186
Jones, Alan
   Adelaide 208
   Autódromo Oscar Alfredo Gálvez 170, *171*
   Brands Hatch 55
   Hockenheim *31*
   Imola 78
   Watkins Glen 201
Jones-Schikane (Melbourne) 218
Junção (Interlagos) 177

Karussell (Nürburgring Nordschleife) 47
Kubica, Robert 186

La Caixa (Circuit de Catalunya) 115
La Source (Spa-Francorchamps) 12, 16, 18
Laffite, Jacques 104, 164
Lamy, Pedro 104
Lauda, Niki

Brands Hatch 49, *54*, 55
Estoril 104
Hockenheim 26
Imola 72
Nürburgring 35
Nürburgring Nordschleife 42, *42–43*
Zandvoort *96–97*, *102*, 103
L'Epingle (Montreal) 185
Les Combes (Spa-Francorchamps) 12, 16
Lesmo I (Monza) 84
Lesmo II (Monza) 85
Loop, The (Watkins Glen) 204
Lycée Pin (Magny-Cours) 25

Maggotts (Silverstone) 56
Magny-Cours 20–25
Maldonado, Pastor
  Circuit de Catalunya 111, 117
  Melbourne *219*
Mansell, Nigel
  Adelaide 208, *212*, 213
  Brands Hatch 49, *54*, 55
  Circuit de Catalunya 111, *116*, 117
  Estoril 104
  Hockenheim 32
  Hungaroring 65, *70*, 71
  Imola 78
  Magny-Cours 21, *24*
  Monaco 94, *95*
  Silverstone 62, *63*
  Suzuka Circuit 141
  Zandvoort *99*
Marlborobocht (Zandvoort) 101
Marina (Melbourne) 218
Marina Bay 156–161
Massa, Felipe
  Circuit de Catalunya *114*
  Hockenheim 32
  Hungaroring *68*
  Indianapolis Motor Speedway *198*
  Interlagos *172–173*, 177, *178*, 179
  Magny-Cours 21, *25*
  Monaco *93*
  Sakhir *126–127*, *130*, *131*
  Silverstone *60*
  Spa-Francorchamps 18
Massenet (Monaco) 92, *93*
McLaren, Bruce
  Spa-Francorchamps 18
Melbourne 214–221
Memorial-Kurve (Marina Bay) 160
Mercedes Arena (Hockenheim) 31
Merz, Otto 42
Michelin Kurve (Nürburgring) 35, 38
Milliken, Bill 201
Mobil 1 Kurve (Hockenheim) 31
Monaco 12, 88–95, 120
Montoya, Juan Pablo
  Indianapolis Motor Speedway 194, 198

Interlagos 179
Sakhir 127
Sepang International Circuit 154
Shanghai International Circuit 137
Spa-Francorchamps 16
Montreal 180–187
Monza 12, 72, 80–87
Mosport Park 180
Moss, Stirling
  Autódromo Oscar Alfredo Gálvez 164, 170
  Melbourne 215
  Monaco 94
  Monza 87
  Zandvoort 103

NGK-Schikane (Nürburgring) 39
Nice, Hellé 173
Nissanbocht (Zandvoort) 101
Nordkehre (Nürburgring Nordschleife) 46
Nordkurve (Hockenheim) 30
Nouvelle Chicane (Monaco) 93
Nürburgring 26, 34–41, 42
Nürburgring (Magny-Cours) 21, 24
Nürburgring Nordschleife 35, 42–47

Orelha (Estoril) 109

Pace, Carlos 179
Paddock Hill Bend (Brands Hatch) 52
Papp, István 65
Parabolica Ayrton Senna (Estoril) 109
Parabolica Interior (Estoril) 109
Parabolika (Hockenheim) 30
Patrese, Riccardo
  Brands Hatch 55
  Hungaroring 71
  Magny-Cours *24*
Perez, Sergio
  Circuit de Catalunya *110–111*
  Sakhir *126–127*
  Sepang International Circuit 154, *155*
Peterson, Ronnie 72, 81
Petrow, Witali 120
Pinheirinho (Interlagos) 177
Piquet, Nelson
  Brands Hatch 55
  Estoril 104
  Hockenheim 31, *32*
  Hungaroring 65, *70*, 71
  Imola 72, 78
  Montreal 186
  Nürburgring 41
  Suzuka 141
Piratella (Imola) *72*, 76
Pironi, Didier
  Estoril 104
  Imola 72, 78
  Montreal 180
Piscine (Monaco) *88–89*, 93

Pont de la Concorde (Montreal) 185
Pont des Iles (Montreal) 185
Portago, Alfonso de 111
Portier (Monaco) 93
Pouhon (Spa-Francorchamps) 12, 17
Prost (Melbourne) 219
Prost, Alain
  Brands Hatch 55
  Circuit de Catalunya 117
  Estoril 104
  Hockenheim 26
  Hungaroring 71
  Imola 72, 78
  Magny-Cours 21
  Monaco 94
  Montreal 186
  Nürburgring 35, *39*, 41
  Silverstone 62
  Spa-Francorchamps 12
  Suzuka 141, 144, *146*, 147
  Zandvoort *99*, 103
Purley, David 97

Raffles Boulevard (Marina Bay) 157
Räikkönen, Kimi
  Circuit de Catalunya 117
  Hungaroring 71
  Indianapolis Motor Speedway 198
  Interlagos 179
  Magny-Cours *20*, 21
  Marina Bay 157, 160
  Melbourne 221
  Nürburgring 41
  Sakhir *126–127*
  Sepang International Circuit 154
  Shanghai International Circuit 138
  Spa-Francorchamps 18
  Suzuka 147
Ratzenberger, Roland 72, 78
Regazzoni, Clay *54*, 55
Renault (Circuit de Catalunya) 114
Resta, Paul di *131*
Reutemann, Carlos
  Brands Hatch *54*, 55
  Interlagos 173
Rindt, Jochen
  Brands Hatch *48–49*, 49
  Hockenheim 32, *33*
  Monaco 94
  Monza 81
  Silverstone 62
  Watkins Glen *204*
Rivage (Spa-Francorchamps) 16
Rivazza (Imola) 77
Rob Slotemakerbocht (Zandvoort) 100
Rodriguez, Pedro 12
Rosberg, Keke
  Adelaide 208
  Estoril *108*
  Zandvoort 103
Rosberg, Nico

Hockenheim *33*
Melbourne *214–215*
Sakhir *126–127*, 130
Shanghai International Circuit 138, *139*
Rosier, Louis 97

S-Kurven (Suzuka) 144
Sachskurve (Hockenheim) 31
Sakhir 120, 126–131
Scheckter, Jody 56, 62
Scheivlak (Zandvoort) 101
Schumacher, Michael
  Adelaide 212
  Autódromo Oscar Alfredo Gálvez 170
  Circuit de Catalunya 111, *116*, 117
  Estoril 104, *104–105*, 109
  Hockenheim 26, *27*, 32
  Hungaroring 65, 71
  Imola 78, *79*
  Indianapolis Motor Speedway 194
  Interlagos 179
  Melbourne 219, 221
  Montreal 186
  Monza 87
  Nürburgring 41
  Sepang International Circuit 154
  Shanghai International Circuit 138
  Silverstone 62
  Spa-Francorchamps 12, *17*, 18, *19*
  Suzuka 141, 147
Schumacher, Ralf
  Autódromo Oscar Alfredo Gálvez 168, *169*
  Imola 78
  Indianapolis Motor Speedway 194, 199
  Melbourne 218
  Nürburgring 41
Schwalbenschwanz (Nürburgring Nordschleife) 47
Scott-Brown, Archie 12
Seat (Circuit de Catalunya) 114
Senna, Ayrton
  Adelaide 208, *213*
  Circuit de Catalunya 111, *116*, 117
  Estoril 104
  Hockenheim 32
  Hungaroring 71
  Imola 72, 78, *79*
  Interlagos *178*, 179
  Monaco 94, *95*
  Montreal 186
  Spa-Francorchamps 18
  Suzuka 141, 144, *146*, 147
  Zandvoort *96–97*
Senna-Schikane (Adelaide) 212
Senna-S (Autódromo Oscar Alfredo Gálvez) 169

Senna-S (Interlagos) 176
Sepang International Circuit 148–155
Servoz-Gavin, Johnny 88
Shanghai International Circuit 132–139
Siffert, Jo 100
Silverstone 12, 49, 56–63
Spa-Francorchamps 12–19
Spitzkehre (Hockenheim) 30
Spoon-Kurve (Suzuka) 145
Sports Centre (Melbourne) 218
Ste Devote (Monaco) *88–89*, 92
Stewart, Jackie
  Monaco 94
  Nürburgring 35, *40*, 41
  Nürburgring Nordschleife 42
  Silverstone 62
  Zandvoort 103
Stewart, Johnny 39
Stirling's Bend (Brands Hatch) 53
Stowe (Silverstone) 61
Subida dos Boxes (Interlagos) 177
Südkehre (Nürburgring Nordschleife) 46
Südkurve (Hockenheim) 31
Surtees (Brands Hatch) 52
Surtees, John 87, *101*
Sutil, Adrian 219
Suzuka Circuit 140–147
Stewart, Jackie 18

Tabac (Monaco) *88–89*, 93
Tamburello (Imola) 72, 76
Tarzan (Zandvoort) 97, 100
Tilke, Hermann 120, 127, 132, 148, 189
Tobogan (Autódromo Oscar Alfredo Gálvez) 169
Toe (Watkins Glen) 205
Tosa (Imola) 76
Trulli, Jarno
  Monaco 94, *95*
  Sepang International Circuit 154

Variante Alta (Imola) 72, 77
Variante Ascari (Monza) 85
Variante Bassa (Imola) 72, 77
Variante del Rettifilo (Monza) 84
Variante della Roggia (Monza) 84
Vergne, Jean-Eric *120–121*
Verstappen, Jos 32
Vettel, Sebastian
  Circuit of the Americas *188*, 189
  Melbourne *218*
  Montreal 184, 186
  Monza *86*, 87
  Nürburgring *34–35*, *39*, 41
  Sepang International Circuit 154
  Silverstone *61*
  Spa-Francorchamps 12, *19*
  Suzuka Circuit 141, 145, 147
  Yas Marina 120
Viborita (Autódromo Oscar Alfredo Gálvez) 169

Villeneuve (Imola) 72, 76
Villeneuve, Gilles
  Imola 72, 78, *79*
  Montreal 180, 186, *187*
  Watkins Glen *200*
Villeneuve, Jacques
  Circuit de Catalunya 117
  Estoril 104, *104–105*, 109
  Hungaroring 71
  Imola 78
  Melbourne 215, 221
  Montreal 180
  Shanghai International Circuit 132
Villoresi, Luigi 56, 103
VIP Tower (Sakhir) 127
Virage Senna (Montreal) 184
von Trips, Wolfgang Graf Berghe 81, 87

Waite (Melbourne) 219
Wakefield-Kurve (Adelaide) 212
Walker, Rob 94
Warr, Peter 141
Warsteiner-Kurve (Nürburgring) 35, 39
Watkins Glen 65, 189, 200–205
Watson, John 97, 201
Webb, John 49
Webber, Mark
  Circuit of the Americas *192*, 193
  Hungaroring *68*
  Marina Bay *156*
  Nürburgring 41
  Sakhir *126–127*, *131*
  Silverstone *61*
Westfield Bend (Brands Hatch) 53
Whiteford (Melbourne) 218
Williamson, Roger 97
Woodcote (Silverstone) 56
Wurz, Alexander 184

Yas Marina *118–119*, 120–125, 127
Yokohama-S (Nürburgring) 38

Zandvoort 96–103

Links: Sonnenuntergang am Yas Marina Circuit in Abu Dhabi (November 2013).

Danksagung

Die Herausgeber danken für die freundliche Genehmigung zum Abdruck der Bilder in diesem Buch:

Alle Formel-1-Grand-Prix-Bilder: © LAT Photographic

Ein besonderer Dank geht an Zoë Schäfer, Kevin Wood und Tim Clarke von LAT für ihre Fachkenntnisse und Unterstützung bei der Foto-Recherche für dieses Projekt.

Es wurden sämtliche Anstrengungen unternommen, alle Stellen korrekt zu belegen sowie Urheberrechtsinhaber und/oder entsprechende Quellen über die verwendeten Bilder zu unterrichten. Carlton Books entschuldigt sich für jegliche unbeabsichtigte Fehler oder Auslassungen, die in künftigen Ausgaben des Werks korrigiert werden.

Bibliografie

From Brands Hatch to Indianapolis, Tommaso Tommasi, Hamlyn
Grand Prix Battlegrounds, Christopher Hilton, Haynes Publishing
The International Motor Racing Guide, Peter Higham, David Bull,
The World Atlas of Motor Racing, Joe Saward, Hamly
World Motor Racing Circuits, Peter Higham & Bruce Jones, Andre Deutsch
sowie Artikel aus den Zeitschriften *Autosport, F1 Racing, Motor Sport*